Peru

Vorwort
von Wolfgang Schätzle

Koordination der Textbeiträge
von Federico Kauffmann Doig

111 Farbbilder nach Fotos von
Hellfried Böhm, Wenzel Fischer,
Erik Pflanzer, Egon Wurm u. a.

Gestaltet
von Jochen Pabst

Pinguin-Verlag, Innsbruck

Bildauswahl und Gestaltung: Jochen Pabst

Copyright 1982 by Pinguin-Verlag
A-6021 Innsbruck
Alle Rechte vorbehalten
Druck und Bindearbeiten:
Druckerei Sochor, Zell am See
Farbreproduktionen:
Ifolith, Fotolitho, Innsbruck
ISBN 3-7016-2111-X

Inhalt

Seite 4
Vorwort
von Wolfgang Schätzle

Seite 8
Geschichte, Kunst und Kultur
von Federico Kauffmann Doig

Seite 29
Landschaft und Menschen
von Javier Pulgar Vidal

Seite 40
Wirtschaftsprozeß
von Emilio Romero

Seite 48
Die Küstenregion
Abbildungen

Seite 72
Das Hochland
Abbildungen

Seite 115
Pozuzo
von Bruno Habicher

Seite 124
Im Amazonas-Becken
Abbildungen

Seite 141
Bergsteigerland Peru
von Lia Hörmann

Seite 166
Register

Vorwort

Kalt und grün branden die Wasser des Stillen Ozeans an die 2300 Kilometer lange Küste. Wo sich die Erde über das Meer erhoben hat, herrschen Trockenheit und Dürre. Eine Wüstenregion. Durchbrochen nur von Oasen an den Ufern kräftiger Flußläufe.

Stetig steigt das Land gegen Osten an, gipfelt in den Kordilleren mit einer Mächtigkeit etwa des Nevado de Huascaran in 6768 Metern. Ausgedehnte Hochtäler. Savannen. Wieder eine gewaltige Felsbarriere, die Ostkordilleren und schließlich die Nebel- und Regenwälder, unendlich scheinende Ebenen, wegloser Urwald, das dampfende brodelnde Amazonasbecken.

Land Peru – eine paradiesische Vielfalt der Tier- und Pflanzenwelt. Mit unübersehbaren Schätzen an Erzen und seltenen Erden, Erdöl und Edelhölzern. Fischereiflotten schwärmen auf den Pazifik aus, Bergwerke stoßen in immer größere Tiefen vor, Fabrikschlote wachsen in den Himmel. Touristenboom. Wirtschaftswachstum, steigendes Bruttosozialprodukt. Peru heute.

Peru gestern – indianische Kulturvölker, die es lange vor unserer Zeitrechnung verstanden, Textilien zu färben, die Metalle legierten und gossen.

Außerordentlich kunstvoll bemalte Keramiken, ausgeklügelte Bewässerungssysteme, Straßenbau (im Inkareich 16.000 km), beachtliche Kenntnisse in der Astronomie, Mathematik und Medizin sind aus dem alten Peru überliefert. Chinin, zum Beispiel, wurde bereits als Heilmittel eingesetzt.

Mumienfunde zeigen, daß Schädeloperationen am Menschen durchgeführt worden sind, die der Patient überlebt hat.

Hochkulturen, die in der Herrschaft der Inka ihre Vollendung fanden und mit der Enthauptung des letzten Herrschers Tupac Amaru durch die spanischen Eroberer anno 1572 erloschen.

Die spanische Epoche brachte Christentum und Kathedralen, europäisches Gedankengut – schon 1551 eine Universität nach Lima. Die Kriegskunst der alten Welt und die kastillische Hochsprache. Bis heute wird hier das reinste Spanisch in Südamerika gesprochen. Im Jahre 1879 wurde die Unabhängigkeit offiziell auch vom ehemaligen Kolonialherrn Spanien anerkannt.

Peru umfaßt ein Territorium von 1,285 Millionen Quadratkilometern, was mehr als der dreißigfachen Größe der Schweiz entspricht. Es ist der flächenmäßig drittgrößte Staat nach Brasilien und Argentinien des südamerikanischen Subkontinents.

16,5 Millionen Einwohner, so offizielle Schätzungen, zählt heute der Andenstaat. Mehr als vier Millionen Menschen geballt in der Hauptstadt Lima und ihrem unmittelbaren Einzugsgebiet. Landflucht. Die Heerstraßen der Hoffnung führen die Indios aus bitterer Armut in den Hochtälern übergangslos in die Verelendung der Barios, der Slums rund um die Städte.

Bürgerliches Recht ist außer Kraft. Rauschgifthandel, Prostitution, Erpressung, Raub und Totschlag wuchern krebsartig. Es regiert die Gesetz-

mäßigkeit der Gesetzlosen. Eine schwere Hypothek für eine staatliche Ordnung. Sozialer Zündstoff, politischer Sprengstoff.
Bei einer Geburtenrate von jährlich mehr als drei Prozent der Bevölkerung, ein Wettlauf gegen den Kollaps einer Gesellschaft, einer ganzen Nation. Die Leistungen bisher zur Überwindung der vielschichtigen Probleme des Landes sind beachtlich, die Pläne für die Zukunft enorm.
Immerhin starben nach einer Bestandsaufnahme aus dem Jahre 1961 damals noch 10 von 100 Neugeborenen. Heute hat sich die Überlebenschance für einen Säugling statistisch verdoppelt. Nach wie vor aber leidet der überwiegende Teil des Indio-Volkes – etwa 50 Prozent der Gesamtbevölkerung – an Unterernährung und oft chronischen Infektionskrankheiten. Wer nicht der Versuchung einer Landflucht erlag, lebt kärglich in Dorfgemeinschaften, deren Ordnung noch im Versorgungssystem der Inkazeit wurzelt und in den meisten Regionen wenigstens das Existenzminimum sichert.
Mit Hilfe des sogenannten »Sierra-Planes« sollen vier Millionen Indios in das Wirtschafts- und Sozialleben Perus eingegliedert werden. Ein Regierungsprogramm sieht die Schaffung von einer Million neuer Arbeitsplätze vor. Eine epochale Aufgabe.
Trotz aller durchaus ernstzunehmenden Anläufe blieben die in den vergangenen Jahrzehnten mehrfach in Angriff genommenen Agrarreformen eher glücklos. Die Enteignung von Grundbesitz über 50 Hektar ließ die Erträge jedoch gefährlich sinken. Die Besitzgrenze wurde daraufhin 1978 auf 150 Hektar pro Person angehoben.
Das weiße Gold Perus, Guano, der Dung von Seevögeln, der auf den küstennahen Felseninseln im Pazifik gesammelt wird, war zweitausend Jahre lang »Exportschlager«. Er reicht heute nicht einmal mehr zur Hälfte, um den Düngerbedarf des eigenen Landes zu decken. Eine »natürliche« Verschiebung des Humboldtstromes und damit auch der Fischschwärme, ließ Abermillionen von Seevögeln elend verhungern. Aber auch der Mensch trägt ein gerüttelt Maß an Schuld. Die unersättliche Befischung der Anchovis zur Fischmehlverarbeitung dezimierte die Bestände unter den biologischen Erholungsgrad. Bis heute. Unabhängig davon steht nach der Fangmenge Peru an erster Stelle der fischfangtreibenden Nationen.
Zuckerrohr, Baumwolle, Gemüse, Tabak und Wein in den Bewässerungszonen im Westen, Schaf- und Alpakawolle aus den Anden, Kaffee und Kakao aus dem Bergland, Reis, Bananen und Naturkautschuk aus dem Amazonasterritorium – gewachsene Reichtümer.
Ein gesegnetes Land, aber auch immer wieder ein von Katastrophen biblischen Ausmaßes geschlagenes Land. Die Verschiebung des Humboldtstromes, jahrelang anhaltende Dürrephasen, regelmäßig wiederkehrende Überschwemmungen und verheerende Erdbeben greifen zerstörerisch in das Räderwerk der aufkommenden Agrarwirtschaft ein.

Ein Grund dafür, daß die Peruaner ihre Wirtschaft auf mehrere tragende Säulen stellen wollen. Da sind die schier unermeßlichen Bodenschätze. Neben Kupfer, Zink, Silber, Blei und Eisenerz werden 17 weitere Metalle, seltene, begehrte wie Molybdän, Vanadium, Kobald oder Uran gefördert. Dazu Kohle, Salz, Schwefel oder Graphit.

Für den Rohstoffhunger der Industriestaaten ein gewichtiges Faustpfand. Ein Garant für Kreditwürdigkeit bei Partnern und Investoren. Neben dem Industrie-Schwerpunkt Lima – Callao werden in der Küstenregion Fabriken für Motoren, Maschinen und Geräte aus dem Boden gestampft.

Eine als »zweite Eroberung« Perus propagierte Pionier-Kampagne frißt sich in das Amazonastiefland vor: Erdöl heißt die Devise. Seit dem ersten bereits 1896 geförderten Faß, schwang sich Peru zum derzeit viertgrößten Erdölproduzenten Südamerikas auf. Die 852 Kilometer lange Transanden-Pipeline pumpt das schwarze Gold seit 1977 aus dem Amazonasbecken zur Küste. Im Bannkreis des Öls entstehen Düngemittel-, Kunstfaser-, Pharma- und Farbenfabriken.

Noch aber steckt die Grundstoffindustrie in den Anfängen, werden die ersten Schritte eingeleitet, die Rohstoffe im eigenen Land zu veredeln.

Einfuhren von Nahrungsmitteln für die explosionsartig wachsende Bevölkerung und Importe von Fertigprodukten und technischen Anlagen fressen tiefe Löcher in die Handelsbilanz. Trotz imposanter Kraftwerksbauten konnte die Stromerzeugung mit dem Bedarf nie Schritt halten.

Die Eisenbahnen, durchaus technische Wunder ihrer Zeit, sind zum Teil seit Anfang des Jahrhunderts im Dienst. Das Straßennetz, das von Mensch und Material das Äußerste abverlangt, ist wenig geeignet, den erforderlichen Gütertransfer innerhalb des Landes sicherzustellen. Im Luftverkehr mangelt es an Transportkapazität. Aber auch diese infrastrukturellen Probleme wollen die Peruaner peruanisch lösen: Das heißt, in Besinnung auf die Eigenkräfte der Nation – ohne in allzu große »industrie-koloniale« Abhängigkeiten zu geraten.

Wohlgelitten sind die Touristen. Sie brachten im vergangenen Jahr mehr als 200 Millionen US-Dollar an Devisen ins Land. Immerhin erwirtschaftete der Andenstaat im Durchschnitt der vergangenen fünf Jahre ein reales Wirtschaftswachstum von vier Prozent; die Inflationsrate konnte auf etwa 70 Prozent gehalten werden.

Peru ist ein Staat mit Schulpflicht bei kostenlosem Unterricht, Sozial- und Krankenversicherung sowie Altersversorgung.

In Peru arbeiten heute 33 Rundfunkanstalten und 40 Fernsehsender. Allein in Lima erscheinen täglich acht Zeitungen. Freilich waren die Medien in der Vergangenheit immer wieder mehr oder weniger scharfer staatlicher Zensur unterworfen.

Tahuantinsuyu – Reich der vier Weltgegenden – nannten die Inka ihr mächtiges Imperium. Und diese Aussage hat auch für das moderne Peru nichts an Aktualität verloren.

Welten trennen den Pazifik-Anrainer vom Amazonas-Indianer, den in die Oberschicht Hineingeborenen vom entwurzelten Slum-Bewohner. Hochentwickelte Industrie und noch heute unerforschte Territorien. Kontraste äußert reizvoll – hochbrisant.

Im Frühjahr 1982 machten Guerilla-Trupps mit der Erstürmung eines Gefängnisses in der Stadt Ayacucho auf sich aufmerksam, sprengten Hochspannungsmasten, legten Bomben, überfielen Polizeiposten.

Die demokratisch gewählte Regierung Perus reagierte gelassen auf diesen Übergriff des weltweit kursierenden Bazillus Terrorismus. Sie wird ihn überwinden.

Man darf dem grandiosen Land Peru mit seiner reichen Vergangenheit und der neue Horizonte schaffenden Gegenwart eine goldene Zukunft wünschen.

Wolfgang Schätzle

Geschichte, Kunst und Kultur

von Federico Kauffmann Doig

Zwei große Zeitalter kennzeichnen den geschichtlichen Weg Perus. Das erste, weil älteste, ist von vielen archäologischen Kulturen gekennzeichnet, die sich über tausende von Jahren entfalteten, seit der Zeit des ersten menschlichen Eindringens in das heutige peruanische Hoheitsgebiet vor über zehntausend Jahren. Nur die letzten Seiten dieses langen Geschehens wurden von den Inkas geschrieben, einem Eroberergeschlecht, das von Cusco aus in nur wenigen Generationen seine Herrschaft ausdehnte, bis es ein großes Reich bildete. Der Untergang des Inkareichs im 16. Jahrhundert, durch das Werk des Schwertes und des Kruzifixes der spanischen Eroberer, stellte das Ende des langen, unabhängig von Spanien durchlaufenen Entwicklungszeitalters dar, und gleichzeitig den Beginn des zweiten geschichtlichen Zeitalters Perus in Verbindung mit dem Westen, das sich bis in die heutige Zeit über vier Jahrhunderte zieht, mit nur zweitrangigen Ereignissen vom geschichtlich-kulturellen Gesichtspunkt aus gesehen.

Der so fortgeschrittenen Zivilisation der Inkas, die die Spanier bei ihrem Eintreffen in Peru vorfanden sowie auch den Tausende von Jahren vorausgegangenen Zivilisationen, sind die ersten Kapitel dieser historischen Aufzeichnung gewidmet. Auf diese folgen weitere Kapitel, und zwar über die Schritte der von Francisco Pizarro angeführten Eroberer und die Gründung des spanischen Kolonialsystems, das im eigenen Interesse Teile des sozialwirtschaftlichen Systems der Inka aufrechterhielt. Ferner wird ein zusammenfassender Überblick über die ideologischen und Kriegsbewegungen gegeben, die im vergangenen Jahrhundert zur politischen Unabhängigkeit Perus gegenüber Spanien führten, und es werden die wichtigsten historischen Ereignisse im 20. Jahrhundert erwähnt.

Und schließlich werden wichtige kulturelle Aspekte der Vergangenheit und der Gegenwart behandelt: die Literatur, angefangen mit dem Mestizen Garcilaso de la Vega, Ricardo Palm, bis zu Mario Vargas Llosa; die Kunst, die einen einmaligen Stil entwickelte, der sich die »Malschule von Cusco« nennt; die Architektur, die in Peru ihre Blütezeit erlebte, als sich der Barock vermischte und wo noch heute außergewöhnliche Beweisstücke z. B. in Arequipa und Puno zu sehen sind.

I. Archäologie und Geschichte Perus

Jäger und Sammler

Seit dem 16. und 17. Jahrhundert ist Peru aus oberflächlichen Beschreibungen der Ruinen, der Gebräuche und der historischen Ereignisse bekannt, die sich während des Inkareichs abgespielt haben. Die Hauptsorge der damaligen spanischen Autoren drehte sich um die letzte vorspanische Zivilisationsperiode. Es muß jedoch auch berücksichtigt werden, daß die historischen Forschungen im 16. und 17. Jahrhundert in Bezug auf die vorinkaischen Epochen mehr oder weniger nichts erbrachten. Sie lagen weit zurück, unerreichbar; ihre Tradition war aus dem Gedächtnis verschwunden, und es blieben nur vereinzelte und ins Mysteriöse gezogene Nachrichten übrig. Die architektonischen Reste aus der Vorinkazeit blieben, aber nur wenige Autoren berichteten über ihr hohes Alter. Nur vereinzelt kommen in dem Werk des Indio-Chronisten des 16. Jahrhunderts, Felipe Huamán Poma, Spuren einer sehr zurückliegenden Kulturära vor, wo der Mensch noch keine Landwirtschaft trieb und sich lediglich von der Jagd und dem Sammeln ernährte. Diese vorlandwirtschaftliche peruanische Etappe wurde erst richtig in diesem Jahrhundert bekannt, speziell aufgrund der Entdeckungen, die 1957 und später von Augusto Cardich in *Lauricocha* gemacht wurden.

Lauricocha ist der Name eines Gebietes in 4000 m Höhe im Distrikt Jesús der Provinz Dos de Mayo in Huánuco. Die Wohnhöhlen dienten als natürliche Wohnung für die Menschen, die vor 10.000 Jahren dort lebten. Die Höhlen wurden auch von späteren Bewohnern benutzt, so daß die verschiedenen Schichten menschlicher Wohnreste eine Dicke bis zu 4 Meter erreichten, und die Geschichte ihrer Bewohner über Tausende von Jahren erzählten. Dank der Entdeckung dieser Spuren weiß man, daß der Mensch von Lauricocha kulturell zur Altsteinzeit gehörte, und zwar aufgrund seiner Tätigkeit als Jäger und seiner Steinwerkzeuge, die aus groben Spitzen und Schabern und besonders aus bearbeiteten oder nicht bearbeiteten Steinsplittern bestehen. Mit diesen Instrumenten erbeutete er vor allem wilde Kameliden, wie das Lama und Vicuña.

Aus dem fernen Zeitalter der Jäger und Sammler gibt es in Peru noch andere Beweisstücke, nämlich die von Chivateros, an der Mündung des Chillón-Flusses und nur einige Kilometer nördlich von Lima. Steinwerkzeuge, vielleicht etwas älter als die von Lauricocha, zeugen von einem Jägervolk. Aber außer den zahlreichen Beweisstücken, die seine Werkzeuge darstellen, hat der Jäger vor 10.000 oder mehr Jahren auch eine Spur seiner Gedanken in der Malkunst hinterlassen, und durch sie seine Weltanschauung, die sich auf seine Neigung zur Jagd bezieht, mit seinen schematischen Figuren zum Ausdruck gebracht. Ein bedeutendes Beispiel in dieser Richtung sind die Felsmalereien von Toquepala in Tacna, die seit 1963 erforscht werden, und auf denen Menschen mit Waffen und altsteinzeitliche Lamas, zum Teil sogar verletzt, zu erkennen sind. Diese Malereien wurden erneuert oder verbessert und neue Zeichnungen hinzugefügt oder drübergemalt, was heute die genaue Beziehung der Figuren zueinander verschleiert.

Die ersten Ortschaften und Zeremonienzentren

Einige Tausende von Jahren sind vergangen, seit sich die ersten menschlichen Gruppen im Hochland und an der Küste Perus niedergelassen haben. Aber trotz der langen Zeitspanne sind in dieser Periode nur wenige Änderungen auf kulturellem Gebiet zu verzeichnen gewesen. Gewiß wurden die Steinwerkzeuge angewandt, aber dadurch verbesserte ihr Hersteller nicht seinen kulturellen Rahmen, der diejenigen Menschen »gefangenhält«, die nichts weiter kennen als die Jagd und das Sammeln von Pflanzen, um zu leben oder zu überleben.

Etwa vier- oder fünftausend Jahre vor unserer Ära heben sich die ersten Anzeichen einer landwirtschaftlichen Tätigkeit ab. An der Küste wurden eine Anzahl verschiedener Kürbisse sowie Baumwolle geerntet, wahrscheinlich wilde. Auf jeden Fall muß die neue wirtschaftliche Tätigkeit das Entstehen von Ansiedlungen beeinflußt haben. Nachforschungen in den letzten Jahren haben jedoch ergeben, daß das seßhafte Leben und die Bevölkerungsausdehnung an der peruanischen Küste besonders auf den intensiven Fischfang zurückzuführen ist, da aufgrund des Humboldt-Stroms eine vielfältige und große Meeresfauna vorhanden war. Der Impuls zur Seßhaftigkeit und eine ansteigende Wachstumsrate infolge einer sowohl qualitativ als auch quantitativ befriedigenden Ernährung machte sich vor allem zwei- oder dreitausend Jahre vor Christi bemerkbar. Ortschaften und bedeutende Zeremonienzentren, wie z.B. das von Paloma, das in den letzten Jahren von Federico Engel im Tal von Asia entdeckt wurde, entstanden. Aus dieser Zeit und etwas später stammen auch andere Spuren von Zeremonienzentren, die nun nicht mehr an der Küste und in der Nähe des Meeres erbaut wurden, sondern in den Gebirgsausläufern und dem Gebirgshochland selbst. Dies ist z.B. der Fall bei Manos Cruzadas in Cotosh in der Nähe von Huánuco, was eindeutig nicht das Werk einer unter Meereseinfluß lebenden Zivilisation ist.

Über dieses Zeitalter ist immer noch wenig bekannt. Es muß noch erwähnt werden, daß in den letzten Jahren dieses Zeitalters, das als »präkeramisch« bekannt ist, Keramik hergestellt wurde, und in der Webekunst lediglich einige einfache Techniken, besonders Flecht- und Schlingarbeiten aus Baumwollgarnen bekannt waren.

Die ersten Anzeichen einer authentischen Zivilisation: Chavín

Alle alten Zivilisationen der Welt haben mit dem Beginn der intensiven Bodenbearbeitung angefangen. Aber auch die intensive Fischerei als Förderer der Zivilisation dürfte im peruanischen Falle zweifellos nicht nur ein Ausnahmefall sein.

Auch in Peru gehen die ersten Zivilisationsanzeichen von dem Erscheinen einer intensiven Landwirtschaft aus. Das dürfte etwas früher als eintausend Jahre vor Christi gewesen sein. Bevor sich der Mensch der Landwirtschaft widmete, mußte er zum Unterhalt Tiere jagen, fischen und Früchte sammeln, um zu überleben, er lebte also in einem tierähnlichen Zustand. Dagegen stellte die Entfaltung der landwirtschaftlichen Tätigkeit nicht nur eine gesicherte Ernährung dar, sondern sie verpflichtete ihn auch, an einem bestimmten Ort zu bleiben, in der Nähe seiner Pflanzungen. Dieses seßhafte Leben führte ihn zu immer besseren technischen Erfindungen und Perfektionierungen. Eine sichere Nahrungsquelle, wie sie die Landwirtschaft darstellt, bringt natürlich auch eine steigende Zuwachsrate der Bevölkerung mit sich, was damals neue Probleme aufwarf und deren Lösung anregte. Soziale Klassen mit ihrer Elite und ihren Anhängern entstanden.

Es gibt klare, sichtbare Beispiele in den archäologischen Resten sowie in den magisch-religiösen Darstellungen mit ihren grausam aussehenden Göttern, die dazu geschaffen wurden, um die Massen in Schrecken zu versetzen und so gefügig zu machen. Die übernatürlichen, in Stein gemeißelten Figuren von Chavín sagen hierzu viel aus. Der Baustil von Chavín ist monumental und eindrucksvoll und diente dazu, Ehrfurcht einzuflößen.

Chavín ist nicht nur der Name einer der bekanntesten Ruinen Perus, sondern auch die Bezeichnung für die erste authentische Kultur des Landes, die plötzlich an verschiedenen Orten an der Küste und im Hochland erschien. Die Chavín-Kultur wird auch als »formative Kultur« bezeichnet, was vielleicht sogar treffender ist, denn Chavín ist lediglich eine Ausdrucksweise – vielleicht sogar die bedeutendste – dieser Kulturetappe gemeinsam mit Sechín, Moxeque, Pakopampa, Kunturwasi usw. Der Chavín-Stil kommt in einer speziellen Art mit einer bestimmten Thematik übernatürlicher Wesen zum Ausdruck.

Chavín (de Huantar), 3185 m ü.d.M. ist sowohl wegen seines Alters als auch wegen der Einmaligkeit seines Baustils eines der bedeutendsten archäologischen Monumente Perus. Seine Blütezeit begann tausend oder mehr Jahre vor Christi und dürfte bis ungefähr zum 2. Jahrhundert vor unserer Ära angedauert haben.

Die Ruinen von Chavín bestehen aus verschiedenen pyramidenförmigen Bauten, innen mit Gängen. In einer befindet sich noch auf dem Originalplatz ein 5 m hoher verzierter Stein, der auch unter der Bezeichnung »Lanzón« (Lanze) bekannt ist. Typisch für Chavín sind die tiefergelegenen Plätze vor den Hauptgebäuden oder Tempeln. Steinstufengänge verbinden die beiden Tempel, d.h. eigentlich mit ihren tiefergelegenen Plätzen. Diese Plätze sind von Seitengebäuden umgeben. Beim »Früheren Tempel« bilden sie ein »U«, das den Platz einrahmt, und beim »Späteren Tempel« erscheinen die Seitengebäude einzeln, um so mehr Weite zu geben.

Die pyramidenförmigen Bauten sind anscheinend kompakte Konstruktionen, sie haben jedoch innen Gänge. Die Wände sind mit sauber gearbeiteten Steinen verschalt.

Im »Späteren Tempel« an der Ostseite sind noch die Reste eines Steinportals zu sehen mit runden 2,30 m hohen Säulen auf jeder Seite, auf denen übernatürliche Figuren eingraviert sind. Beim »Früheren Tempel« ist der tiefliegende Platz mit verzierten Steinen eingefaßt, wobei die Figuren ähnlich placiert sind wie sie beim Tempel Sechín. Riesige Steinköpfe mit einem Stift oder Nagel am Hinterkopf befanden sich in gleichmäßigen Abständen vom Boden und in horizontaler Linie an den Wänden, und zwar beim »Späteren Tempel«. Sind diese Köpfe vielleicht die Häupter der Opfer, die in höhere magisch-religiöse Sphären erhoben wurden?

Die Monolithen von Chavín sind fast alle Parallelepiped-Steine, die in die Mauern eingelassen wurden, z.B. die Monolithsäule »Estela Raimondi« und die vielen anderen sogenannten »Estelas«. Außer den bereits erwähnten Steinköpfen, die richtige Skulpturen darstellen, kennzeichnen sich die Steine von Chavín durch Reliefverzierungen, im allgemeinen Hochrelief. Eine dritte Gruppe bilden die sogenannten »Huancas«, längliche Monolithe, die rundherum Reliefs aufweisen (Obelisk Tello, Lanzenmonolith).

Der am meisten bewunderte Stein ist die Monolithsäule Raimondi, die sich heute im Nationalmuseum in Lima befindet. Es wurden viele Auslegungen in bezug auf die verworrene Ikonographie vorgelegt.

Vicús: Gestaltende Spätkunst

Unter dem Namen Vicús kennt man eine spätere gestaltende Ausdrucksweise, die sich vor ca. 2000 Jahren entwickelte. Ursprünglich war dies lediglich der Name eines felsigen Vorgebirges auf der alten Hazienda Pabur (Piura).
Hier fanden in den 60er Jahren Schatzsucher einen Friedhof, dessen Gräber über 10 m Tiefe hatten. In diesen Gräbern befanden sich jedoch keine Knochenreste, was zu verschiedenen spekulativen Auslegungen Anlaß gab. Dagegen gibt es von den Vicús eine bedeutende Sammlung von Keramik- und Metallgegenständen (Kupfer, Gold), dank dem Sammler Domingo Seminario aus Piura, die heute im Besitz der Banco Central de Reserva del Perú ist.
Die charakteristische Vicús-Keramik — aus dieser Gegend stammen noch verschiedene andere Töpferstile — kennzeichnet sich durch ihre einfachen, aber mit sehr kräftigen Zügen dargestellten Skulpturformen, die Personen, Tiere und phantastische menschliche Figuren vorstellen. Ferner gibt es Gefäße mit realistischen und mythischen Szenen.
Die plastischen Formen sind oft mit dunklen geometrischen Strichen verziert, in anderen Fällen ergänzen oder vollenden sie die plastischen Darstellungen. Diese dunklen Töne erreichten die Vicús durch die Anwendung der sogenannten »Negativtechnik«. Diese besteht darin, daß man die das Motiv umgebenden Flächen bemalt und trennt, womit ein genaues Hervortreten der Motive erreicht wird, weil diese keinem Farbeinfluß unterliegen. Eine weitere Verzierungstechnik der Vicús-Keramik ist die Anwendung weißer Farbe auf der natürlichen roten Farbe der Gefäße.
Die dargestellten Personen in der Vicús-Keramik haben vogelschnabelähnliche Nasen. Dies muß eine magische Eigenschaft darstellen, die vom Vicús-Menschen hoch eingeschätzt wurde und aufgrund welcher er sich mit übernatürlichen Kräften in Verbindung setzte und sie sich zu eigen machte.

Die Tücher von Paracas

Die sogenannten »Mantos« sind mit Stickerei verzierte große Tücher. Diese Stickerei wurde mit verschiedenfarbigen Garnen, hauptsächlich mit Wolle der amerikanischen Kameliden, auf einfarbigen Baumwollstoffen ausgeführt.
Die gestickten Figuren drücken eine Traumwelt aus, die fern von der unsrigen in Form und Zeit ist. In verschiedenen dieser Figuren kann eine »Höchste Gottheit« mit merkwürdigen Varianten erkannt werden. Anscheinend besteht die erwähnte Gottheit hauptsächlich aus Mensch, Vogel und Katze.
Interessant ist, daß die gestickten Figuren einer gewissen Anordnung unterliegen, die genau das Gleichgewicht beachtet. Im allgemeinen ist auf einem Tuch nur eine übernatürliche Figur zu finden. Außerdem ist das Muster, auch wenn in Reihen, einmal in Vorder- und einmal in Hinteransicht dargestellt. All dies trägt dazu bei, die Monotonie zu zerstören.
Die Paracastücher wurden in der Sandwüste der gleichnamigen Halbinsel im Jahre 1927 von Julio C. Tello und speziell von seinem Mitarbeiter Toribio Mejía Xesspe gefunden. Diese Tücher bedeckten die trockenen Mumienkörper, die, in reichlich Stoff eingewickelt, in einem Korb eine Art »Begräbnisbündel« bildeten. In der Nekropole von Paracas wurden 429 »Begräbnisbündel« gefunden, d.h. Mumien in feine oder grobe Stoffe eingewickelt. Die besonderen Umweltbedingungen haben zur außergewöhnlichen Erhaltung der Textilien von Paracas beigetragen.
Die in der Nekropole von Paracas ausgegrabenen Mumien haben anscheinend ihre Tücher auch zu Lebzeiten getragen, und zwar über den Schultern oder wie eine aus dieser Zeit stammende Zeichnung anzudeuten scheint, an der Stirn befestigt.

Moche: In »Drei Tagen« erbaute Pyramiden

Die Moche-Kultur entfaltete sich in den Flußtälern im nördlichen Küstengebiet des Landes zwischen dem 4. und 9. Jahrhundert n.Chr. Das Zentrum muß während der Zeit ihrer Entfaltung im

Moche-Tal (Trujillo) gewesen sein, denn in Moche kann man noch heute die größten Bauwerke dieser Kultur sehen: den Sonnentempel und den Mondtempel. Ersterer nennt sich auch »Huaca del Sol« und hat eine Grundfläche von 280 x 136 m, ursprünglich soll er 48 m hoch gewesen sein. Bei der Ankunft der Spanier galt die Überlieferung, daß diese Pyramide in nur drei Tagen erbaut worden sei, und zwar mit 200.000 Männern. Der Mondtempel hat auf einer seiner Mauern einen mythologischen Teil, den man die »Rebellion der Artefakte« genannt hat. Und das nicht mit Unrecht, denn sie zeigt in einem mythischen Zusammenhang, wie die Gegenstände Leben fordern, indem sie Arme, Hände und Füße bekommen, die sie lebendig machen und es ihnen erlauben, die Menschen zu verfolgen, um sie zu vernichten.

Aber vielleicht das eindrucksvollste Produkt der Moche-Kultur ist aufgrund der Quantität wie auch der Qualität ihre Keramik mit auf die Tonwände in feinen Strichen gezeichneten Wesen und verschiedenen Szenen, besonders kriegerischer Natur. Man kann fast sagen, daß die Moche-Kultur ein richtiges Buch darstellt, das mit Tausenden von plastischen und gemalten Figuren geschrieben wurde. Unter den plastischen Figuren zeichnen sich besonders die Köpfe ab, mit ihren Gesichtern, die klar von dem physischen und sozialen Aspekt der damaligen Menschen sprechen; von ihren Häuptlingen mit ruhigen und despotischen Gesichtern, von Menschen mit von Krankheit gezeichneten Gesten, von Händlern, Kriegern usw.

Die Maler von Nasca

Zur gleichen Zeit wie die Moche-Kultur entstand auch die Nasca-Kultur, die sich genau wie erstere zwischen dem 4. und 9. Jahrhundert entwickelte, jedoch im südlichen Küstengebiet des Landes.

Herrliche Stoffe und vor allem die bemalten Keramiken zeichnen die Nasca-Kultur aus: die verschiedenen mit Pinsel aufgetragenen Farben haben als Besonderheit einen starken Glanz. Das Farbenangebot war so kräftig, daß man fast sagen könnte, die Nascas haben ihre Keramik geschaffen, damit deren Wände als Flächen dienen, auf denen sie ihre Malerei gestalten konnten, die tatsächlich von höchstem Glanz ist und sich im Grunde auf einige wenige Grundmuster beschränkt. Die Skulpturen scheinen nur eben angedeutet zu sein, wobei die plastischen Details mit Zeichenstrichen ersetzt oder ergänzt wurden.

Neben wirklichkeitsnahen Zeichnungen greifen die Nasca bei ihrer Keramikmalerei Themen aus magisch-religiösen Sphären auf, übernatürliche Wesen werden abgebildet. Der anscheinende Hauptgott der Nasca erscheint in verschiedenen Varianten gemalt. Hauptsächlich handelt es sich um einen menschenähnlichen Feliden in fliegender Stellung, umgeben von Trophäen. Dann aber auch wieder wird der fliegende Charakter des übernatürlichen Wesens klar durch ausgebreitete Flügel oder durch einen »zweiten Körper« auf dem Rücken symbolisiert. Dieser letztere scheint die Stilisierung eines ornithomorphischen Körpers zu sein, der den Feliden-Menschen gleicht. Schließlich erhielt diese Gottheit außergewöhnliche Formen und verwandelte sich sogar in neue mythologische Wesen, aufgrund der zufälligen oder absichtlichen von den Künstlern benutzten »Metamorphose-Verfahren«. So z.B. die von E. Yakovleff als Raubwal bezeichnete Figur, eine Art gefräßiger Delphin, die am Anfang nichts anderes darstellen sollte als einen ornithomorphischen oder fliegenden Feliden.

Die Riesenlinien von Nasca

Diese weltweit bekannten Geoglyphen in den wüstenartigen Pampas von Nasca und Palpa wurden, zumindest zu einem großen Teil, von Angehörigen der Nasca-Kultur gezogen. Diese riesigen Figuren heben sich ab, weil sie in Form von Furchen geschart wurden. Bei Durchbruch der Schottersteinoberfläche, die durch die Oxydation eine rötliche Farbe angenommen hat, kommen die gelbliche Erde und der Sand zum Vorschein, die den Linien einen Kontrasteffekt geben.

Die Geoglyphen von Nasca-Palpa zeigen über ein Dutzend eigenartiger, zoomorpher und anthropomorpher Figuren in einer Größe von bis zu 300 m. Ferner gibt es sich kreuzende und am Horizont sich verlierende Linien. Diese mysteriösen Erdaufschüttungen oder Flächen stellen für Erich von Däniken »Landebahnen« für außerirdische Interplanetenfahrzeuge dar, die von Wesen anderer Planeten erstellt wurden. Die deutsche Mathematikerin Maria Reiche, die seit einigen Jahrzehnten die Geoglyphen studiert, vertritt übereinstimmend mit den Archäologen die Meinung, daß es sich um Werke der früheren Peruaner handelt. Maria Reiche sieht in den Geoglyphen einen riesigen Kalender und in den verschiedenen Figuren Beziehungen zu astronomischen Werten.

Bisher scheint noch nicht das letzte Wort zur Lösung dieses Mysteriums gesprochen zu sein.

Tiahuanaco: Bauwerk über den Wolken

Die Ruinen von Tiahuanaco liegen 3625 m ü.d.M. im bolivianischen Hochland, an den Ufern des Titicaca-Sees. Bei Ankunft der Spanier waren die Monumente von Tiahuanaco bereits verlassen und zerstört. Aus diesem Grunde bemerkte der Chronist Cieza de León (1553): »für mich ist dieses Altertum das älteste in ganz Peru...«. Andererseits sagt derselbe Cieza, daß der Bau von Tiahuanaco zu einem bestimmten Zeitpunkt stillgelegt worden sein könne, wobei er in diesem Sinne aussagt: »Es ist zu beachten, daß nach dem, was man an diesen Bauten sieht, diese gerade fertig geworden sind...«.

In Tiahuanaco gibt es verschiedene Bauwerke aus unterschiedlichen Epochen. Der halbunterirdische kleine Tempel wurde von dem bolivianischen Archäologen Hernán Ponce Sanjinés entdeckt und stammt wahrscheinlich aus der früheren architektonischen Epoche der dortigen Geschichte. Bemerkenswert sind die in den Wänden eingelassenen vielen Steinköpfe mit Stiften.

Altersmäßig kommt der großen Pyramide von Acapana der zweite Platz zu. Sie besteht aus stufenartigen Mauern. Die Grundfläche ist quadratisch, jede Seite ca. 210 m lang.

Unter dem Namen Calasasaya kennt man ein drittes bedeutendes Bauwerk in Tiahuanaco. Der Name stammt aus dem Aymara und bedeutet »stehender Stein«. Tatsächlich ist Calasasaya aus großen und langen in den Boden gerammten Steinen gebaut, die ein Viereck von 135x130 m ergeben.

In Calasasaya befindet sich das berühmte Sonnentor, ein monolithisches Werk, etwa 4 m breit und 2,75 m hoch, dessen Gewicht auf 12 Tonnen geschätzt wurde. Das Sonnentor hat im oberen Teil ein Fries mit übernatürlichen Wesen, in Hoch- und Flachrelief gearbeitet. Im Mittelteil ist wahrscheinlich eine Gottheit mit einer Art Zepter und einem Kopfschmuck, eine Sonne andeutend, dargestellt. An den Seiten sieht man geflügelte Wesen, die in Richtung der Zentralfigur laufen. Man hat zweifellos einen wichtigen Teil der damaligen Mythologie darstellen wollen.

Eine Gruppe aus großen, vortrefflich gearbeiteten Sandsteinblöcken befindet sich etwa 1500 m von Acapana entfernt, und man kennt sie unter dem Namen Pumapunco. Es ist nicht auszuschließen, daß es sich um ein niemals fertig gewordenes Bauwerk handelt.

Tiahuanaco-Huari: Der erste imperiale Versuch

Man kann sagen, daß um das 9. Jahrhundert ein Phänomen stattfand, das als erster Versuch zur Bildung eines Kaiserreichs im Andenraum angesehen werden kann. Auch wenn die Verbreitung dieses Phänomens nicht von Tiahuanaco ausging, so ist es in der Kunst, die die damaligen religiösen Auffassungen ausdrückte, in Tiahuanaco präsent. Aus diesem Grunde bestehen wir darauf, daß anstatt der trockenen Bezeichnung »Huari«, dieses Phänomen als »Tiahuanaco-Huari« bezeichnet wird.

Der Name »Huari« kommt von den archäologischen Bauten in der Nähe von Ayacucho, die Cieza (1533) als »Viñaque« beschrieb. Man nimmt an, daß sie zu einem gewissen Zeitpunkt die imperiale »Hauptstadt« der Tiahuanaco-Huari-Kultur und ihr kulturelles Zentrum waren. Die Tiahuanaco-Huari-Kultur bildete sich, soweit man das heute noch feststellen kann, aufgrund von Tiahuanaco-Elementen des Titicaca-Sees in Form von Keramik. In Ayacucho verschmolzen sie mit der in diesem Gebiet vorher fest angesessenen Nasca-Tradition und mit dem zweitrangigen Beitrag der

Elemente der lokalen Keramik. Rafael Larco erkannte als erster das Vorhandensein der Tiahuanaco-Huari-Kultur, wobei er behauptet, daß die Ruinen von Huari in Ayacucho das Verbreitungszentrum dieser Kultur, die panperuanische Verbreitung erreichte, waren. Die Tiahuanaco-Huari-Kultur entwickelte nach und nach neue Macht- und Ausstrahlungszentren, wie Pachacamac, während die Stadt Huari verfiel. Nach etwa zwei Jahrhunderten brach die Tiahuanaco-Huari-Kultur vollkommen zusammen und an ihrer Stelle entfalteten sich in den verschiedenen Gebieten lokale Richtungen, ausgedrückt in handwerklicher und ikonographischer Form, die von dem Triumph der regionalen Unabhängigkeit sprechen. So endete die unruhige Geschichte dieser »panperuanisch« verbreiteten Kultur.

Ñaymlap und das Gold von Lambayeque

Das bedeutendste metallurgische Zentrum ganz Perus befand sich im Lambayeque-Tal in dem nördlichen Küstengebiet des Landes. Mit dem bei Metallarbeiten zum Ausdruck gebrachten Stil mit seinen übernatürlichen Personen mit mandelförmigen Augen ist eine charakteristische im allgemeinen schwarze Keramikart verknüpft, die als repräsentativ für die Kultur von Lambayeque gilt. Unter all den vielen Edelmetallgegenständen, die von Schatzsuchern im Jahre 1936 auf den Friedhöfen der Ländereien der alten Hazienda Batangrande im Distrikt Illimo gefunden wurden, sticht eines wegen seiner Größe und seiner Arbeit hervor. Es handelt sich um den sogenannten »Tumi de Illimo«. Das Wort »Tumi« ist Quechua und bedeutet Axt. Im unteren Teil wirklich eine große Axt darstellend, dürfte er wohl schon wegen seiner außerordentlichen Größe für zeremonielle Zwecke erzeugt worden sein, er ist zirka einen Meter groß. Auf dem oberen Teil ist ein übernatürliches Wesen, eine Mischung aus Mensch und Vogel, abgebildet.

Das Wesen trägt eine Maske, ähnlich der für diese Kulturen typischen Beerdigungsmasken; der Kopf trägt einen halbrunden prächtigen Schmuck. Anscheinend ist dieses übernatürliche Wesen die Darstellung des mythischen Ñaymlap aus der dem 14. Jahrhundert entstammenden Tradition, von dem gesagt wird, daß, als er starb, seine Nachkommen verbreiteten, es seien ihm, da er unsterblich war, Flügel gewachsen, mit denen er dann in den Himmel flog.

Außer Luis E. Valcárcel haben alle Gelehrten andererseits den »Feliden«-Charakter der Wesen hervorgehoben. Und tatsächlich kann man an den für die Ohren vorgesehenen Stellen die typischen Spitzen sehen, die vergleichsweise als Andeutung von Katzenohren dienten. Aber außer diesem Detail scheinen die Wesen keine anderen Katzenmerkmale zu tragen. Dagegen herrschen in diesen Darstellungen die Vogelsymbole vor: ornithomorphische Ohrgehänge, Vogelflügel und -schwanz, sowie Masken vorwiegend mit Vogel-Mensch-Zügen. In Wirklichkeit scheint es den mythischen Ñaymlap darzustellen, und dies scheint auch durch die Szenen bestätigt zu sein, in denen das Wesen auf einem Floß ausruht, nämlich genau so wie die Sage es beschreibt, daß es sich um einen Führer mit übernatürlicher Macht handelte, der vom Meer kommend, an der Küste von Lambayeque landete.

Außer Äxten mit Ñaymlap-Figuren und Beerdigungsmasken fertigte die Lambayeque-Metallurgie große Zeremonienbecher aus Gold und Silber, und Gefäße, die auf einem riesigen Mango ruhen. In der Lambayeque-Kultur wurde Edelmetall gewalzt, geschweißt, es wurden damit durchbrochene und getriebene Arbeiten gemacht, es wurde vergoldet und die als Cire Perdue bekannte Formentechnik angewandt.

Chanchán, Chimú-Metropole

Im Moche- oder Chimor-Tal in der Nähe der Stadt Trujillo, haben die Chimus einen riesigen architektonischen Komplex gebaut, der heute unter dem Namen Chanchán bekannt ist. Die Chimú-Kultur ersetzte seinerzeit die Moche-Kultur und baute ihr »Stadt«-Zentrum im Gebiet, das früher von den Sonnen- und Mond-Pyramiden der Moche beherrscht war. Die Chimú-Kultur entwickelte sich zwischen dem 13. und 15. Jahrhun-

dert n. Chr. und dehnte sich an der nördlichen Küste über 1000 km aus, um schließlich mit der Eroberung durch die Inkas zu enden.
Chanchán war der Wohnsitz von Minchanzaman, dem letzten Chimú-Herrscher, der sich schließlich den Inkatruppen beugen mußte. Diese Lehmstadt dehnt sich über eine Oberfläche von 20 km² aus und wird von neun sogenannten »Zitadellen« oder »Palästen« beherrscht. Rundherum stehen Ruinen von ungeklärten Baulichkeiten sowie vier Pyramiden. Die geschätzte Einwohnerzahl von Chanchán liegt zwischen 8000 und 80.000.
Die Zitadellen haben einen rechteckigen Grundriß und bestehen aus Bauwerken, die von bis zu 7 m hohen und 700 m langen Mauern umgeben sind. Sie konnten lediglich durch einen Eingang betreten werden. Fast alle Zitadellen haben einen Wasserspeicher, Gärten oder bewässerte Ländereien, Straßen, Häuser und Reihen von Kammern, die man allgemein als »Gefängnisse« bezeichnet. Ihre Mauern wurden aus rechteckigen Trockenziegeln gebaut, manchmal auf Fundamenten aus nicht bearbeitetem Stein. In den Mauern sind Reihen von Nischen zu sehen, wo die Holzidole aufgestellt wurden, und es gibt noch Spuren von Wandmalerei.
Die Wände sind oft mit Stuck im Flachrelief und geometrischen, zoomorphischen und anthropomorphischen Motiven verziert. Diese Stuckdarstellungen, die auch als »Arabesken« bekannt sind, gibt es fast in der gesamten magisch-religiösen Welt der Chimús.
Selbstverständlich wurden die Zitadellen von Chanchán nicht alle zur selben Zeit gebaut. In dieser Beziehung gibt es »Serien«-Studien, besonders die von Conrad durchgeführten. Die Tatsache, daß in der »Anonymen Chronik« von 1604–10 die Namen von neun Chimú-Herrschern genannt wurden, angefangen mit Taca-Ynam-O, hat dazu Anlaß gegeben, anzunehmen, daß die neun »Zitadellen« jeweils der Wohnsitz dieser großen Chimú-Häuptlinge gewesen sein könnten. Es muß jedoch beachtet werden, daß in der genannten Chronik noch weitere sieben Herrscher genannt werden, deren Namen jedoch nicht aufgeführt wurden. Michael Moseley behauptet, daß die neun architektonischen Einheiten in Chanchán den neun Chimú-Herrschern gehörten, und daß nach deren Tod der Palast mit allen seinen Angestellten als Opfergabe versiegelt wurde, damit sie den berühmten Verstorbenen im Jenseits begleiten. Auf diese Weise verwandelte sich jeder Palast in einen großen Sammelkatafalk. Der danach folgende Herrscher ließ einen eigenen Palast erbauen, usw.

Die Inkas

Der Name Inka wird für die Herrscher eines Eroberergeschlechts angewandt, das sich um das 13. Jahrhundert in Cusco niederließ, und nachdem es an diesem Ort und in der Umgebung erstarkt war, Eroberungen in einem solchen Ausmaß vornahm, daß in wenigen Generationen ein riesiges Reich beherrscht wurde, das sich entlang der südamerikanischen Küste über ca. 4000 km erstreckte. Wegen seiner Ausdehnung wurde auch das Reich selbst Inka-Reich genannt, obwohl sein Name »Tahuantinsuyo« war oder »Land«, das sich in die »vier Richtungen« erstreckt. Das Inkareich endete mit der spanischen Eroberung im Jahre 1532.
Die Mythologie sagt aus, daß der erste Inka, Manco Capac, ein Halbgott und Sohn der Sonne gewesen sei. Die Sonne war der Gott des Inkareiches, sowie ein anderer, sehr alter, der unter dem Namen Viracocha bekannt war. Laut der beim Eintreffen der Spanier umgehenden Sage, soll Manco Capac zusammen mit Mama Ocllo, seiner Frau und Schwester, vom Titicaca-See aus seine Wanderung begonnen haben. Das göttliche Zeichen war, daß sie sich dort, wo der von Manco Capac getragene Goldstab einsänke, niederlassen sollten. Dies geschah im Cusco-Tal über 3000 m ü.d.M. Die von den inkaischen Architekten erbaute Stadt Cusco bekam daher einen heiligen Charakter. Der große Pachacutec, neunter Inka, vergrößerte die Stadt. Die Paläste wurden um einen riesigen Platz gebaut, der heute von einer Häuserreihe im Kolonialstil unterteilt ist. Das prächtigste Gebäude war jedoch der Coricancha, der Sonnentempel von Cusco, der wegen seiner vielen Goldschätze und Goldplatten geplündert wurde, die die Wände bedeckten, damit die Sonnenstrahlen mit ihrem Glanz den ganzen Tempel erleuchteten. Laut Carcilaso hatte der Coricancha einen »Goldgarten«, in dem sich Pflanzen-, Vögel und Lamaimitatio-

nen aus Gold in Naturgröße befunden haben sollen. Im Coricancha fanden die Spanier auch mumifizierte Körper der Inkaherrscher, reichlich geschmückt mit Kleidung und Schmuck, sowie mit den üblichen Lebensmitteln, Cocablättern und Gold- und Silberbechern versehen, die die Verstorbenen für ihr Leben im Jenseits brauchten.

Der Inkaherrscher trug die gleiche Kleidung wie das Volk, jedoch waren seine Kleidungsstücke aus Baumwolle, Alpaca- und Vicuñawolle besonders hergestellt. Außer dem Lendentuch oder »Huara« trug er ein vielfarbig besticktes Hemd, das »Unco« genannt wurde. Eine Art Tuch, die »Yacolla«, wurde auf der Höhe der Schultern befestigt. Er trug Sandalen, Ohrenschmuck, seinen besonderen Kopfschmuck, der den Namen »Llauto« trug und hauptsächlich aus einem Band bestand, das um den Kopf gewickelt wurde und die Wahrzeichen des Inka festhielt, wie die »Mascapaicha« und die Federn des »Corequenque«-Vogels. Ferner trug der Inka symbolische Stäbe in der Hand und ließ sich in einer prunkvollen Sänfte tragen; all dies war notwendig, um seine große Macht zu unterstreichen.

Was die künstlerische Ausdrucksweise anbelangt, erbten die Inkas die reiche und tausend Jahre alte Andentradition: sie fertigten Keramik, Stoffe und Metallgegenstände aus Gold, Silber, Kupfer und Bronze an. Auf dem Gebiet der Architektur und des Ingenieurwesens war ihr Beitrag groß. Ihre Straßen und Hängebrücken haben große Bewunderung hervorgerufen, ebenso ihre Arbeiten in der Landwirtschaft: hier müssen besonders die Anbau-Terrassen erwähnt werden, die an steilen Abhängen gebaut wurden und auf denen man bequem Ländereien bearbeiten konnte, die ursprünglich brach lagen. Die Terrassen dienten ferner dazu, die Landerosion zu verhindern. Die Wirtschaft der Inkas drehte sich um die Landwirtschaft, wobei sie auch von den vorhergehenden Kulturen die Anbaukenntnisse, basierend auf verschiedenen landwirtschaftlichen Techniken und eine Unmenge von Pflanzen geerbt hatten, angefangen vom Mais bis zur Kartoffel und anderen aus Peru stammenden Knollenfrüchten. Die Inka-Architektur zeichnet sich durch ihre sauber gearbeiteten Werke aus, wie man sie in Machu-Picchu, in der zyklopischen Festung von Sacsayhuamán, in Pisac und an anderen heute in Ruinen liegenden Bauwerken sehen kann. Typisch sind auch die Mauern mit einer leichten Neigung nach oben und die trapezförmigen Türen und Nischen.

Das Inkareich war in zwei soziale Klassen aufgeteilt: den Adelstand und das Volk. Der Adelstand seinerseits bestand aus dem Herrscher; an zweiter Stelle sein nächster Verwandter; und an dritter Stelle aus dem Adelstand der eroberten Provinzen. Unter dem Volk gab es eine Menschengruppe, die dem Sklavenstand nahe kam: die »Yanacuna«-Gruppe. Die soziale Schichtbildung war nicht nur sehr ausgeprägt, sondern es war auch unmöglich, den Status zu ändern, außer in sehr seltenen Fällen, wo sich Männer im Kriege auszeichneten. Deswegen beschwerte sich der liberale W. Prescott, daß in dem Inkareich der einzelne Mensch »so wie er geboren war, so auch bestimmt war zu sterben«. Es gab die »Acllas« oder auserwählten Frauen, einige waren für den göttlichen Dienst bestimmt, andere dienten als Konkubinen der Herrscher in Cusco. Aus den Reihen der letztgenannten stammten auch diejenigen, die dem Inka geschenkt wurden. Der Status der Handwerker ist nicht richtig definiert.

Zur Kontrolle und Verwaltung wurde das Volk in Familieneinheiten von zehn, hundert, tausend und zehntausend gruppiert. Das Land war in vier »Sujos«, vier Regionen, etwa den vier Himmelsrichtungen entsprechend, geteilt. Einer jeden Region stand ein Oberhaupt von höchster Hierachie vor. Ferner gab es eine Gesellschaftseinteilung nach Alter, um die Produktionskapazität eines jeden festzulegen, und zwar ab der Kindheit, wo schon dem jeweiligen Alter angepaßte Arbeiten durchgeführt werden mußten. Die Verwaltung der Gesellschaft ermöglichte es dem Inka, über die Arbeitskräfte und persönlichen Dienstleistungen zu verfügen und den Notwendigkeiten des Staates entsprechend zu verteilen, ganz abgesehen davon, daß er eine absolute Kontrolle über die landwirtschaftliche Produktion ausübte. Hiervon hing auch die Verteilung der Ländereien und Weiden ab. Von den Erträgen des Gebietes, das jedem »Purej« oder Familienoberhaupt und seiner Frau zustand, verlangte der Staat zwei Drittel: Ein Drittel für den Inka und die Priesterschaft und das andere Drittel für den Staat. Von diesem letzteren wurde das Heer verpflegt und diejenigen Menschen, die von irgendeiner Katastrophe heimgesucht worden waren (z. B. Trockenheit). Auf diese Weise konnte das inkaische Wirtschaftssystem Hungersnöte unter seinen Untertanen vermeiden. Hierzu dienten die in »Collcas« gelagerten Reserven, die sich dank der angewandten Konservierungstechnik über Jahre hielten, z. B. getrocknetes Lamafleisch, auch »Charqui« genannt, oder die getrocknete Kartoffel, »Chuño« genannt. Man konnte jedoch das Andenvolk, mit heutigen Augen gesehen, keineswegs als ein leidendes Volk betrachten. Es trachtete nicht danach, seinen Status zu verändern oder sich zu bereichern. Es gab weder Geld, noch waren die Edelmetalle ein Handelsgegenstand, da sie dem Staat gehörten. Lediglich für besondere Dienste gab es aus Edelmetallen gefertigte Geschenke. Selbst in den Sagen kam die Doktrin durch, daß das Volk und die Adeligen durch göttliche Vorsehung verschieden geboren seien. Das ist vielleicht auch der Grund, warum man keinen Versuch eines »sozialen Kampfes« im Inkareich kennt; die internen Streitigkeiten beziehen sich lediglich auf Amtsfolge auf Herrscherebene oder ethnische Differenzen. Dieser durch »Bewußtseinsbildung« von Generation zu Generation erreichte Konformismus war wahrscheinlich der Schlüssel zur Zufriedenheit im Inkareich. Und so wie es natürlich und unabänderlich war, sein ganzes Leben lang seinem sozialen Status anzugehören und zwei Drittel der Ernten an die Verwaltung und Religion abzugeben, war es auch ein »natürlicher« Befehl, dem Staat gratis persönliche Dienste anzubieten. Diese wurden von allen Volksmitgliedern nacheinander durchgeführt und nannten sich »Mita«. Auf diese Weise verfügte der Staat über Soldaten und Arbeitskräfte, um große staatliche Werke auf dem Bau- und Ingenieurgebiet durchzuführen, über Bergarbeiter usw. Es sei schließlich noch erwähnt, daß im Gegensatz zu dem Adelsstand es dem Volk verboten war, mehr als eine Frau zu haben (wobei die »Ehebrecher« harte Strafen erhielten, manchmal Todesstrafen), und daß die Strafen für gleiche Vergehen beim Adelsstand anders waren. Zweifellos war das Inka-System mit seinen großen Privilegien für die Herrscherkaste und deren Verwandte auf keinen Fall »sozialistisch« im liberalen Sinne. Es besteht aber auch kein Zweifel darüber, daß der Großteil der Bevölkerung in gewissem Maße sozial »zufrieden« war, indem jeglicher persönlicher und »arrivistischer« Ehrgeiz auf soziale Änderung, Reichtumsansammlung usw. vernichtet wurde, und so eine Art Konformismus eintrat, den man natürlich unter verschiedenen Aspekten betrachten kann.

Spanische Eroberung und Sturz des Tahuantinsuyo

Bei Ankunft der Spanier in der ersten Hälfte des 16. Jahrhunderts umfaßte das Inkareich ein größeres Gebiet als das jetzige Peru, da es sowohl Ecuador, einen Teil von Kolumbien, von Bolivien, von Chile und den nordwestlichen Teil von Argentinien umfaßte; es reichte vom 3. nördlichen Breitengrad bis zum 36. südlichen Breitengrad. Eine schwere Krise schwebte jedoch über dem Schicksal des Tahuantinsuyo. Von verschiedenen ethnischen Gruppen angeschürte interne Kämpfe, die die Befreiung vom Inka-»Joch« verlangten, waren an der Tagesordnung. Das »Mitmaes«-System, mit welchem die Inkas die Umsiedlung loyaler Menschengruppen in Unruhegebiete anordneten, im Austausch gegen »Auca« oder gegnerische Gruppen, reichte nicht aus, um die subversiven Strömungen zu ersticken. Hinzu kam noch, daß beim Tode des Inka Huayna Capac im Jahre 1527, als die Spanier die Pazifik-Küste eroberten, zwei seiner Söhne, Huáscar und Atahuallpa ernste Streitigkeiten wegen der Machtübernahme hatten, die in kriegerischen Kämpfen endeten. Unter diesen Umständen war neben anderen für die Inkas negativen Faktoren wie dem Einsatz der Feuerwaffe, das Tahuantinsuyo-Reich eine leichte Beute für die spanischen Eroberer, schon deshalb, weil abwechselnd die Anhänger von Huáscar oder Atahuallpa ihrerseits die Hilfe der Spanier suchten, und die aufständischen Stämme, die sich dem Inkareich unterworfen hatten, glaubten, daß der Tag der Befreiung gekommen sei, weshalb sie die bärtigen Fremdlinge mit besonderer Freude empfingen.

Das war das Bild, das sich im Jahre 1532 Francisco Pizarro und seinem Heer bei ihrer Landung an der Küste von Tumbes bot. Angetrieben von Gerüchten über ein märchenhaft reiches Land im Süden, war Pizarro einige Jahre zuvor im Jahre 1524 von Panama aus bis zum San Juan Fluß am 7. nördlichen Breitengrad gefahren, mußte dort jedoch aus verschiedenen Gründen umkehren. Später, zwischen 1526 und 1528, unternahm er eine zweite Reise an der Pazifikküste entlang, auf der er endlich die ersehnte Nachricht vom gesuchten Inkareich erhielt, dessen kulturelle Größe er anhand der vom Steuermann Bartolomé Ruís auf hoher See im Dezember 1526 in dem sogenannten »Tumbes-Floß« gefundenen Gegenständen bestätigt sah.

Erst auf seiner dritten im Januar 1532 begonnenen Reise stießen Pizarro und seine 200 Männer an Land bis Cajamarca vor, wo sie Atahuallpa antrafen, der anscheinend seinen Triumph über den »rechtmäßigen« Erben des Inkareiches, seinen Bruder Huáscar, feierte. Der Einzug in die Stadt fand am 15. November 1532 statt. Am folgenden Tage erklärte sich Atahuallpa, der sich in der Nähe der Stadt aufhielt, mit einem freundschaftlichen Treffen mit den Spaniern einverstanden. Diese griffen jedoch die Truppen des Inka überraschend mit Feuerwaffen an, die diesen unbekannt waren, so daß alles in einem schonungslosen Gemetzel und der Gefangennahme Atahuallpas endete. Der Gefangene bezahlte bereits einen Teil des versprochenen Lösegeldes in Gold- und Silbergegenständen, als er von den Spaniern angeklagt wurde, heimlich den Mord an seinem Bruder Huáscar befohlen und einen Aufstand angestiftet zu haben. Er wurde dafür zum Tode verurteilt und am 26. Juli 1533 hingerichtet. Nach seinem Tode zerfiel das Inkareich, und wenige Jahre später hatten die Spanier die Herrschaft über das ganze Land übernommen. Im Jahre 1533, noch bevor Atahuallpa hingerichtet wurde, erforschten Hernando Pizarro und eine Handvoll Spanier einen Teil des Hochlandes und die Küste bis Pachacamac. Bereits im November 1533 zog Pizarro siegreich in Cusco ein.

Im Jahre 1535 wurde die Stadt Lima gegründet. Ein Jahr darauf, im April 1536, führte ein Nachkomme der Inkas, Manco Inca, einen Aufstand von Eingeborenen an, konnte Cusco belagern und die Festung Sacsahuaman einnehmen. Er wurde jedoch schließlich besiegt und flüchtete in die Berge von Vilcabamba.

Zwischen Pizarro und seinem Eroberungspartner, Almagro, kam es zu Meinungsverschiedenheiten bei der Festlegung der Grenzen des unter ihnen aufzuteilenden Tahuantinsuyos. So entstanden die sogenannten Bürgerkriege. Kurz nach seiner Niederlage und Gefangennahme in der Schlacht von Las Salinas (1538) wurde Almagro in Cusco von den Brüdern des Marquis Pizarro hingerichtet. Daraufhin verschwor sich Almagros Sohn gegen Pizarro, der schließlich in seinem Regierungspalast in Lima am 26. Juni 1541 ermordet wurde.

Das koloniale Peru

Erst Mitte des 16. Jahrhunderts kam das Land etwas zur Ruhe. In der Zwischenzeit wurde 1542 das Vizekönigreich von Peru mit seiner Hauptstadt Lima gegründet. Zu Beginn, bis zum 17. Jahrhundert, erstreckte es sich von der Magallanes-Straße und Buenos Aires bis nach Ecuador. An der Spitze des kolonialen Regims stand der Vizekönig, der die Krone vertrat. Das Vizekönigreich war anfangs in Gerichtshöfe (Audiencias) und später im 18. Jahrhundert in Departements (Intendencias) aufgeteilt. Die Gerichtshöfe wurden unter der Herrschaft von García de Castro (1564–69) in Gemeinden (Corregimientos) unterteilt. Als die Gerichtshöfe von den Departements ersetzt wurden, wurden die Gemeinden zu »Partidos« (kleinste politische Aufteilungen). Andererseits bestanden die Gerichtshöfe aus Lehen, d.h. Gebiete, deren Indio-Einwohner einem Spanier »anvertraut« waren, der sich ihrer Christianisierung anzunehmen hatte. Obwohl die Lehen gesetzlich nicht vererbt werden konnten, genossen die Bevollmächtigten doch persönliche Tribute und für die Krone den wirtschaftlichen Ertrag ihrer »Anvertrauten«. Die Städte bildeten das Rückgrat des kolonialen Perus. Sie wurden von Gemeindeversammlungen oder Stadträten regiert.

Der Vizekönig Francisco de Toledo war zwar der große Organisator des Vizekönigreichs; jedoch vom inkaischen Standpunkt aus gesehen, war er ein »großer Tyrann«, denn er führte die sogenannten »Indio-Reduktionen« ein.

Die soziale Schichtenbildung im kolonialen Peru war sehr ausgeprägt. An der Spitze stand die spanische Aristokratie; dann kamen die von spanischen Eltern in Peru geborenen Kreolen, die geringer eingeschätzt wurden als die Spanier aus dem Mutterland; eine Stufe darunter standen die Mestizen, die keine großen Aufstiegsmöglichkeiten hatten, auf unterster Stufe standen die Neger, Mulatten und Zambos, großteils zum Sklaventum erniedrigt. Die Indios bildeten ihrerseits eine getrennte Klasse und die Gesetze schützten sie. Jedoch wurden die strikten von der spanischen Krone zum Schutz der Indios erlassenen Gesetze nicht befolgt, vor allem wenn es darum ging, eine intensive Ausbeute der Bodenschätze und anderer Güter zu erlangen. Diese Reichtümer flossen in die Privattaschen und die Staatskassen Spaniens und der Kolonialregierung. Die Spanier behielten zu ihrem eigenen Nutzen das inkaische System der »Mita« oder rotativen Zwangsarbeit sowie die Abgabe von Erträgen bei.

Die Frömmigkeit hatte in der Kolonie eine außergewöhnliche Stellung. Priester und Missionare widmeten sich der Aufgabe, die Indios zum Christentum zu bekehren, und zwar schon gleich am Anfang der Eroberung und Kolonisierung des Tahuantisuyo. Das geistige Leben förderte die Entwicklung der Künste mit dem Bau von Kirchen und Klöstern, der Anfertigung religiöser Gegenstände aus Edelmetallen, der Holzschnitzerei und auf besondere Art die christliche Ikonographie. Auf dem Gebiet der Kultur waren es die Mönche, die Studienzentren wie die »Nationale Universität San Marcos« (1551) einrichteten. Das intensive religiöse Leben brachte Seliggesprochene und Heilige hervor, wie Santo Toribio, San Martín de Porres und Santa Rosa de Lima. Mutige Mönche gründeten Missionen in weit entlegenen Gebieten im Hochlandurwald und dem Hochland. Und um die Reinheit der Religion zu erhalten, wurde in Lima die Inquisition eingeführt, die ihr erstes Autodafé am 1. November 1573 vornahm, in dem sie einen alten französischen Lutheraner zum Scheiterhaufen verurteilte.

Der Bergbau entwickelte sich zur wichtigsten Industrie, wodurch Peru die große Goldmine Spaniens wurde. Die mit ihrem Boden verwachsenen Indios pflanzten weiterhin ihre traditionellen Nahrungsmittel wie Mais und Kartoffeln an. Zum heimischen Lama, Alpaca und Vicuña führten die Spanier noch Pferde, Schafe und Ziegen ein, zudem brachten sie neue Pflanzen wie Weizen, Zuckerrohr, Kaffee, Oliven und Wein ins Land.

Die Machtherrschaft wurde so oft mißbraucht, daß sie für José Gabriel Condoranqui, einem Nachkommen der Inkas, der sich selbst Tupac Amaru II. nannte, unerträglich war. Tupac Amaru I. war 1572 in Cusco aus politischen Gründen hingerichtet worden. Tupac Amaru II. begann 1780 auf peruanischem Boden eine Rebellion und besetzte den südlichen Teil des Vizekönigreiches, nachdem er vorher ergebnislos bei den Behörden Maßnahmen gegen die soziale Unterdrückung der Indios gefordert hatte. 1781 wurde er besiegt und zum Tode verurteilt.

Der Kampf um die Unabhängigkeit

Der Aufstand von Tupac Amaru war die Geburt eines Bewußtseins, das die politische Befreiung von Spanien anstrebte und auch erkämpfte, mit der Überzeugung, daß von der spanischen Oberherrschaft alle Verworfenheiten kommen.

Auf diese Weise bereiteten die Unzufriedenheit der Kreolen und Mestizen und wachsender wirtschaftlicher Druck, den die wohlhabende Aristokratie zu fühlen bekam, den Weg für den Feldzug von San Martin in Peru vor. Gleichzeitig unterstützten die Königstreuen der Kolonie die Krone mit Geld und Waffen bei ihren Bemühungen, Revolutionen in anderen Kolonien zu bekriegen.

Eine Reihe von Aufständen scheiterte während der ersten zwei Jahrzehnte des 19. Jahrhunderts, weil Peru die Bastion der militärischen Macht Spaniens in Südamerika war. Die Befreiung kam schließlich von ausländischen Mächten und war das letzte Kapitel des zehn Jahre vorher vom argentinischen General José de San Martín gestarteten Feldzuges zur Befreiung Argentiniens, Chiles und Perus von der spanischen Herrschaft. Nach zweijähriger Vorbereitung liefen San Martín und sein Befreiungsheer von Valparaíso in Chile mit einer Kriegsflotte in Richtung Peru aus. Die peruanischen Patrioten schlossen sich dem Heer von San Martín an, der nach seinen eigenen Worten »als Befreier und nicht als Eroberer« kam. Er berief einen öffentlichen Gemeinderat ein, der im Juli 1821 die Unabhängigkeit Perus erklärte.

Am 28. Juli hißte San Martín auf der historischen

Plaza de Armas die weiß-rote Fahne und erklärte: »Peru ist von diesem Augenblick an frei und unabhängig.« Dann folgten die begeisterten Feierlichkeiten der Unabhängigkeit. Noch heute ist dieser Tag der größte nationale Feiertag. Jedoch erst im Jahre 1824 wurde die Unabhängigkeit Perus endgültig gesichert.

Unterdessen übernahm San Martín die Macht, wobei er lediglich den Titel des Schirmherrn akzeptierte. Er organisierte das peruanische Heer und die Marine, um die spanischen Streitkräfte endgültig zu vernichten, die sich im Hochland verschanzt hatten. Gleichzeitig fand er Zeit, Schulen, Bibliotheken und Hospitäler zu gründen. Durch Geldmangel gedrängt und von einigen der Seinen hintergangen, suchte San Martín beim General Simón Bolívar Hilfe, der im Norden Kolumbien, Venezuela und Ecuador befreit hatte. Das Ergebnis der historischen Begegnung der zwei Befreier in Guayaquil, Ecuador, am 26. und 27. Juli 1822 war, daß sich San Martín entschloß, sich vom aktiven Militärkommando zurückzuziehen, damit Bolívar die Leitung beider Heere übernehmen könne.

Nach seiner bedeutungsvollen Abschiedsrede vor dem Peruanischen Kongreß im September 1822 verließ San Martín für immer Peru, ein Land, in dem er seither als Befreier verehrt wird. In der Schlacht von Ayacucho im Jahre 1824 besiegte einer der großen Feldherren des Nordens, Antonio José de Sucre, endgültig die Spanier in Peru. Anschließend besiegte er die spanischen Streitkräfte im »Alto Peru«, dessen Unabhängigkeit im August 1825 erklärt wurde, und als Republik Bolívar (heute Bolivien) benannt wurde.

Die Republik

Während noch die Kämpfe gegen Spanien anhielten, verabschiedete der erste Peruanische Kongreß die »Politischen Konstitutionsgrundlagen für Peru«, die eine auf der Souveränität des Volkes und der Freiheit eines jeden basierende Republik festlegte, gleichzeitig schuf er ein Regierungssystem ähnlich dem der Vereinigten Staaten. Jedoch weder Peru noch seine Nachbarstaaten waren auf einen so plötzlichen Wandel vom Absolutismus der spanischen Monarchie zur konstitutionellen Regierung vorbereitet.

Der Ausschuß, an den Bolívar die Regierung abtrat, wurde 1825 von dem peruanischen Wissenschafter und Staatsmann Hipólito Unanue geführt. Seine absolute Ablehnung jeglicher Art von monarchistischer oder militärischer Regierung wurde von Patrioten wie Francisco Javier de Luna Pizarro und José Faustino Sánchez Carrión geteilt, den Hauptpersonen im ersten peruanischen Kongreß. Der Kampf um die politische Macht zwischen den Gegnerfraktionen war während der ersten zwei Jahrzehnte der Landesexistenz Grund für eine Reihe interner Revolten und Krieg mit Nachbarrepubliken.

Peru wie auch die anderen neuen Nationen in Südamerika verfielen in ein Anarchiestadium durch die rivalisierenden Führer und militärischen Anführer, die die Präsidentschaft einer nach dem anderen mit den eigenen Heeren an sich rissen. Eine Zeitlang wurden die nördlichen und südlichen Provinzen Perus als getrennte Staaten regiert, und von 1836 bis 1839 waren sie in einer Konföderation mit Bolivien vereint. Während der darauffolgenden Restaurationsperiode wurde Peru erneut eine Republik, und es wurde wieder eine konstitutionelle Regierung eingesetzt. Den Rest des Jahrhunderts zeichneten sich in der peruanischen Geschichte verschiedene Fortschrittsetappen ab, und zwar unter so bemerkenswerten Präsidenten wie Ramón Castilla, Manuel Pardo, José Balta, Andrés Cáceres und Nicolás de Piérola.

Seit 1845, als er die Präsidentschaft übernahm, bis zu seinem Tode im Jahre 1867 prägte Ramón Castilla das Leben der peruanischen Nation. Energisch, fortschrittlich und gemäßigt regierte er fünfzehn Jahre lang. Die »Zeit unter Castilla« war eine Zeit des sozialen und wirtschaftlichen Fortschritts: die Zahlungspflicht der Indios wurde abgeschafft und die Sklaven befreit (1854); die Verkehrsverbindungen wurden erweitert und die Hauptstadt verschönert; die nationale Wirtschaft wurde ausgedehnt und blühte, nachdem Präsident Castilla Verkaufsverträge mit dem Ausland über Tausende von Tonnen Guano, dem besten natürlichen Dünger der Welt, unterschrieb.

Nach dem Rücktritt von Präsident Castilla beschleunigte der ruhelose Politiker, angestachelt durch einen langwierigen Streit mit Spanien, eine erfolgreiche Revolution unter der Leitung von Oberst Mariano Ignacio Prado, der 1865 zum Diktator proklamiert wurde. Chile, das ebenfalls Probleme mit Spanien hatte, schloß sich Peru an, um diesem Lande den Krieg zu erklären, dasselbe taten dann auch Bolivien und Ecuador. Im Verlaufe des Konfliktes im Lande und zur See wurde Callao bombardiert. Im Jahre 1871 wurde ein Waffenstillstand durch Vermittlung der Vereinigten Staaten unterschrieben und schließlich erkannte 1878 Spanien die Unabhängigkeit Perus an. Während der zweiten Hälfte des 19. Jahrhunderts war Peru wahrscheinlich das einzige Land der Welt, in dem zwei natürliche Düngemittel, Guano und Salpeter, eine wichtige Rolle beim Wohlstand des Landes, bei der politischen Stabilität, persönlichen Reichtümern sowie Krieg und Frieden spielten. Von den inkaischen Bauern seit langem angewandt, waren beide Düngemittel während der Kolonialzeit in Vergessenheit geraten und drei Jahrhunderte nach der Eroberung wiederentdeckt worden.

Während dieser ersten Periode des Wohlstands und der Stabilität, wurde die erste politische Partei Perus, die Zivilpartei von Manuel Prado, einer aristokratischen und gebildeten Persönlichkeit, gegründet. Er und seine Partei traten im wachsenden Maße für eine progressistische Zivilregierung ein. Während seiner vierjährigen Amtszeit (1872 – 76) gab Präsident Prado Peru eine friedliche dezentralisierte Regierungszeit. Demokratisch und unkompliziert führte er wichtige Reformen in der öffentlichen Verwaltung, im Schul- und Sozialwesen, in der Gerichtsbarkeit und im Landwirtschaftssystem ein. General Mariano Prado, der bereits früher die Präsidentschaft innehatte, wurde im Jahre 1876 konstitutionell gewählt.

Während der Salpeterverkauf Kapitalisten und Landwirte in der ganzen Welt bereicherte, löste er auch den Pazifischen Krieg aus, aufgrund dessen Peru an Chile die salpeterreichen Provinzen Tarapacá und Arica abtreten mußte. Der Krieg begann im Jahre 1879 nach einer Meinungsverschiedenheit zwischen Bolivien und Chile über salpeterhaltige Gebiete in der Atacama-Wüste, die beide Länder ausbeuteten. Peru sah sich an der Seite von Bolivien in den Krieg verwickelt, aufgrund einer Verteidigungsallianz mit diesem Land. Es hatte jedoch gleichzeitig aufgrund des Krieges gegen Spanien eine finanzielle Krise durchzumachen und war durch den Konflikt mit Chile einem Ruin nahe.

Nach den Bestimmungen des Abkommens von Ancón, das im Jahre 1883 dem Krieg ein Ende setzte, trat Peru an Chile die Provinz Tarapacá ab und Bolivien verlor sein einziges Küstengebiet und den Seehafen. Chile behielt die Kontrolle über die Provinzen Tacna und Arica, bis die Souveränitätsangelegenheit im Jahre 1929 endgültig geklärt wurde, und zwar mit einem Abkommen, nach welchem Tacna an Peru zurückgegeben werden mußte und Arica in chilenischem Besitz verblieb.

Während der Wiederaufbauperiode, die dem verheerenden Krieg mit Chile folgte, erholte sich Peru nur sehr langsam von seiner wirtschaftlichen und politischen Demoralisierung unter der Führung des zivilen Staatsmannes Nicolás de Piérola – Präsident in den Jahren 1879 bis 1881 und von 1895 bis 1899 – und des Generals Andrés Cáceres, Präsident in den Jahren 1886 bis 1890 und von 1894 bis 1895. Gegen die Militärherrschaft, unter der Peru lange Zeit zu leiden hatte, stellte sich nicht nur die Zivile Partei, sondern auch die Demokratische Partei von Piérola und die radikalere Nationale Union unter der Leitung von Manuel González Prada.

Die Rivalität unter den Anhängern von Piérola und Cáceres führte schließlich in den Jahren 1894 – 95 zur Revolution, die das Ende der Regierung von Cáceres bedeutete und den Beginn der zweiten Amtszeit von Piérola. Erneut erholte sich Peru von den Auswirkungen des Krieges unter der vortrefflichen und liberalen Führung von Präsident Piérola, der die demokratischen und zivilen Elemente des Landes zu der Nationalen Koalition vereinte. Am Ende seiner Präsidentschaft, im Jahre 1899, begann Peru das 20. Jahrhundert mit einer demokratischen und konstitutionellen Regierung und einer stabilen Volkswirtschaft mit einer auf Golddeckung basierenden Währung.

Das 20. Jahrhundert

In den ersten drei Jahrzehnten dieses Jahrhunderts wurde Peru mit einer Ausnahme von zivilen Präsidenten regiert. Augusto B. Leguía war fünfzehn Jahre lang die dominierende Figur, wobei er die Präsidentschaft in den Jahren 1908 bis 1912 und von 1919 bis 1930 innehatte. Die Weltwirtschaftskrise in den dreißiger Jahren brachte für Peru eine neue Krise, die zu der Absetzung von Leguía führte, aufgrund einer in Arequipa von Luis M. Sánchez Cerro angeführten Revolution, bei der Leguía ermordet wurde.

General Oscar R. Benavides, der Interimpräsident von 1914 bis 1915 war, wurde im Jahre 1933 vom konstitutionellen Kongreß als Präsident gewählt. Im Laufe seiner Amtszeit bis 1939 schaffte er viele Projekte zum Wohl des Volkes, so auch das Gesetz der Sozialversicherung. Sein Nachfolger, Manuel Prado Ugarteche, Ingenieur und Sohn eines früheren Präsidenten, regierte das Land während des Zweiten Weltkrieges und öffnete 1945 den Weg zu demokratischen Wahlen, indem er eine allgemeine Amnestie für des Landes verwiesene politisch Veruteilte erließ. Dies bezog sich hauptsächlich auf die Mitglieder der APRA, Alianza Popular Revolucionaria Americana, und ihren Gründer Victor Raúl Haya de la Torre, seit 1920 in Mexiko im Exil lebend, wo er im Jahre 1924 die APRA als eine ideologische Bewegung gegründet hatte, die jedoch mehr kontinentalen als nationalen Charakter hatte. Indem er den Kommunismus und andere »ismen« zur Lösung der wirtschaftlichen und sozialen Probleme Perus ablehnte, gründete Haya de la Torre sein politisches Programm auf der wirtschaftlichen Planung, den Antiimperialismus und der Integration des Großteils der Eingeborenenbevölkerung in das sozio-ökonomische System der Nation. Im Jahre 1945 nahm die APRA an den Landeswahlen unter dem neuen Namen Volkspartei (Partido del Pueblo) teil und sicherte die Wahl von José Luis Bustamante y Rivero – Kandidat der Demokratischen Front – als Präsident ab. Die Volkspartei gewann die Mehrzahl der Sitze im Senat und in dem Abgeordnetenhaus. Im Kongreß kamen unüberwindliche Schwierigkeiten auf, und schließlich war der Präsident gezwungen, im Oktober 1948 nach einem Militärputsch unter der Leitung von General Manuel Odría abzudanken. Eine Militärjunta regierte das Land bis 1950, als General Odría zum Präsidenten gewählt wurde. Die öffentlichen Arbeiten und die Wirtschaftsentwicklung wurden erweitert und eine freie Marktwirtschaft eingeführt.

Manuel Prado Ugarteche, der 1956 die Wahlen gewann, zog eine konservative Politik mit dem Ziel der Wirtschaftsstabilität vor. In den Wahlen im Jahre 1962 schlug Haya de la Torre die Kandidaten Belaúnde Terry und General Odría, die Wahlen wurden jedoch annulliert und im darauffolgenden Jahr gewann Belaúnde, obwohl das Parlament weiter in den Händen der Apristen und Odriisten blieb.

Im Jahre 1968 wurde Belaúnde durch eine linksgerichtete Bewegung militärischen Ursprungs abgesetzt. Der Leiter dieser Bewegung war General Juan Velasco Alvarado. Im Jahre 1980 erlaubten die Militärs die Durchführung freier Wahlen. Als konstitutioneller Präsident der Republik wurde Architekt Fernando Belaúnde Terry gewählt, der sofort wieder die Pressefreiheit einführte und eine demokratische Regierung bildete.

II. Kultur und Kunst in Peru

Literatur

Der Inka Garcilaso de la Vega, genannt »der erste große Schriftsteller von Amerika«, schlug eine Art Brücke zwischen der indoamerikanischen und der europäischen Kultur, da er bereits durch seine Geburt, Erziehung und literarische Arbeit ein Symbol beider Kulturen war. Sohn einer Inkaprinzessin und eines spanischen Eroberers, hielt Garcilaso für die Nachwelt in seinen »Comentarios Reales de los Incas« (Königliche Kommentare der Inkas) eine authentische Beschreibung des großen Kaiserreiches seiner Vorfahren, ihrer Sagen, Gebräuche und Einrichtungen fest, auf die er sich aus seiner Kindheit und aus direkten Erzählungen historischer Geschehen, die mit seiner eigenen Familie zusammenhingen, erinnerte. Im Jahre 1539 in der alten Hauptstadt Cusco geboren, starb dieser Sohn von Amerika und Spanien in der spanischen Stadt Córdoba am 23. oder 24. April 1616, wahrscheinlich am selben Tag, an dem die Welt den unsterblichen Cervantes und Shakespeare verlor.

Die erste Druckerei in Peru im Jahre 1583 belebte

die literarischen Anstrengungen unter den Schriftstellern der Kolonie. Die erste bekannte Veröffentlichung, ein Edikt des Papstes Gregorius XIII., wurde 1584 in Lima in der Druckerei Antonio Ricardo gedruckt, der als »erster Drukker der Könige von Peru« urkundlich erwähnt wurde.

Außer der geistlichen Literatur bestand der Großteil der im 16. Jahrhundert gedruckten Bücher aus Chroniken oder Tagebüchern, die von Beamten, Soldaten oder spanischen Priestern geschrieben wurden. Sie schrieben über die Eroberungen, Erforschung und Kolonisation Perus und gaben in allen Bereichen ein Bild des kolonialen Lebens.

Die Romanliteratur erschien wegen der strikten zivilen und kirchlichen Zensur, der diese Literatur und »anderes profanes Material« unterlag, erst sehr viel später. Was die Lyrik betrifft, erlangte ein Buchhändler und Dichter aus Lima namens Juan del Valle y Caviedes (1652–1695) gewissen Ruhm als satirischer Schriftsteller mit Gedichten voller Witz, Realismus und tiefen religiösen Gefühlen, die die Gebräuche und Scharlatanerie seiner Zeit verspotteten.

Die Zeitschriften und periodisch erscheinenden Veröffentlichungen, die gegen Mitte des 18. Jahrhunderts herauskamen, waren die Bahnbrecher des modernen Zeitungswesens von heute. Erwähnenswert ist eine Veröffentlichung unter dem Titel »El Lazarillo de Ciegos Caminantes« (Blindenführer), eine lebhafte Schilderung einer Reise von Montevideo nach Lima, voller historischer, geographischer und soziologischer Informationen. Es ist eine humorvolle Erzählung, die durch ihre Gesellschaftskritik bedeutend ist. Lange Zeit glaubte man, der Autor sei Calixto Bustamante Carlos Inga, in Wirklichkeit war es aber der Spanier Alonso Carrió de la Vandera, der entsandt worden war, um den Postdienst zwischen Buenos Aires und Lima neu zu organisieren, Carlos Inga war sein Reisegefährte.

In der zweiten Hälfte des 19. Jahrhunderts scheinen zwei der größten Schriftsteller Perus auf: Ricardo Palma und Manuel González Prada. Ricardo Palma, auch »der größte Schriftsteller Perus« genannt, widmete sich den »schriftlichen Überlieferungen«, einer Mischung zwischen volkstümlicher und historischer Erzählung in leichtem, lebhaftem und witzigem Stil. Indem er Unmengen von alten Unterlagen in der Nationalbibliothek von Peru, die er jahrelang leitete, verarbeitete, schrieb Palma die berühmten »Tradiciones Peruanas« (Peruanische Traditionen), die in zehn Bänden erschienen.

Ferner muß Clorinda Matto de Turner (1854 bis 1909), Pionierin auf dem Gebiet der Indigenismo-Romane in Lateinamerika, erwähnt werden. In ihrem ersten Roman »Aves sin Nido« (Vögel ohne Nest) beschreibt sie die miserablen Bedingungen, unter denen die Indios in Peru lebten.

Die literarische Bewegung Ende des 19. Jahrhunderts, bekannt als Modernismus, war gekennzeichnet durch Skizzen in Prosa, Chroniken und Erzählungen. Aus der manchmal ätzenden Feder von Manuel G. Prada (1844–1918) flossen neue Prosa- und Poesieformen, die einen Realismus in die peruanische Literatur brachten. Während der traurigen Periode, die auf den Krieg mit Chile folgte, in dem González Prada gekämpft hatte, setzt sich der nationalistische Geist bei einer Gruppe begabter junger Schriftsteller durch, die einen literarischen Kreis bildeten. Ihre berühmtesten Werke sind: »Pájinas Libres« und »Horas de Lucha«. Um die Jahrhundertwende begann Abraham Valdelomar (1888–1918), Schriftsteller von Erzählungen, Dichter und Journalist, mit der sogenannten »Colónida-Bewegung«, wie auch die von ihm 1916 gegründete Zeitschrift hieß. Eines seiner bedeutendsten Werke ist »El Caballero Carmelo« (1918), eine Erzählung über das ruhige und pittoreske Leben in den peruanischen Dörfern. Valdelomar vermochte die Eindrücke seines Landes zu vermitteln, indem er ihnen universale Bedeutung verlieh.

Die drei großen Lehrer und Schriftsteller, die bleibende Spuren in der Denkweise ihres Landes und an der Universität San Marcos hinterließen, waren die Philosophen Alejandro O. Deustua (1849–1945), der Professor für Philosophiegeschichte und Autor der ersten soziologischen Interpretation der peruanischen Geschichte, Javier Prado Ugarteche, und der Jurist Manuel Vicente Villarán, der bedeutende Gesetzesreformen, neue Unterrichtsmethoden für Rechtswissenschaft und Reformen in der Berufsausbildung einführte. Die beiden letzteren waren Rektoren an der Universität. Auch die vortreffliche Feder von Victor Andrés Belaúnde muß erwähnt werden.

Um die Jahrhundertwende war die peruanische Literatur von neuen Horizonten, nationalistischem Bewußtsein und Ausdrucksfreiheit geprägt. Dichter und Schriftsteller bestätigten in Prosaform, im Stil von Walt Whitman, ihren Glauben an die Neue Welt und ihre Völker. Zu dieser Gruppe gehörten Francisco García Calderón, José Santos Chocano, César Vallejo und der Symbolist José María Eguren, die als größte moderne Dichter Perus bekannt sind.

Francisco García Calderón (1883 – 1953) zeichnete sich aus, weil er drei literarische Formen verband: den Essay, die Chronik und die Kritik. Während sein Bruder Ventura (1886 – 1959) unvergängliche Beispiele in der Kunst, ernste Sachen einfach und Unerreichbares erreichbar zu machen, lieferte. Der Polemiker und Journalist José Carlos Mariátegui (1895 – 1930) analysierte die politischen und sozialen Probleme Perus in seinem berühmten Buch »Siete Ensayos de Interpretación de la Realidad Peruana«, 1928.

Die peruanischen Schriftsteller haben sich mit ihren Erzählungen bodenständiger Themen ausgezeichnet, wie man sie z. B. in »Cuentos Andinos« von Enrique López Albújar (1872 – 1966) und in zahlreichen Schilderungen von Luis E. Valcárcel und Fernando Romero findet. Der Humorist Héctor Velarde Bergmann verdient spezielle Erwähnung.

Vorübergehend die Erzählung ausstechend, haben viele regionale und soziale Romane über Peru und sein Volk Schriftsteller wie Ciro Alegría und José Maria Arguedas auf dem gesamten Kontinent bekannt werden lassen.

Peru war auf allen Gebieten der Literatur von einer so großen Anzahl Schriftstellern würdig vertreten, daß sie in diesem kurzen Rahmen nicht erwähnt werden kann. Unter anderen sollen die Historiker Jorge Basadre, José de la Riva Aguero, Victor Andrés Bellaúnde, Julio C. Tello und Raúl Porras Barrenechea, Alberto Ulloa u.a.m. genannt werden.

Der große Vertreter des neuen Romanstils mit fester nationaler und internationaler Kritik ist Mario Vargas Llosa, hauptsächlich Novellist des Stadtlebens. Er gewann den Preis »Biblioteca Breve« für sein Buch »La Ciudad y los Perros« (1963) und den Rómulo Gallegos-Preis für sein Buch »La Casa Verde« (1966), seinen zweiten Roman.

Unter den Philosophen wären Oscar Miró Quesada und Francisco Miró Quesada zu erwähnen, die zusammen die Werke »Sentido de Movimiento Fenomenológico« (1941), »Lógica« (1946) und »Ontología« (1951) herausbrachten; weiters Alberto Wagner de Reyna, Anhänger des Existentialismus und Autor der »La Filosofía en Iberoamérica« (1949) und Augusto Salazar Bondy, Autor des Werkes »Historia de las Ideas en el Perú«, zeitgenössisch (1965).

Theater

Das Theater hat in Peru eine lange und bunte Geschichte erlebt; es hatte sein Debüt 1568, als ein dramatisches Stück auf der Plazuela San Pedro in Lima aufgeführt wurde. Sachverständige auf diesem Gebiet meinen, daß die Jesuiten-Priester die großen Förderer des Theaters waren, indem sie Theaterstücke aus Spanien den örtlichen Szenerien anpaßten.

Das berühmte Werk »Ollantay« stammt laut unterschiedlicher Meinungen entweder aus der inkaischen Periode der Quechua-Literatur oder aus der spanischen Literatur des Goldzeitalters. Es behandelt die unglückliche Liebe des mutigen Kriegers Ollanta zu Cusi-Coyllur, Tochter des Inka Pachacuti. Der große gesellschaftliche Unterschied macht eine Heirat unmöglich, was Ollanta dazu veranlaßt, gegen den Inka zu rebellieren.

Das augenblickliche Stadttheater von Lima wurde neben dem Alttheater San Bartolo erbaut, wo 1604 kreolisch-spanische Komödien aufgeführt wurden. Die hauptsächlichen Gönner des Kolonialtheaters und seiner Künstler waren die Vizekönige. Von Manuel de Amat erzählt man, daß er für seine Lieblingsschauspielerin Micaela Villegas, die als »La Perricholi« berühmt wurde, die »Quinta de Presa« (heute Museum) bauen ließ.

Das nationale Theater kam mit der Republik unter der Leitung und Inspiration von Felipe Pardo y Aliaga, den großen satirischen Dichter Perus, auf, und erblühte unter dem Einfluß von Manuel Segura, dem unnachahmlichen Verfasser von Sittenromanen und kreolischen Komödien. Heutzutage ist das Theater in Peru sehr beliebt, und außer den beruflichen Schauspieltruppen und Gastkünstlern gibt es besonders in Lima gute Laienschauspielgruppen wie: »Cuatro Tablas«, »Cocolido« usw.

Ein sehr bedeutender moderner Dramatiker in Peru war Sebastián Salazar Bondy (1924–1965), Autor des Werkes »Amor, Gran Laberinto«, 1947, mit dem er den Preis beim Nationalen Theater-Wettbewerb im gleichen Jahr erhielt. Ferner schrieb er »Algo que no quiere Morir« (1951), »El Fabricante de Deudas« (1963) und »No Hay Isla Feliz« (1964). Seine Werke und Komödien zeichnen sich durch Witz, Satire und Pessimismus aus. In dem Werk von 1963 ist der Einfluß von Brecht bemerkbar. Salazar Bondy ist ferner Autor des bedeutenden Essays »Lima la Horrible«, eine schonungslose Analyse der Stadt, in der er das Leben der Vergangenheit erzählt, und wie er sich weigert, die Gegenwart zu akzeptieren.

Musik

Schon in den prähistorischen Zeiten und bis heute sind Musik, Tanz und Festlichkeiten in Peru untrennbar, wobei sie eine der reichhaltigsten kulturellen Traditionen des Landes darstellen und einen Querschnitt durch das Leben in Peru mit allen seinen menschlichen Aspekten widerspiegeln.

Die Spanier fanden in Peru eine musikalische Vielfalt, basierend auf der Fünftonleiter vor, die auf Blasinstrumenten wie Hörnern, Flöten und Schlaginstrumenten, hauptsächlich Trommeln in verschiedenen Größen, gespielt wurde. Die Kombination autochthonen Gesanges und Tanzes sind in Peru der »Yaraví«, ein melancholisches Lied, das hauptsächlich von Liebe und Tod spricht; die »Huanca«, ein Tanz für landwirtschaftliche Zeremonien; der »Hayno«, Gesang und Tanz für Paare; die »Cashua«, Gruppentanz, bei dem ein Kreis gebildet wird, und die »Marinera«, eine Abwandlung der kolonialen Zamacueca, ein lustiger und beliebter Tanz für Paare. Von Gebiet zu Gebiet ist die Musik verschieden.

Die Eingeborenen in Peru spielen die Harfe, Violine und andere europäische Instrumente auf ihre eigene Art. In Musikkapellen werden sie mit den ureigenen Instrumenten kombiniert.

Es gibt kaum ein bunteres Schauspiel, als wenn diese Kapellen und Musikergruppen, in spezielle farbenprächtige Trachten gekleidet, bei den zahlreichen Festen aufspielen.

Einer der großen Musiker und Komponisten nationaler Musik war Mariano Melgar, Heldenfigur im Unabhängigkeitskrieg. Er war auch Dichter und schrieb den Text zu seinen »Yaravís«, die noch heute sehr beliebt sind. Daniel Alomía Robles (1871–1942), der zweiundzwanzig Jahre durch das ganze Land zog, sammelte und ordnete mehr als tausend Themen, einschließlich aus der Inka-, Kolonial- und Mestizenzeit, womit er in einmaliger Weise zur besseren Kenntnis der peruanischen Folkloremusik beitrug.

Die erste Oper aus Amerika »La Púrpura de la Rosa« von Tomás de Torrejón y Velasco, wurde im Jahre 1701 in Peru geschrieben und aufgeführt.

Zu den wichtigsten modernen Komponisten zählen Andrés Sas Orchassal, José Malsio, Enrique Iturriaga, Edgar Valcárcel, César Bolaños, Pulgar Vidal u.a.m.

Architektur

Dadurch, daß Peru das wichtigste Land im spanischen Vizekönigreich Südamerikas war, war es auch ein Zentrum künstlerischen Schaffens. Architekten und andere ausgezeichnete Künstler kamen aus Spanien, um Kirchen und öffentliche Gebäude zu entwerfen, besonders in Lima, Cusco Arequipa und Trujillo. Die Verschmelzung des spanischen Barocks mit autochthonen Dekordetails ergab den einmaligen Mestizen- oder Kreolenstil, für den als gutes Beispiel die Kirche der Jesuiten in Arequipa gilt, die aus dem Jahre 1698 stammt. Im Hochland baute man mit Steinen und die Portale und Fassaden wurden schließlich von eingeborenen Kunsthandwerkern, die sich unter der Leitung der Spanier in ihrer Arbeit auszeichneten, gemeißelt. An der Küste, wo die Steine fehlten, wurden Lehmziegel und mit feuchtem Lehm verklebte und gespaltene Bambusstangen (Quincha) verwendet.

Ein weiterer charakteristischer Zug der Kolonial-Architektur war der Mudejarstil. Der maurische Einfluß ist besonders stark am Palast »Torre Tagle« in Lima, aus dem Jahre 1735, heute Sitz des Auswärtigen Amtes, zu sehen. Die Gewölbe im

Hof, seine herrlichen Gitter aus Sevilla und die Balkone mit Holzjalousien sind noch heute gut erhalten. Der Einfluß des spanischen Architekten Churriguera kommt in verschiedenen Kirchen in Lima und Cajamarca zum Ausdruck.

Cusco war das große Zentrum der Architektur, der Holzschnitzerei (Skulpturen, Kirchenmobiliar), für Silberarbeiten (Filigranarbeit und getriebene) und für die Kolonialmalerei. Die Mestizenkunst, die sich durch die Verschmelzung von zwei künstlerischen Adern ergab, hat noch weitere Exponenten auf panperuanischer Skala, die nicht vergessen werden dürfen: Cajamarca, Trujillo, Arequipa, Ayacucho und Juli sowie Pomata an den Ufern des Titicaca-Sees. Bei diesen künstlerischen Werken können jedoch unterschiedliche Bearbeitungsweisen beobachtet werden, d.h. ein regionaler Stempel.

Malerei

Die Malkunst hielt nicht erst ihren Einzug mit der spanischen Eroberung. Sie begann mit primitiven Zeichnungen der Jäger an Felsenwänden wie in Macháies oder in Felshöhlen wie den berühmten von Toquepala oder von Ucusagra in Huancrachuco. Später im Zeitalter der präinkaischen und inkaischen Kulturen, gestaltete sich die Malerei an den Wänden von Keramikgegenständen und in besonderer Weise als Wandmalerei, wie die berühmten von Pañamarca im Nepeña-Tal.

Jedoch mit dem Erscheinen der Spanier im 16. Jahrhundert begann auf peruanischem Boden die Entwicklung einer Malerei mit neuen Wurzeln, von westlichen Techniken genährt. Mit dieser Malerei wurden die Wände der zahlreichen Kirchen und Klöster, die dank des wirtschaftlichen Reichtums, der von den peruanischen Bergwerken kam, unaufhörlich gebaut werden konnten, geschmückt.

Neben dem Erblühen autodidaktischer Malerei entstand in Cusco sehr bald ein großes Malzentrum, das sich unter der Inspiration der spanischen und italienischen Malerei der Epoche entwickelte. Ab der zweiten Hälfte des 16. Jahrhunderts kamen berühmte Künstler ins Land, die tiefe Spuren hinterlassen haben, besonders die Italiener Bernardo de Bitti im Jahre 1575, Mateo Pérez de Alessio, kurz vor 1590 und Angelino Medoro im Jahre 1600. Bitti beeinflußte längere Zeit das malerische Geschehen in Lima, Arequipa und besonders in Cusco und Bolivien. Es waren vor allem Heiligenbilder, die als ikonographische Vorlagen in den Werkstätten benutzt wurden.

Im 17. Jahrhundert erblühte die sogenannte »Malschule von Cusco«, die ihrerseits ihren Einfluß auf benachbarte Gebiete hatte. Die Malschule von Cusco erreichte eine derartige Berühmtheit, daß von dort aus eine große Menge Bilder nach Bolivien, Tucumán in Argentinien und nach Chile exportiert wurden, wie auch verschiedene Gemälde des Malers Marcos Zapata. Im 18. Jahrhundert war die Nachfrage nach Gemälden der Cuscoschule derartig groß, daß die Herstellung bereits industriellen Charakter annahm.

In bezug auf die Ikonographie hat die Cusco-Malerei provinzielle Eigenarten, die ihr etwas Besonderes verleihen. So sieht man Heilige und Erzengel in übertrieben prunkvollen Kleidungsstücken aus Spitze, die besonders im 18. Jahrhundert noch mit Gold bemalt wurden. Feingliedrige Erzengel mit einer Armbrust in der Hand kämpfen gegen den in monströsen Formen dargestellten Dämon. Dann wieder schauen die Jungfrauen, die berühmten »Mamachas«, mit ernstem Gesicht aus der Ewigkeit. Oft kann man feststellen, daß die Steifheit der Christus-, Jungfrau und Heiligenfiguren daher kommt, daß Holzplastiken, die in Kirchen verehrt wurden, als Vorlagen dienten, wie dies z.B. das Bild des »Senor de los Temblores« deutlich zeigt.

Die koloniale Malerei wurde in herrlichen geschnitzten und vergoldeten Holzrahmen mit Blattmustern gerahmt. Besonders im 18. Jahrhundert wurde oft mehr Aufmerksamkeit dem Rahmen als dem Bild selbst geschenkt, das dann durch diesen pompösen Rahmen geradezu erdrückt wurde.

Bei der Entwicklung der Cusco-Kunst spielte der Bischof von Madrid, Manuel Mollinedo y Angula, eine große Rolle, der sich 1673 in Cusco niederließ, wo er bis zu seinem Tode 1699 lebte. Man erinnert sich an ihn wegen seines Mäzenentums, daß er auffrischende Ikonographie einführte und es wie kein anderer verstand, die künstlerische Tätigkeit in Cusco zu Diensten der Kirche anzuspornen. Aus der Zeit stammen die Landschaftsbilder,

die holländische Meister imitieren, so z.B. einige Bilder des berühmten Indio-Künstlers Diego Quispe Tito, der sein Bild »Rückkehr aus Ägypten« im Jahre 1680 malte.
Außer dem Maler Diego Quispe Tito (1611 bis 1684?) gab es in Cusco andere große Meister wie: Juan Espinosa de los Monteros (Vater und Sohn), Marcos Zapata, Basilio Pacheco.
Mit dem Beginn der Republik im 19. Jahrhundert vernachläßigte Peru in vielen Aspekten die spanische und Mestizen-Tradition, die bereits zum Bestandteil seiner ethnischen Identität geworden war. Die Ablehnung alles Spanischen und der Wunsch, sich auf internationaler Ebene zu profilieren, verführte die Künstler dazu, die französische, italienische und englische Kunst zu imitieren. So lernten die peruanischen Maler im 19. Jahrhundert die europäischen Techniken und Schulen.
Der Vater der peruanischen republikanischen Malerei ist Ignacio Merino (1817 – 1876), auch wenn ihm Gil de Castro, Porträtmaler von Bolívar, und andere Persönlichkeiten aus der Befreiungszeit, vorangingen. Merino, in Piura geboren, studierte ab seinem zehnten Lebensjahr in Paris und starb schließlich in dieser Stadt. Einer seiner Schüler, Francisco Laso, mit seinen berühmten »Pascanas«, d.h. »Ruheplätze für Menschen und Lamas im Gebirge«, wird als Bahnbrecher der einheimischen Malerei angesehen. Auch Luis Montero (1826 – 1869) war Schüler von Merino, und man erinnert sich seiner besonders wegen des riesigen Bildes über die Beerdigung des Inka Atahuallpa, der von Pizarro hingerichtet wurde. Bedeutende Werke schaffte der Mulattenmaler Pancho Fierro durch einige Jahrzehnte des 19. Jahrhunderts. Dieser talentierte Maler ging den Weg des Autodidakten; er hinterließ für die Nachwelt ein lebendiges Bild der im vorigen Jahrhundert in Lima herrschenden Sitten und Gebräuche.
Carlos Bacaflor war ein genialer Porträtmaler, der in diesem Jahrhundert in Europa und in den Vereinigten Staaten, wo ihm namhafte Bankiers wie z.B. der mächtige Morgan, Modell saßen, berühmt wurde.
In den dreißiger Jahren spiegelte sich eine gewaltige ideologische Bewegung in der Malerei wider, der »Indigenismus«, der in José Sabogal seinen besonderen Vertreter fand. In der Reaktion gegen die europäisierte Thematik folgten ihm so berühmte Schüler wie Enrique Camino Brent und Julia Codesido. Später in den sechziger Jahren kam eine starke Reaktion gegen die »Indigenisten«-Tendenz auf. Zu dieser Gruppe unabhängiger Künstler gehörten Carlos Quispez Asín, Ricardo Grau, Ricardo Sánchez, Sabino Springett, Sérvulo Gutiérrez u.a.m.
Der nächsten Generation gehört Fernando de Szyszlo an, der Peru mit der abstrakten Kunst bekanntmachte, ebenso wie Alberto Dávila, Milner Cajahuaringa, Enrique Galdos Rivas, Venancio Shinki, »Tilsa« Eduardo Moll und der Bildhauer und Graveur Joaquín Roca Rey.

Volkskunst

Peru pflegt auch heute noch Musik und Bräuche inkaischen Ursprungs, die jedoch mit spanischen Elementen aus der Kolonialzeit vermischt sind. Es wird auch weiterhin mit großer Hingabe die Volkskunst der Mestizen gepflegt, die jedoch Gefahr läuft, auch bedingt durch den Tourismus, zu sehr verkommerzialisiert zu werden.
An der nördlichen Küste in Catacaos werden noch wie in der Kolonialzeit Schmuckstücke aus Silber-Filigranarbeit hergestellt, genauso in San Jerónimo de Tunán, wo zudem noch Tiere, besonders Pfaue, in dieser Kunst gefertigt werden. In Ayacucho ist dieses Handwerk dagegen verlorengegangen.
Aus Quinua in Ayacucho stammen die kleinen roten Keramikkirchen, teilweise weiß bemalt, und aus Pucará in Puno die berühmten »Stiere« (Toritos). Die »Huamangas«, kleine Figuren aus Alabaster, werden weiterhin in Ayacucho hergestellt, ebenso in der Gegend von Cusco. Auch die Bilder mit den religiös-mystischen Darstellungen stammen aus Cusco, besonders bekannt sind die von Hilario Mendívil Velasco; ferner die Christusfiguren aus Terrakotta mit riesigen Händen und Füßen und fast grotesken Gesichtern.
Lambayeque, Huancayo, Huamachuco, Harás, Ayacucho, Cusco usw. sind Handelsplätze für heimische Gewebe, die nach jahrtausendalten

Techniken, mit den ursprünglichen Motiven, hergestellt werden, und zwar Pferdesäcke, Kleidungsstücke, Teppiche und ähnliches, wobei buntgefärbte Schaf-, Lama-, Alpaca- und Vicuñawolle verarbeitet wird.

In Ayacucho und besonders in Huancayo werden weiterhin getrocknete Kürbisse mit eingebrannten und geschnitzten Mustern verziert, so wie es in Peru bereits zur Zeit der »Huaca Prieta« vor über viertausend Jahren üblich war.

In Ayacucho gibt es auch die berühmten kleinen Altäre mit religiösen Figuren, die auf die Geburt Christi oder andere Themen Bezug nehmen; besonders bekannt sind die aus der Werkstatt des großen volkstümlichen Künstlers Joaquín López Antay.

Landschaft und Menschen

von Javier Pulgar Vidal

I. Geographische Grundlage

Die vielfältige peruanische Landschaft besteht aus vier Großlandschaften:

1) *Der peruanische Pazifik* an der gesamten Küste Perus, einschließlich aller Inseln innerhalb einer 200-Meilen-Zone, dem Festlandsockel, der Ufergefälle und der Tiefseegräben sowie der unterseeischen Gebirgskette von Nasca.

Die Merkmale des peruanischen Pazifiks sind sein ruhiges Wasser, das stellenweise von großen Strömungen (Humboldtstrom) unterbrochen wird, seine niedrigen Temperaturen, das Aufkommen von Wasser aus tiefen Schichten, das die für die wichtige Planktonbildung notwendigen Mineralsalze mit sich bringt.

Allein 20 Millionen Tonnen Anchovis-Sardellen (Engraulis ringens) ernähren sich nur von Plankton und diese wieder sind eine notwendige und reiche Nahrung für Säugetiere, Vögel, Fische, Krustentiere und Mollusken und folglich auch für die Ernährung der Menschheit bedeutend.

Leider wurde der Anchovetabestand in letzter Zeit gewaltig geplündert und seine Verringerung hat das Ökosystem derart in Unordnung gebracht, daß etwa 30 Millionen Meeresvögel verhungerten, die wiederum jährlich über 300.000 Tonnen Guano ablagerten, ein Dünger hervorragender Qualität, auf dem die hohen landwirtschaftlichen Erträge Perus beruhen.

2) *Der Küstenstreifen am peruanischen Pazifik,* der mit leichter Steigung bis zum Westhang der Anden hinaufreicht, ist im Süden an der Grenze zu Chile sehr schmal, im Norden an der Grenze zu Ecuador breit. Obwohl nur unbedeutende Niederschläge fallen, kann auf diesem Küstenstreifen dank vieler in den Anden entspringender Flüsse, die im Winter reichlich Wasser führen, eine intensive und moderne Landwirtschaft in den 40 bedeutenden Tälern betrieben werden. Es gibt jedoch auch trockene oder nur vorübergehend feuchte Täler, da ihre aus den Anden kommenden Bäche oft in den Schluchten und Sandgebieten versickern. Jedes Tal, das Wasser hat, ist eine Oase in der ausgedehnten Sandwüste dieses flachen Küstenstreifens, dessen Boden fruchtbar wird, sobald er die entsprechende Bewässerung erhält. Nur in kleinen Gebieten ist der Nebel so dicht, daß eine kraut- und buschartige Vegetation spontan entsteht, wenn sie diese vorübergehende Feuchtigkeit aufnimmt.

3) *Die Anden* sind ein komplexes Bergkettensystem, das fast in Richtung der Meridiane mit nordwestlicher Neigung verläuft. In geologischer und hydrologischer Hinsicht sind im Norden des Landes die Anden in drei Ketten, die westliche, die zentrale und die östliche, aufgegliedert. Im übrigen Land sind diese drei Ketten nicht mehr wahrnehmbar; und ein verworrenes hydrographisches System führt das Wasser zum Osten, Westen und Süden, so daß es sich sowohl in den Pazifischen Ozean als auch in die Flüsse des Amazonasgebietes und den Titicaca See ergießt, der in einem geschlossenen Bergtal liegt und dessen Wasser versickert und verdunstet.

Die mächtige Bergkette der Anden bildet die Wasserscheide zwischen dem Pazifischen und dem Atlantischen Ozean. Ihre gewaltigen Felsmassive sind von Flüssen tief durchschnitten, mit wenigen ebenen Flächen, außer den sogenannten »Pampas« oder »Altiplano«, Hochebenen, auf denen Seen und weite Gebiete für Landwirtschaft und Weideland entstanden sind, obwohl es durch geringe Niederschläge nur beschränkt Wasservorräte und Frischfutter für die Tiere gibt.

4) *Das Amazonas-Gebiet.* Der Amazonas-Fluß und seine Quellflüsse durchziehen dieses Gebiet und reißen Lehm, Schlamm und Bäume mit, die sie an anderen Stellen wieder anschwemmen. Dies ist eine Welt im ständigen Wandel. Die tieferen Zonen sind fast das ganze Jahr überschwemmt und nur die auf der »Höhe« liegenden Ortschaften und Ländereien werden von Überschwemmungen verschont.

II. Allgemeines über die Beziehungen des Menschen zu seiner Umwelt

Die geographische Analyse zeigt, daß die Beziehungen zwischen dem peruanischen Raum und den in ihm lebenden Menschen zur Entwicklung verschiedener Menschengruppen geführt hat, deren unterschiedliche wirtschaftliche Tätigkeiten entschieden die Landschaft formen.

Wir glauben nicht an einen absoluten geographischen Determinismus, der gleich einem grausamen Schiedsrichter die Geschicke der Völker bestimmt, denn unsere historische geographische Erfahrung hat uns davon überzeugt, daß es gerade die schlimmsten, unproduktivsten und schwierigsten Naturereignisse waren, die zu jeder Zeit vom peruanischen Volk am besten gemeistert wurden.

Peru gleicht einem Reiter, der hoch auf den Anden sitzt, mit einem Bein gegen Westen und dem anderen gegen Osten. Auf beiden Seiten fehlt das ausreichende Wasser zur vollen Entfaltung der Landwirtschaft.

Heute wie früher bebaut der Peruaner die steilen Hänge, schafft Terrassen, Ackerland und Gärten, die alle sehr fruchtbar und ertragreich sind. Die wenigen Regenfälle werden ausgenutzt, indem sie in Seen, Lagunen und Wasserreservoirs gespeichert und schließlich über Bewässerungskanäle den Ländereien zugeleitet werden.

Seit über 20.000 Jahren lebt der Peruaner sowohl an der Küste als auch in den Anden. Auf dieser riesigen Fläche hat er eine Art geoanthropologisches Spinngewebe gezogen, daß alle Flußbecken, Flußtäler- und systeme umfaßt, an deren Ufern der Mensch Pflanzungen und Ortschaften mit emsigem Leben und Treiben schuf, was die Landschaft prägte.

Der tropische und feuchte Amazonas-Urwald wurde bisher nur zögernd von Menschen berührt; er behandelte ihn mit Respekt, bezieht er doch aus ihm Samen, Farbstoffe, Medikamente, Gifte und auch das Gold. Erst im letzten Jahrhundert, und ganz besonders in den letzten Jahren, begann der Peruaner den ausgedehnten Urwald konsequent auszubeuten mit seinem Übermaß an Boden und Reichtümern, die sich für den Menschen in nicht versiegende Ressourcen verwandeln könnten, wenn sie in angemessener und vernünftiger Weise ausgenutzt würden.

III. Die peruanischen Landschaften, Geosysteme und Geoanthropologischen Systeme

Einleitend muß festgehalten werden: – daß die peruanischen Landschaften und Geo- sowie geoanthropologischen Systeme auf der »Traditionellen Geographischen Weisheit« (Sabiduría Tradicional) des alten peruanischen Volkes beruhen, die von der modernen Wissenschaft anerkannt und übernommen wurde. – daß die acht Landschaften und peruanischen Geo- oder geoanthropologischen Systeme alle in Peru vorhandenen natürlichen Lebensformen einschließen, wie sie in den von Leslie R. Holdridge sowie von dem Umweltforscher Joseph A. Tossi Jr. ausgearbeiteten Plänen analysiert und festgelegt wurden und was auch in verschiedenen kürzlich veröffentlichten Landkarten des »Nationalen Büros zur Feststellung der Natürlichen Bodenschätze (ONERN)« verwertet wurde.

– daß jede Landschaft bezüglich ihres Namens, ihrer Lage und Höhe, Bodengestaltung, Klima, Flora, Fauna und die von den jeweiligen Einwohnern ausgeführten Tätigkeiten, dargestellt wird.

Die Landschaften können wie folgt unterschieden werden:

1. Chala, eine Sandwüstenlandschaft, die von einer über dem Meer gebildeten Wolkenschicht bedeckt ist. Die Bevölkerung widmet sich der Fischerei und einer intensiven Landwirtschaft.

2. Yunga, eine von Steinwüste oder alten Wäldern beherrschte Landschaft mit warmem Klima, von der Bevölkerung für den Obstanbau nutzbar gemacht.

3. Quechua, eine Landschaft, die wegen des gemäßigten Klimas für einen ertragreichen Bodenbau genutzt wird.

4. Suni, Landschaft mit kargem Boden, wo eine bedeutende Forstwirtschaft und wenig Landwirtschaft betrieben wird.

5. Puna, baumlose Landschaft mit kargem Boden, wo sich die Bevölkerung hauptsächlich der Kamelidenzucht widmet.

6. Janca, Schnee- und Eislandschaft, ohne seßhafte Bevölkerung.

7. Rupa-Rupa, tropischer Regenwald, von Sammlern und Jägern bewohnt, wo auch Viehzucht und Forstwirtschaft betrieben wird.

8. Omagua, Urwaldlandschaft mit z. T. überschwemmten, aber auch höher gelegenen Gebieten, wo sich die Bevölkerung der Jagd, Fischerei und immer mehr der Landwirtschaft auf lehmigen Böden widmet.

Die Chala- oder Küstenlandschaft

Der Name »*Chala*« ist die althergebrachte Bezeichnung für die Nebeldecke oder Wolkenschicht, die dieses Gebiet den größten Teil des Jahres bedeckt. »Challani« oder »Garúa« so heißt auch der für diese Landschaft typische Nieselregen.

Die Chala-Landschaft ist der westlichste Landstreifen Perus bis einschließlcih des Meereshoheitsgebietes bis zu 200 Meilen (371 km) vor der Küste, den sogenannten »Guano«-Inseln, den Festlandsockel, das Ufergefälle, Tiefseegräben sowie das Festland bis in eine Höhe 500 m ü. d. M. Diese Höhe wurde nicht willkürlich festgelegt, sondern weil die Nebeldecke oder »Chala« nur bis zu dieser Höhe reicht.

Das Chala-Klima ist tropisch und verändert sich mit den Jahreszeiten, es ist jedoch stets kühler, als es dem Breitengrad und der Höhenlage nach sein sollte. Die ausschlaggebenden Faktoren für das Chala-Klima sind:

a) der peruanische Pazifik mit den kalten Strömungen,

b) die thermische Inversion, die darin besteht, daß die Temperaturen auf Meereshöhe niedriger sind als in der Höhe, obwohl dies meist umgekehrt der Fall ist. Dieses Phänomen entsteht durch die vom Pazifischen Ozean stammenden warmen Winde, die, wenn sie über das kalte Wasser der Küste streichen, große Mengen Feuchtigkeit aufnehmen, so daß eine Luftfeuchtigkeit von fast 100 Prozent erreicht wird. Dies verursacht Wolkenbildung in Schichtenform, ohne Turbulenzen, die nur bis zu 500 m und manchmal bis zu 800 m Höhe reicht. Unter dieser stehenden oder sich langsam bewegenden Wolkendecke herrscht eine niedrigere Temperatur als in der höheren Grenzschicht. Aus diesem Grunde ist es während der Wintermonate, der Jahreszeit mit dem meisten Nebel, in Lima kühl, während es in Chacacayo (600 m ü. d. M.) warm ist.

Diese Umkehr der Thermik ist auch der Grund, warum es keine Regenfälle gibt, denn die Nebelschicht bildet sich über dem Meer, erhebt sich schwerfällig und verschwindet, wobei sie sich in der warmen Atmosphäre ab 500 m ü. d. M. auflöst, ohne dabei Haufenwolken zu bilden. Wenn sich ausnahmsweise doch einmal Kumuli bilden und in große Höhen steigen, verursachen sie tropische Regenfälle, was allerdings nur zwei bis dreimal in einem Jahrhundert vorkommt.

Es gibt kein Gewitter, keine Schneefälle oder sehr starken Winde. Der Himmel ist stets friedlich. Es gibt Jahreszeiten: von Mai bis November ist es kühl und neblig (Winter), von Dezember bis April ist es im allgemeinen warm und sonnig, obwohl sich auch hin und wieder eine Nebeldecke bildet. (Sommer.)

Das Chala-Klima erlaubt die Anpassung, Entfaltung und somit den Anbau fast aller Pflanzenarten, die in anderen Klimagebieten der Erde gedeihen. Deshalb verdiente Lima auch zu der Zeit, als es noch gut vom Rimac-Fluß bewässert wurde, den Namen »Gartenstadt«, eine schöne Bezeichnung, die sie sich wieder verdienen könnte, wenn die alten Bewässerungskanäle benutzt würden, die unverantwortlicherweise und aus unerklärlichen Gründen geschlossen wurden.

Die Bodengestaltung der Chala-Zone ist verschiedenartig: weites Flachland, niedrige Hügelketten, steile Berge, 80 Täler, die von Osten nach Westen verlaufen und die jahreszeitbedingt ständig oder selten Wasser führen. Die Landschaft besteht hauptsächlich aus Sandwüste, die nicht nur das Flachland, sondern auch die Berge bedeckt, die sich in Meeresnähe befinden.

Dort, wo ständig wasserführende Flüsse die Täler durchziehen, entstanden Bewässerungsanlagen für die Ländereien, die entweder mit Zuckerrohr, Reis, Baumwolle, Kartoffeln, Süßkartoffeln, Mais oder einer der verschiedenen Gemüse- und Obstsorten bepflanzt werden. Die kleineren Ortschaften und Städte befinden sich an den Fluß- oder Kanalufern; und obwohl der für landwirtschaftliche Zwecke verwendbare Boden nur sehr beschränkt ist, dehnen sich die Siedlungen aus und ruinieren die Landwirtschaft mit schweren Folgen für die nationale Wirtschaft.

Die Flora ist abwechslungsreich, wenn auch dürftig. Sie besteht hauptsächlich aus Salzgräsern (Distichlis sp.); Johannisbrotbäumen (Prosopis juliflora); Mangrovebäumen (Rhizophora mangle); nur an der Grenze zu Ecuador wachsen an den Flüssen Tumbes und Zarumilla; Achupaya (Tillandsia sp.); Sacuara-Schilf (Gynerium sagitatum); Pappeln (Pajaro-Bobo; Tessaria integrifolia); und Chillca (Baccharis sp.).

An gewissen Stellen des Küstenstreifens herrscht eine Strauch- und Buschvegetation vor, die sich »Lomas« nennt. Diese Vegetation entsteht durch die Nebelfeuchtigkeit während der Monate Mai bis September. Der Vorgang ist in etwa folgender: Der Nebel befeuchtet die Erde und verursacht die Samenkeimung; sobald die Pflanzen sprießen, wirken sie als Kondensatoren der vorbeiziehenden Nebelfeuchtigkeit. Je höher und je dichter die Pflanzen belaubt sind, umso größer ist die aufgefangene Wassermenge. Man hat feststellen können, daß die Feuchtigkeit in der Erde eine Tiefe 50 bis 100 mal größer als die Pflanzenhöhe erreicht. Mit anderen Worten: von dem Augenblick an, wo sich Pflanzen an den Bergrücken befinden, bewässern sie sich selbst und speichern Wasser im Boden, was im Extremfall sogar so weit führen kann, daß Brunnen gebohrt werden können, die das Grundwasser erschließen, das die von Menschen gepflanzten Bäume sammeln.

Die häufigsten Baumsorten der Lomas sind: Tara (Caesalpinca tinctorea) und Mito (Carica caudicans). Es gibt über hundert verschiedene Kräuterarten sowie Buschsorten, wie z. B. die Agaven, Cabuya blanca (Fourcroya sp.) und die Cabuya azul (Agave americana). Dadurch gedeihen hier auch Kartoffeln und verschiedene Gemüsesorten auf ca. einer Million Hektar bergigem Land. In den Lomas de Lachay, nördlich von Lima, wurden Eukalyptus, Casuarinas und Gravilleas gepflanzt, die ausgezeichnet mit dem Wasser gedeihen, das die Pflanzen selbst dem vorbeiziehenden Nebel entziehen. Andererseits grasen auf den Lomas Rinder, Schafe, Ziegen und Pferde, die, ohne zusätzlich getränkt zu werden, einige Wochen lang nur von Grünfutter und dem in den Pflanzen enthaltenen Wasser leben.

Die Fauna der Chala-Zone ist reich und verschiedenartig. Vorherrschend sind Fische, Säugetiere und Seevögel. Die wichtigste Fischgattung (unter 600 Arten) ist die Anchoveta-Sardelle, da sie das Plankton in ein höherwertiges Nahrungsmittel umwandelt. Das größte Säugetier ist der Wal und der produktivste Vogel ist der Guanay (Guano-Vogel), der alle Inseln und Küstenvorsprünge bewohnt, wobei er jährlich über 300.000 Tonnen Guano ablagert. Leider laufen diese drei genannten Tierarten Gefahr, in Kürze durch eine unvernünftige Ausbeutung ausgerottet zu werden.

Der Bewohner, der seit uralter Zeit dieses Gebiet bevölkert, heißt »Chalaco«. Der Chalacao ist hauptsächlich Fischer, außerdem betreibt er Landwirtschaft, Handel und Industrie; kanalisiert Flüsse und führt sie zu den Ländereien, erschließt die Grundwasser, baut Häfen, schafft künstliche Strände und forstet die Berghänge wieder auf, so wie es in uralten Zeiten getan wurde.

Im Altertum erbauten die Chalacos große Städte wie Chanchan und Pachacamác, zahlreiche Tempel und Festungen wie die von Sechín, Paramonga und Wallamarca. Jetzt ballen sich die Menschen in der Großstadt Lima, die über 5 Millionen Einwohner zählt, sowie in anderen wichtigen Städten wie Trujillo, Chimbote, Piura, Lambyeque usw., mit den folgenschweren Problemen des Trinkwasser-, Energie- und Transportmangels sowie dem Entstehen von sozialen Schichten, die in ärmlichsten und ungesündesten Verhältnissen nur dank des milden Klimas überleben.

Die Yunga-Landschaft oder »Warme Schlucht«

»Yunga«, das ist ein Gebiet mit warmem und im allgemeinen ungesundem Klima, das Krankheiten begünstigt, die im Alterum für die Menschen folgenschwer waren, wie z. B. Verruga (Pockenart), Uta (Lepraart), Cuchipe, Malaria, Kropfbildung usw.

Die Yunga-Landschaft befindet sich an den westlichen und den östlichen Hängen der Anden. Wegen der kleinen Höhenunterschiede nennt man das an den westlichen Hängen gelegene Gebiet zwischen 500 und 1000 m ü. d. M. Yunga Marítíma und das Gebiet zwischen 1000 und 2300 m ü.d.M. an den östlichen Andenhängen Yunga Fluvial.

Das Klima beider Yunga-Zonen ist durch stets sonniges Wetter gekennzeichnet. Lediglich die während der Regenzeit aufkommenden Regengüsse verdecken vorübergehend die Sonne, die jedoch kurz darauf wieder mit voller Kraft scheint. Am Morgen ist das Klima warm, mittags heiß, abends kommt ein erfrischender Wind auf und die Nächte sind klar und frisch.

Die bergige Landschaft wird von engen Tälern, tiefen und steilen Schluchten durchzogen. Aus den höheren Bergen und ihren Ausläufern entspringen kleine, stets wasserführende Wildbäche. Das bebaute Land und die Ansiedlungen in den Tälern werden ständig von Muren und Überschwemmungen bedroht, infolge starker Niederschläge in entwaldeten Hochlagen.

Die Flora ist im allgemeinen xerophil, mit Pflanzen, deren Blätter im Herbst abfallen, außer deren, die ständig Wasser bekommen und immer grün bleiben. Vorherrschend sind die Kakteen: Pitajaya (Cereus sp.), Chuná (Novoespostoa lanata), Curis (Cereus macrostibas), Tuna oder Kaktusfeige (Opuntia sp.). Ferner wachsen dort der Huanarpo (Jatropha macrantha, Coca (Erythroxylum coca), Molle (Schinus molle) usw.

Die Fauna ist sehr düftig mit nur wenig typischen Vögeln wie den Chaucato (Mimos langicaudatus), den Taurigaray und Shipillico.

Die Yunga-Zone wird von den »Yuncachu« bevölkert, die durch Heilpflanzen gegen vorkommende Krankheiten immun geworden sind, wobei auch moderne Insektizide verwendet wurden, um die Überträger von Epidemien zu vernichten. Der Yuncacho ist ein Obstbauer: er baut heimische Obstsorten an wie z. B. Chirimoya (Annona Chermolia), Lúcuma (Lucum obovata), Guayaby (Psidium guayava), Avocado (Persea gratissima), Feigen, Trauben, Äpfel und verschiedene Zitrusfrüchte. Er nutzt die Ländereien an den Flüssen optimal und zieht Bewässerungskanäle auf die alten Terrassen, auf denen große Coca-Plantagen angelegt wurden; die noch in allen Flußtälern, die sich von den Anden zum Meer ziehen, vorhanden sind.

Die Blätter von Coca-Pflanzen wurden als »erhabene Hilfe« angesehen und dazu benutzt, die menschliche Arbeitskraft zu stärken, wenn es notwendig war, ungewöhnlich große Arbeiten zu vollbringen, da der kurzfristige Konsum der Coca-Blätter keine Abhängigkeit verursacht. Zur Zeit wird Coca nur in vier Yunga Martíma-Tälern und in fast allen Yunga Fluvial-Gebieten angepflanzt. Leider wird der Großteil der Cocaernte für die illegale Herstellung von Cocainchlorhydrat verwendet, was in Peru verboten ist.

Der Yuncachu bevölkert nicht nur die alten Terrassen, sondern er schafft auch neues wertvolles Ackerland.

Quechua-Landschaft

Das Wort »Quechua« war in der gesamten nachkolumbischen Geschichte die Bezeichnung einer Rasse, einer Sprache und einer Kultur, in Wirklichkeit ist Quechua jedoch eine Landschaft.

Die Quechua-Zone befindet sich in 2300 bis 3500 m ü.d.M. an der gesamten Andenkette und den -abhängen und zeichnet sich durch ihr für den Menschen angenehmes, gemäßigtes Klima, mit kühlen Nächten aus. In den Monaten Juni, Juli und August kommen Nachtfrost und Rauhreif vor. Die Regenzeit beginnt im Oktober und erlaubt so die Einsaat, im Dezember regnet es, im Jänner, Februar und März verstärken sich die Regenfälle, um im April wieder aufzuhören.

Das es sich um ein weder zu hoch noch zu tief gelegenes Gebiet mit trockener Luft handelt, ist es sehr gesund und deshalb als Luftveränderung beliebt.

Wegen des steilen Bodens hat der Mensch durch Jahre Terrassen gebaut, Hügel geebnet und Kulturland geschaffen, hat so die Gegend sanft geformt, in der jetzt Landwirtschaft betrieben wird und Ansiedlungen entstehen.

Die Flora ist vielfältig, da sich in dieser Landschaft die Pflanzen anderer Höhen- und Tiefenlagen akklimatisiert haben.

Der häufigste Baum ist die Erle (Alnus jorulensis), auch Lambrán oder Rambrash genannt. Ihr weißes oder rotes Holz wird zu Möbel- und Türenherstellung verwendet. Die Gongapa ist ein typisches Ericacea-Gewächs dieser Landschaft. Ihre kleinen reifen Früchte sind hell- bis dunkelrot, und der Aberglaube sagt, daß derjenige, der die Frucht ißt, alles Böse und Traurige seines Lebens »vergißt«.

Der Mais (Uea mays), der seit vielen Generationen gezogen wird, ist die wichtigste der angebauten Nutzpflanzen. In Peru heißt der Mais auch Sara, Jora, Janca, Panca, Amca, Anca, Tonco usw. Es gibt hunderte verschiedene Sorten, unter denen der Süßmais, der violette Mais, der Cusco-Mais mit riesigen Körnern, sowie der proteinhaltige Paccho-Mais hervorstechen. Eine weitere bedeutende Pflanze ist die Arracacha oder Racacha (Arracacia xanthorrhiza), da deren Blätter, Stengel und Wurzeln eßbar sind. Die Numia (Phaseolus sp.) ist eine Bohne, die geröstet gegessen wird und aus der auch eine cremeartige Milch als Muttermilchersatz hergestellt wird. Der Pashullo oder Pajura (Erythrina edulis) ist ein Baum mit ca. 80 cm langen Schoten mit großen mehlhaltigen Körnern.

Die Fauna ist artenarm. Am häufigsten sieht man zwei Vogeltypen: die Graudrossel (Merula derrana), auch Chihuaco, Chihuanco oder Yuksih genannt, und den Ruchpe oder Huipcho.

Die Bevölkerung dieser Gegend heißt »Quechua«, die direkten Erben der Weisheit und Tatkraft des Inkareiches. Sie hält von alters her die herkömmliche Landwirtschaft aufrecht und verbessert sie mit modernen Methoden. Der Quechua hat neue Pflanzen eingeführt, den Bedingungen angepaßt und gelernt, Tiere aus der Alten Welt zu züchten. Er hat in jahrhundertelanger harter Arbeit nutzbaren Boden geschaffen und gegen die Naturgewalten geschützt.

Im allgemeinen wandert der Quechua nicht aus, da er mit seinem Boden, auf dem er geboren wurde, verwurzelt ist. Deshalb ist das Quechua-Land sehr stark bevölkert. Der Quechua wandert kaum in die Städte ab.

Die Suni- oder Jalca-Landschaft

Das Wort »*Suni*« bedeutet »hoch« und »lang« und ist auch die Bezeichnung für Gras, das auch »Sone« oder »Suro« (Chusquea so.) genannt wird, und heute auf den westlichen Andenhängen fast verschwunden ist, an den östlichen Hängen aber noch reichlich wächst. Im Norden des Landes kennt man diese Pflanzen auch unter dem Namen »Jala«, »Shallca« oder »Chaglla«.

Die Suni- oder Jalca-Zone befindet sich in allen innerandinen Becken sowie am Ost- und Westabfall der Anden in einer Höhe von 3500 bis 4000 m ü. d. M. Infolge der Höhe und der örtlichen Winde hat die Suni-Zone kaltes Klima. Es ist jedoch eine trockene Kälte, die zur Tätigkeit anregt. Zwischen Sonne und Schatten herrschen starke Temperaturunterschiede und noch größere zwischen Tag und Nacht. Die Luft ist durchsichtig, der Himmel tiefblau und die Nächte glasklar. Die Landschaft ist steil und zerrissen mit oft senkrecht abfallenden Wänden und nur schmalen ebenen Flächen in einigen Tälern. Der Ackerboden ist somit sehr rar und der Mensch war gezwungen, besonders nahrhafte Pflanzen anzubauen.

Die Flora ist artenreich. Die bedeutendsten Pflanzen sind: Quinual (Polylepis racemosa), Quisuar (Buddleja incana) und Sauco (Sambucus peruviana), eine Hollunderart, deren traubenförmige Frucht mit der Weintraube zu vergleichen ist. Die wilde Lupine ziert und düngt überall die Erde. Die Körner der angepflanzten Lupine (Lupinus mutabilis) enthalten über 40 Prozent Protein; die Quinua (Chenopodium quinoa) ist ein fast vollständiges Nahrungsmittel; die Hirse oder auch Canahua (Chenopodium pallidicaule) verträgt gut die Nachtfröste; der Achis (Amaranthus edulis) hat sehr ölhältige Samenkörner. Schließlich wachsen reichlich Knollenfrüchte wie Kartoffeln, Oca, Olluco und Mashua, die verschieden verarbeitet, gut konserviert und transportiert werden können. Auch wird von den Einheimischen aus der Kartoffel ein natürliches Antibiotika, »Tocosh« genannt, hergestellt.

Das wichtigste Tier der Suni-Zone ist das Meerschweinchen. Dieses kleine Nagetier vermehrt sich schnell und bildet den Großteil an tierischem Eiweiß in der Ernährung der peruanischen Andenbevölkerung. Das Tierchen ist ungemein wertvoll, da es alle Abfälle von Haushalt und Feld in schmackhaftes, bekömmliches Fleisch verwandelt.

Die Bevölkerung der Suni-Zone heißt »Shucy«. Sie widmet sich der Land- und Forstwirtschaft. Früher wurden Chusqueas angepflanzt, heute Eukalyptus, Zypressen und Tannen. Der Mensch hat das Meerschweinchen gezüchtet, es mit Chusqueablättern gefüttert und nun stellt es sein Hauptnahrungsmittel dar.

Das Suni-Gebiet war früher dicht bevölkert, wie noch aus den verfallenen Resten der Dörfer in Höhen zwischen 3500 und 3800 m ü. d. M. zu sehen ist. In letzter Zeit aber wurde es mehr und mehr entvölkert, da die kargen Böden keine ausreichenden Lebensbedingungen mehr für eine Familie bieten. Andererseits hat sich die moderne Aufforstung mit Eukalyptusbäumen wegen einer schlechten Planung nicht entsprechend entwickelt.

Die Puna, Hoch-Anden- oder Antiplano-Landschaft

Das Wort »*Puna*« bedeutet »Schlaf« und bezieht sich auf die Müdigkeit, die alle befällt, die aus tieferliegenden Gebieten in die Puna-Zone kommen. Sobald sich der Fremde an das Klima gewöhnt hat, verschwindet diese Müdigkeit meistens. Es kann sich der Zustand aber auch verschlimmern und durch Kopfschmerzen, Übelkeit und allgemeines Unwohlsein bemerkbar machen: die Höhenkrankheit, »Soroche« genannt, in Argentinien als »Puna« und in Kolumbien als »Chuare« bezeichnet.

Die Puna-Zone liegt in einer Höhe von 4000 m bis zur etwa 4800 m hohen Schneegrenze, wo dann das Janca-Gebiet beginnt. Die Puna-Zone liegt zu beiden Seiten der Anden und wird vielfach von Schneegipfeln getrennt.

Das Klima ist sehr kalt. Die niedrigsten Temperaturen zwischen Mai und August schwanken zwischen 9° und −25°, zwischen September und April ist es am wärmsten, die Temperatur steigt bis auf +22°. Zwischen Tag und Nacht herrschen starke Temperaturunterschiede. Von Oktober bis April gibt es Regen- und Schneefälle; die Niederschläge erreichen bis zu 1 m pro Jahr, sind jedoch von Gebiet zu Gebiet unterschiedlich. Zwischen Mai und September regnet es nur selten und wenig.

Die Puna-Zone gilt allgemein als eine Hochebene, etwa eine Art »Dach der Anden«. Dies ist nur teilweise richtig, weil die Puna gebietsweise sehr zerklüftet ist: mit steilen Hängen, Engpässen und Berggipfeln, der Wasserscheide zwischen den drei Einzugsgebieten des peruanischen hydrographischen Systems: dem Pazifik, dem Atlantik und dem Titicaca-See.

Die Flora ist sehr vielfältig. Die Puna reicht von der unteren Grenze der wildwachsenden baumartigen Vegetation bis zum biologischen Ödland, das dann das Janca-Gebiet kennzeichnet. Hier finden wir also keine wildwachsenden Bäume, wohl aber bittere Kartoffeln wie Mauna, Luqui und Shiri, aus denen die getrockneten Kartoffeln hergestellt werden; die Maca (Lepidium Meyenii) bietet ein mehlhaltiges, protein- und fettreiches Nahrungsmittel; es gibt eine Anzahl verschieden hoher Futtergräser, die Icchu und Ocsha genannt werden. Neben der Totora (Scirpus sp.) kommen noch andere Wasserpflanzen in den See- und Moorgebieten vor: verschiedene Kriechpflanzenarten bilden Polster. Aus der Estrellacasha und der Distichia muscoides ist gemeinsam mit anderen Kräuterarten über lange Zeit hindurch eine Art junger Torf, »Champas« genannt, entstanden, der gut brennbar ist. Die Champas werden in großen Blöcken herausgestochen und zum Trocknen wie eine Mauer übereinandergestapelt. In letzter Zeit werden die Champas auch in tiefer gelegenen Gebieten als organischer Bodendünger verwendet.

In der Puna leben hauptsächlich Kameliden: Alpakas (Lama pacos), Lamas (lama glama), Vicuñas (Vicugna vicugna) und Guanacos (Lama guanicoa), deren Fleisch, Wolle und Fell für die Puna-Wirtschaft bedeutend ist. Das Alpaka und das Lama sind Haustiere, die untereinander und mit dem Vicuña gekreuzt wurden. Vicuña und Guanaco sind Wildtiere, auch wenn das Vicuña in den Schutzgebieten seinen Wildcharakter langsam verliert. Das Guanaco ist fast ausgestorben.

Bei den Vogelarten sei besonders die Huallata oder Huachhua (Berniola Melanoptera) erwähnt sowie zahlreiche Wildenten, die Stand- und Zugvögel sind; ferner der Pito oder Accacllo (Colaptes rupicola puna), der in Felslöchern nistet. Im Schilfdickicht an den Seen leben wilde Meerschweinchen (Cavia sp.) und Frösche.

Der Bewohner der Puna-Zone wird »Jatire« oder »Jamille« genannt; meist ist er Kamelidenhirte, wenn er auch zum Teil Rinder, Schafe, Pferde und Schweine züchtet. Dadurch ist der Ackerbau etwas vernachlässigt worden. Andererseits haben die Jatire die alten Siloverfahren zur Lagerung überschüssiger Futtermittel für Notzeiten vergessen. Also müssen sie wegen der begrenzten immergrünen Weideflächen ihre Herden entsprechend klein halten, da in den regenlosen Jahreszeiten lediglich die kleinen Gebiete direkt an den Bach-, See- und Teichufern, sowie die Sumpfgebiete grün bleiben.

Der Jatire ist wohl auch ein guter Landwirt: er baut bittere Kartoffeln, Maca, Futtergerste, verschiedene Kohlarten und eine Zwiebelsorte an. Aus der bitteren Kartoffel macht der Chuno und Moray, fermentierte, gefrorene, entwässerte Produkte, die sehr nahrhaft sind.

Obwohl die Puna-Bewohner hauptsächlich mit Wolle, Fellen, Rauch- und Trockenfleisch sowie Trockenkartoffeln handeln, sind viele von ihnen Arbeiter im Bergbau geworden, haben aber nie ihre Liebe zur Land- und Viehwirtschaft verloren.

Die Janca- oder Nival-Landschaft

Das Wort »*Janca*« stammt von »Jamca«, was in Runasini »Puffmais« (gerösteter und dann geplatzer weißer Mais) bedeutet. Janca ist in Peru die »weiße Landschaft« mit ewigem Schnee und Eis: eine Reihe weißer Bergspitzen mit einigen schwarzen und braun-schwarzen Stellen, wo an zu steilen Felshängen der Schnee nicht haften bleibt.

Die Janca-Zone befindet sich in 4800 bis 6768 m ü.d.M. (Huascarán) und umfaßt das höchste Gebiet der Andenkette.

Das Klima ist außerordentlich kalt mit hohen Temperaturunterschieden zwischen Tag und Nacht. Die Temperaturen sinken bis zu $-30\,°C$; der Luftdruck ist sehr niedrig, und somit das Klima für Menschen, Tiere und Pflanzen äußerst ungünstig.

Die Flora ist sehr dürftig; sie besteht aus wenigen Kräutern, Moosen und Flechten. Nur hin und wieder wachsen bedeutendere Pflanzen wie z.B. die Yareta (Azorella yarita), die an einigen Plätzen in einer Höhe bis zu 5200 m ü.d.M. zwischen den Schneefeldern rote Blütenkissen bildet.

Die Fauna ist unbedeutend: Insekten und Spinnentiere leben zwischen den Pflanzen der Janca-Zone. Manchmal steigt eine Schar junger männlicher Vicuñas, die von den Herden ausgeschlossen wurden, bis zu den tiefergelegenen Berggipfeln, um dort weiblichen Herden mit einem schwachen Führer aufzulauern, das Leittier zu töten und sich den »Harem« zu teilen. Über den höchsten Berggipfeln kreist der Kondor (Vultur gryphus).

Das Janca-Gebiet hat keine seßhafte Bevölkerung. Die Bergwerkssiedlungen sind nur vorübergehend bewohnt. Die Jatires aus dem Puno-Gebiet sind die einzigen Menschen, die sich hier akklimatisieren. Wo andere nicht einmal normal gehen können, führen sie härteste Arbeiten aus. Jährlich wird die Janca-Zone von ausländischen und einheimischen Bergsteigern oder »Janquistas« besucht, deren Ziel es ist, die noch nie betretenen Berggipfel zu bezwingen.

Rupa-Rupa-Landschaft oder Hochlandurwald

Der Name »*Rupa-Rupa*« stammt aus dem Runasini und bedeutet »brennend-brennend«, was sich auf die sehr heißen Tages- und kühlen Nachttemperaturen dieser Zone bezieht.

Der Hochlandurwald breitet sich nur auf der östlichen Seite der Anden zwischen 400 und 1000 m ü.d.M. aus.

Das Rupa-Rupa-Klima ist warm und feucht. Die starke Hitze während des Tages läßt in der Nacht etwas nach und vermittelt das Gefühl einer gewissen Frische. Manchmal gibt es während der regenlosen Jahreszeit kühle Tage mit starken Winden, unter denen die Bevölkerung leidet, da sie keine warme Kleidung besitzt. Dieser Temperaturabfall, der auch im Tieflandurwald vorkommt, nennt sich »Friage« oder »Suraso«. Er entsteht durch kalte Luftmassen, die aus dem Süden kommen. Die starken Niederschläge erreichen jährlich bis zu 8000 mm. Zwischen November und April gibt es starke Niederschläge, die dann zwischen Mai und November geringer werden. Jedoch auch in dieser »Trockenzeit« vergehen nie zwei

Wochen ohne Regenguß, sodaß die Weiden immer grün sind. Das Klima ist im allgemeinen gesund, auch wenn Krankheiten wie Gelbfieber, Malaria, Lepra, Cuchipe und Darmkrankheiten vorkommen. All diesen Krankheiten kann mit Schutzimpfungen und entsprechenden Eßgewohnheiten vorgebeugt werden.

Das ganze Gebiet ist mit einer Baum- und Buschvegetation bedeckt. Die Flüsse bilden sehr schmale Canoñs, deren Engstellen »Pongo« genannt werden, ein Wort, das aus dem Runasini »Punku« stammt und »Tor« bedeutet. Da einige Berge in der Rupa-Rupa-Zone kalkhaltig sind, gibt es viele unterirdische Flüsse, die Höhlen gebildet haben, wie z. B. die Eulengrotte von Tingo Maria (Gruta de las Lechuzas).

Die Flora ist sehr vielfältig: mehr als 200 verschiedene Pflanzenarten wachsen im allgemeinen auf einem Hektar. Wenn Wälder abgeholzt und abgebrannt werden, verringert sich die Vegetation auf wenige Pflanzenarten.

Wenn die Abholzung weiter fortgesetzt wird, werden verschiedene aussterben und der Zeitpunkt wird kommen, an dem nur noch wenige, wirtschaftlich unbedeutende, übrigbleiben.

Die wichtigsten Baumarten des ursprünglichen Waldes sind: der Hojé (Ficus antihelmintica), dessen Harz in der Medizin verwendet wird; der Balsabaum oder Huampo (Ochroma lagopus) mit leichtem, weichem Holz, das für Transportzwecke auf den Flüssen verwendet wird; der Cube (Lonchocarpus nicou), mit hohem Gehalt an Rotenon in den Wurzeln, wird zur Herstellung von Insektiziden und Fisch- und Pfeilgiften kultiviert. Mehr als 20 verschiedene Holzarten werden verwendet: u. a. Higuerilla (wilder Rizinus) mit dunklem, sehr hartem und wertvollem Holz; Moena (Aniba sp.); Tornillo (Cedrelinga catanaeformis); Chontaquiro (Diplotropis sp.); Ishpingo (Jacaranda sp.); Zeder (Cedrela sp.) usw.

Unter den akklimatisierten Pflanzen sind die Bananenstaude, der Brotbaum, die Zitrusbäume, Tee, Kaffee sowie die Ölpalme bedeutend.

Die Tierwelt ist hier recht artenreich: das größte Säugetier ist der Tapir (Papyrus americanus), der als Haustier gezüchtet werden kann und ein sehr schmackhaftes Fleisch hat; auch das Sajino (Wildschein) und die Huangana (Schneekuh) sind wegen ihres schmackhaften Fleisches sehr gefragt.

Unter den Reptilien ist die große Eidechse »Challhualagarto« am eindrucksvollsten; eines der gefürchtesten Tiere ist der Buschmeister oder Shusupe (Lachesis mutus), eine Otter, deren Biß fast immer tödlich ist. Unter den Vögeln sticht der Paujil (Mitu mitu) hervor, der so groß wie ein Truthahn ist und gegessen wird; der Felsenhahn (Rupicola peruviana), der als Nationalvogel vorgeschlagen wurde; der Paucar oder Cueche real (Ostinops decumanus), ein wunderschöner Vogel, der in seinem Gesang saubere metallische Töne hervorbringt; der Fettschwalm (Steatornis caripensis), der in Tingo Maria Eule genannt wird, lebt in Höhlen und Grotten. Die Jungvögel werden regelmäßig aus ihren Nestern gesammelt, da ihr Fett so vorzüglich und rein ist. Weiters gibt es viele Papageien, Aras, Tukane, Kolibris und unzählige Singvögel. Unter den Insekten ist das schädlichste der Pacacuno oder Sucllacuro (Dermatobia cyaniventris), eine Fliege, deren Larven sich unter die Tier- und Menschenhaut bohren, was stechende Schmerzen sowie Eiterbildung verursacht. Ein weiterer gefährlicher Parasit ist der Isango oder Gapa, der in niedrigen Kräutern lebt und den Menschen befällt, wenn er über die Felder geht; er setzt sich in den Achselhöhlen fest, wo er unerträglichen Juckreiz und manchmal sehr gefährliche Folgeinfektionen verursacht.

Die Bewohner der Rupa-Rupa-Zone werden »Chunco« genannt und waren Jäger und Sammler, die sich den Klima- und Lebensbedingungen des Hochlandurwaldes angepaßt haben, die sie vorzüglich ausnützten. Lediglich einige zurückgelassene Keramikgegenstände und Steinwaffen zeugen auch von ihrer früheren Existenz in diesem Gebiet, obwohl diese Gegenstände natürlich auch von Fremden stammen könnten, die durch den Hochlandurwald zogen.

Der moderne Bewohner handelt mit Holz, Harz, Gummi, pflanzt Obstbäume, Tee, Kaffee, Kakao und nutzt die immergrünen Weiden.

Omagua-Landschaft, Tieflandurwald oder Amazonia

»*Omagua*« ist der Name eines Stammes, der nach und nach verschiedene Gebiete des Tieflandurwalds besetzte. Die Bezeichnung Tieflandurwald bezieht sich auf die Höhenlage in etwa der des Meeresspiegels. Amazonia ist der Name, den die Spanier dieser Zone gaben, weil sie glaubten, dort die mythischen »Amazonas«-Frauen gefunden zu haben.

Die Omagua-Zone liegt östlich der Anden und des Hochlandurwaldes und zieht sich in einer Meereshöhe von 400 m abwärts bis an die brasilianische Grenze.

Das Klima ist warm und feucht mit geringen Temperaturunterschieden zwischen Tag und Nacht. Die senkrecht fallenden Sonnenstrahlen brennen derart, daß die Bewohner sagen, daß die »Sonne schmerzt«. Die Niederschläge sind stark, bleiben aber unter 3000 mm im Jahr. Das Hochwasser der Flüsse überschwemmt nicht nur das Ufergebiet, sondern auch große Waldflächen. Während der Zeit des niedrigen Wasserstandes bilden sich Sand- und Lehmstrände, die »Bageales«. Diese werden mit wenig Aufwand bepflanzt: es wird lediglich ausgesät und die Ernte abgewartet. Es werden schnellwachsende Pflanzensorten gewählt (ungefähr 100 Tage), wie z.B. Bohnen, Reis, Wassermelonen usw. Wenn die Flut jedoch einmal früher hereinbricht oder unerwartet starke Regenfälle auftreten, geht die Ernte verloren. Das ist das Risiko beim Bepflanzen der Schlammstrände.

Das Gelände hat eine leichte Neigung und teilt sich in fünf Terrassen und Landschaftsgebiete auf: Die erste, die »Empalme« ist ein Verbindungsglied zwischen dem Hochland- und dem Tieflandurwald, in 400 bis 320 m ü.d.M., ein stark erotiertes Hügelland. Die zweite Terrasse, »Los Filos« (die Grate) mit engen und tiefen Schluchten setzt sich darunter bis 250 m ü.d.M. fort. Die dritte Terrasse, »Los Altos« (die Anhöhen) liegt zwischen 250 und 180 m ü.d.M. und ist durch kleine Hügel über den Flüssen gekennzeichnet, weshalb sich dieses Gebiet als Weideland gut eignet. Die vierte Terrasse, »Las Alturas« (die Höhen) genannt, ist die leicht hügelige Landschaft zwischen 180 und 120 m ü.d.M. Bei Hochwasser werden nur die wenigen höheren Hügel, auf die auch die Ortschaften gebaut wurden, von der Überschwemmung verschont.

Die fünfte Terrasse »Las Restingas« (die Riffe) und »Las Tahuampas« zwischen 120 und 80 m ü.d.M.; ist das niedrigste östliche Gebiet Perus. Ein weitverzweigtes Flußsystem mit zahllosen Lagunen und Sümpfen bestimmt dieses Amazonasgebiet.

Die Flora ist je nach Terrassengebiet verschieden; wobei in den niedersten Gebieten die Pflanzen oft unter Wasser wurzeln müssen. In einigen Überschwemmungsgebieten, »Aguajales« genannt, wächst die Wasserpalme (Mauritia sp.) mit eßbaren und ölhaltigen Früchten, der Renaco (Ficus sp.) wächst an den Sumpf- und Seeufern, wobei er ein undurchdringliches Dickicht bildet. In den nicht überschwemmten Gebieten des Tieflandwaldes gibt es Tausende von Baum-, Busch- und Kräuterarten, die Edelhölzer, Früchte, Harze, Medikamente, Gewürze, Farbstoffe, Parfüme, Balsame usw. liefern; die bekanntesten sind: der Caucho fino oder Jebe (Kautschuk; Heva brasiliensis), Aguano oder Caoba, Mahagonibaum (Swietenia sp.), nach dessen Holz weltweit die größte Nachfrage besteht; Zeder (Cedrella odorata) mit wohlriechendem Holz, das nicht von Holzwürmern angegriffen wird; der Huito oder Jagua (Genipa americana) hat eßbare Früchte; Ayahuasca (Banisteriopsis caapi), eine Liane; die Para-Nuß (Bertholletia excelsa) ist für die Einwohner eine wichtige Quelle für Eiweiß und Öl.

Die Fauna ist unermeßlich reich: es gibt allein über 600 Fischarten. Der größte Amazonasfisch ist der Paiche (Arapaima gigas), der eine Länge von über 2 m erreicht und über 200 kg wiegen kann; die Anquila oder Anquila Electrica, Zitteraal (Electrophorus electricus), ein schlangenförmiger Fisch, der bis zu 2 m lang wird und Beutetiere mit starken Stromschlägen betäubt oder tötet, die sogar einen Menschen umbringen können; der Piranha oder Piraña (Serra Salmus), ein fleischfressender Fisch, der in großen Schwärmen auftritt, verletzte, blutende Lebewesen angreift und sie in wenigen Minuten zum Skelett abnagt. Der Bewohner der Omugua-Landschaft wird

»Omagua« oder »Charapa« genannt, war seit jeher und ist vielfach auch heute noch Jäger, Fischer und Sammler; die Landwirtschaft ist in den Anfängen. Er bewegt sich hauptsächlich auf dem Wasser und benützt dazu alle Flußtransportmöglichkeiten vom Kanu bis zum modernen Motorschiff; er hat schnell die Leiter der Zivilisation erklommen: vom Nomadendasein zum Gebrauch des Düsenflugzeugs. Tropenhäuser auf unzerstörbaren »Sungos«, auf schwimmenden Balsastämmen, ferner Paläste mit herrlichen Zierkacheln, aus Stahl und aus Zement, werden gebaut. Die derzeit noch vorhandenen Eingeborenenstämme sprechen über 50 verschiedene Sprachen und Dialekte; früher wurden jedoch über 400 verschiedene Sprachen gesprochen. Die Omagua besitzen eine jahrtausendealte Kultur, die sich auf eine rationelle Ausbeutung der Urwaldschätze stützt. Die momentan ansteigende Masse fremder Einwanderer hat vielfach ihre traditionelle Lebensweise zerstört, wodurch die ersten Probleme der Ballungsgebiete und der Not entstanden; und das inmitten einer Welt, die so überreich ist an Raum und Nahrung.

Wirtschaftsprozeß

von Emilio Romero

I. Bevölkerung und Wirtschaft im alten Peru

Bevölkerung des Inkareiches

Laut dem Chronisten Meléndez in seinen »Tesoros verdaderos de Indias« (Wirkliche Schätze aus Spanisch-Amerika) zählte das Inkareich ungefähr 8 Millionen Einwohner; eine Ziffer, die in den europäischen Wissenschaftlerkreisen als richtig angesehen wird, weil sie von Buffon bestätigt wurde. Im spanischen Amerika wurde diese Zahl von Calixto Bustamante Inca akzeptiert, an dessen Beobachtungs- und Analysierungsgabe nicht gezweifelt werden kann. In dem Werk von Angel Rosemblat über die Bevölkerung in Amerika, ausgearbeitet nach der Studie der seit der Entdeckung der Neuen Welt gesammelten Daten, wurde die Eingeborenenbevölkerung im Jahre 1492 auf 13.385.000 Einwohner geschätzt, eine Zahl, die viele Jahre als endgültig galt. Im Jahre 1570 wurde eine andere Zahl registriert, die die Bevölkerung auf 10.827.150 Einwohner schätzte. Im Jahre 1650 rechnete man mit 10,035.000.

Für die vorliegende Ausarbeitung wurde die Bevölkerungsanzahl für die zum Inkareich gehörenden Länder wie folgt geschätzt:

Jahr	Peru	Quito	Alto Peru
1542	2,000.000	400.000	800.000
1570	1,500.000	400.000	700.000
1650	1,400.000	450.000	750.000

Die Vorspanische Gesellschaft und Wirtschaft

Die soziale Organisation des Inkareiches beruhte auf der wirtschaftlichen und sozialen Einheit, die sich »Ayllu« nannte, und die ihren autonomen und starken Charakter, soweit dies innerhalb eines so entwickelten politischen Regimes möglich war, bis zum Regierungsantritt der Inkas beibehielt. Man kann nicht von einem inkaischen Ayllu-Typ sprechen, aus dem ganz einfachen Grund, weil in einem Lande mit so großen geographischen Kontrasten keine Einheitlichkeit bestehen konnte. Einige Ayllus waren großen Änderungen unterworfen, während andere wahrscheinlich ihre rein sozialen Formen aus der primitiven Etappe beibehielten. Aber nicht nur die geographischen Kontraste, sondern auch die kulturellen Unterschiede verhinderten eine einheitliche Form von Ayllus in der Inkazeit. Die Ayllus führten, je nach Gebiet, verschiedene wirtschaftliche Tätigkeiten durch und es dürfte dem Inkareich nicht möglich gewesen sein, alle diese zu koordinieren. Es ist daher gewagt, wie Cunow zu sagen, daß das Inkareich eine Konföderation von Stämmen gewesen sei. Es muß jedoch unterstrichen werden, daß die Inkas das Reich mit großem politischem Takt organisierten, sei es mit Zugeständnissen oder Auflagen, die die Oberhäupter freiwillig oder gezwungenermaßen akzeptierten, vielleicht auch nur, um ihre eigene Macht aufrecht zu erhalten und zu verstärken.

Die Inkas versuchten jedoch die Organisation der alten Gruppen zu vereinheitlichen, indem sie die Ayllus verstärkten und ihre Organisation in entlegene Gebiete ausdehnten, wo es vielleicht früher keine Ayllus gegeben hat. Der Ayllu war im südlichen Gebiet von Peru häufiger vertreten, und je weiter er sich vom Titicaca-See und Cusco entfernte, umso seltener wurde er. Dies beruht vielleicht darauf, daß er dort erst während der Inkazeit entstanden war. Diese allgemeine Einführung der Ayllus im ganzen Andengebiet war das Fundament der großen politischen und sozialen Organisation der Inkas, deren guter Einfluß später auch als politische Grundlage des spanischen Kolonialreiches diente, und vielleicht noch bis heute nachwirkt.

Diese großartige Organisationsarbeit der Inkas läßt in den von ihnen gebildeten Ayllus einige ganz bestimmte und allgemeine Charakteristika erkennen.

Zur Durchführung landwirtschaftlicher und verteidigungsorientierter Tätigkeiten wurden »Pachacas« organisiert, d. h. Gruppen von Hundert, und »Huarangas«, Gruppen von Tausend, während die »Hunus«, Gruppen von zehntausend Personen, insbesonders Wehrpflichtigen, waren.

Jeder »Hunus« hatte einen Militärstützpunkt, und falls ein unterworfener Stamm keine zehntausend Angehörige zählte, wurde er wahrscheinlich mit einem anderen Stamm zusammengelegt.

Die Einteilung im Inkareich bestand also, laut Cunow, aus jeweils zehn Gruppen zu je tausend Menschen, und jede Gruppe von tausend aus zehn Gruppen zu hundert, die sich »Huaranga« bzw. »Chunca« nannten, ähnlich wie die römische Volksorganisation in Kurien und Zenturien. An der Spitze von je vier Stämmen setzten die Inkas eine Autorität, die sich »Tucuyrikuk« (der, der alles sieht) nannte und das gesamte unter seine Zuständigkeit fallende Gebiet kontrollierte, dem Inka über die Tätigkeit Bericht erstattete und die von den Ayllus bezahlten Abgaben abliefern mußte. Über ein Zuständigkeitsgebiet, das gebietsmäßig aus vier Teilen bestand, in die das große Inkareich aufgeteilt war, und die sich Chinchaysuyu, Antisuyu, Cuntisuyu und Kollasuyu nannten, regierten die Capac-apu, Autoritäten, die über den Tucuyrikuk, als allgemeine Informationspersonen standen. Gemäß dem Chronisten Santillana, hieß die politische Aufteilung des Landes in vier Gebiete in Quechua »Tahuantinsuyo«.

Was die Landaufteilung innerhalb des Ayllu betraf, so blieb diese seit der Inkazeit gleich, mit feststehenden Rechten der Bodennutzung. Jeder Ayllu hatte seine »Marka«, d.h. den für die Bearbeitung eines jeden Mitglieds notwendigen Boden in einzelnen Parzellen, wobei das restliche Land als Gemeingut betrachtet wurde.

Innerhalb eines jeden Ayllu wurde die Landverteilung an neue Mitglieder nach uralten Gebräuchen und in der an jedem Ort herkömmlicher Weise vorgenommen, und zwar meist in unterschiedlich langen Abständen. Die jährliche Aufteilung erfolgte wahrscheinlich nur unter den neuen Mitgliedern, die durch ihr Alter oder Heirat eingegliedert wurden. Es ist kaum anzunehmen, daß jährlich eine Neuverteilung der gesamten unter der Herrschaft der Inkas stehenden Ländereien vorgenommen wurde, denn gerade die Inkas traten mit ihren zuständigen Oberhäuptern immer für die Aufrechterhaltung von Gebräuchen sowie für die gerechte Verteilung der Ländereien ein. Vom Inka beauftragte Personen hatten eine Statistik über die verteilten Ländereien und über die Bevölkerung mit »Quipus« zu führen, da diese Statistik die Grundlage der sozialen und wirtschaftlichen Organisation des Inkareiches darstellte; um in ihrem großen Reich Not und Arbeitslosigkeit zu vermeiden. Bei den »Quipus« handelte es sich um eine Art Knotenschrift mit Lamawollfäden, mit einfachen bzw. doppelten Knoten.

Die Landverteilung in den Ayllus wurde entweder pro Kopf oder pro Familie vorgenommen, wobei das Land nach »Topos« gemessen wurde. Der Tupu war cirka ein Hektar groß; wir wissen jedoch jetzt, daß der Tupu oder »Topo« kein festes landwirtschaftliches Maß darstellte. Der »Topo« hat verschiedene Ausmaße in Abhängigkeit des geographischen Gebietes, der Bodenqualität und des anzupflanzenden Produkts. Ein Topo aus mageren und hochgelegenen Böden war deshalb größer als einer mit guten und tiefergelegenen Böden. Bei der Verteilung wurde auch die Personenanzahl der Familie berücksichtigt. Der Vater, im Alter zwischen 24 und 50 Jahren, war der »Hatun-runa«. Seine Familienrechte waren jedoch im Vergleich zu heute wesentlich autoritärer und jeder Beziehung weitreichender.

Während der Inkazeit, wahrscheinlich während der Herrschaft des Inka Pachacutec, gewann die Aufteilung des Ayllu in die zwei Gruppen »Hanan« und »Hurin« besondere verwaltungstechnische und politische Bedeutung. An der Spitze einer jeden Gruppe befand sich jeweils ein Oberhaupt, wobei das Oberhaupt der »Hanan«-Gruppe höher stand. Laut Cunow wollte man mit dieser Aufteilung einen Antagonismus bilden und damit eine gemeinsame Aktion gegen die Reichsstabilität verhindern.

Eine weitere Änderung, die indirekt den Ayllu während der Inkazeit betraf, ergab sich durch den sozialen und wirtschaftlichen Einfluß der exotischen Gruppen, die in eine Marka eingegliedert wurden, und die unter dem Namen »Mitimaes« bekannt waren, da sie sich auf die Bevölkerungsverteilung bezogen. Jedoch weder diese noch andere Änderungen des Ayllu waren von so großer Bedeutung wie die sicherlich die allgemeine Strukturierung des Inkareiches in administrativer und militärischer Beziehung betreffende, nämlich die Bildung sozialer Klassen.

Trimborn mißt der Untersuchung der sozialen Differenzierung, die sich im Peru der Inkas ergab, einmalige Bedeutung bei, die auf wirtschaftlichem

Gebiet wie folgt zusammengefaßt werden kann:
Die Inkas enteigneten einen Teil der Ländereien der neuen Markas, die zu Gunsten des Inka, des Kults und des Volkes bearbeitet wurden.
Die Inkas enteigneten auch alle Cocaplantagen und Edelmetallagerstätten.
Die Inkas legten Abgaben verschiedener Art fest: persönliche Dienste und Beiträge in Form von natürlichen oder hergestellten Produkten.
Die Inkas veränderten insofern die Lebensweise des primitiven Ayllu, als sie nicht nur die Dienstpflicht, sondern auch Freiheitseinschränkung durch Militärdienstpflicht verlangten, womit die Bildung einer Militärschicht begünstigt werden konnte. Es besteht aber kein Hinweis, ob sich im Inkareich tatsächlich eine militärische Klasse gebildet hatte. Besonders muß noch die Existenz einer Gruppe von Frauen erwähnt werden, genannt »Akllas« oder »Auserwählte«, eine Art Nonnen oder Priesterinnen, die eingeschlossen in einem sogenannten »Akllawasi« lebten. Für Trimborn sind die Akllas ein außergewöhnlicher Fall innerhalb einer sozialen Organisation wie die der Inkas, da diese unterhalten wurden, ohne dafür jegliche soziale Arbeit zu leisten. Für diejenigen, die das Inkareich als eine »sozialistische« Ordnung ansehen, bedeutet die Existenz der »Akllas« ein Widerspruch. Ferner gab es eine kleine Klasse, die »Yanacuna«, die zur lebenslänglichen Dienstpflicht verurteilt war; laut einiger Historiker handelte es sich um eine Kollektivstrafe, die über einen bestimmten unterworfenen Stamm, der gegen den Inka rebellierte, verhängt wurde. Die Yanacuna waren eine Art Leibeigene, und stellten daher eine eigenartige Helotenklasse dar, die nicht in die so ausgezeichnete soziale Inkaorganisation paßte.
Angesichts neuerer Untersuchungen kann man ganz allgemein bestätigen, daß das Inkareich die alten Ayllus einschränkte und sie in ihrem Lebensstandard in Hinsicht auf die Erträge, die für den Unterhalt der Verwaltung, Inkafamilie und Priestertum bestimmt waren, herabsetzte. Es muß jedoch zugegeben werden, daß diese Restriktionen für die Aufrechterhaltung der Dienste für die Allgemeinheit notwendig waren, so wie das auch jetzt in den modernen staatlichen Organisationen notwendig ist.
Es muß erwähnt werden, daß im Schatten der Macht des Inkas auch die Macht der Oberhäupter, »Curacas« wuchs, die später von Spaniern wie in der Karibik »Caciquen« genannt wurden; und damit begann die Karriere ihrer wirtschaftlichen und politischen Macht. Später wurde diese Machtausübung unter der spanischen Herrschaft für die Indios unerträglich.

Die Ernährung während der Inkazeit

Auf diesem Gebiet sind die Erkenntnisse nicht sehr ausgiebig. Die meisten Chronisten sagen wenig darüber aus, was die peruanischen Indios aßen. Erst Anfang des 20. Jahrhunderts wurde dieser wichtige wirtschaftliche Aspekt des alten Peru erforscht.
Während der Inkazeit hatte die Volksernährung eine höhere Stufe erreicht. Die Ernährung umfaßte Tiere, Pflanzen und Mineralstoffe. Mejía Xespe hat eine Klassifizierung der Nahrungsmittel der Eingeborenen vorgenommen, die äußerst interessant ist, obwohl aus dieser Studie nicht zu ersehen ist, welche Nahrungsmittel aus der inkaischen und welche aus der folgenden Epoche stammen. Im Grunde genommen handelte es sich um eine geringe Anzahl von Nahrungsmitteln, die verschieden zubereitet wurden. An pflanzlichen Produkten wären als Grundlage die Kartoffel, Ocas, Mais, Ajischote, Quinua, Kürbis, Yuca und verschiedene Obstsorten zu nennen. Aus der Kartoffel wurden viele Gerichte hergestellt.
Zunächst waren die Gerichte sehr einfach: Kartoffeln, in Salzwasser gekocht. Nach und nach wurden dann immer mehr Zutaten beigefügt, bis sich daraus verfeinerte Speisen entwickelten. Folgende Kartoffelgerichte der Indios sind bekannt:

Papa waiko, ckati, gekochte Kartoffeln;
Papa chacke, Suppe aus mazerierten Kartoffeln;
Puti-pocte, Kartoffeln mit Ajischoten;
Kukupa, getrocknete Kartoffeln;
Karapulca, Eintopf aus getrockneten Kartoffeln;
Chairu, Suppe aus Kartoffelmehl mit Gemüse und Charqui (getrocknetes Lamafleisch);
Chuño, entwässerte und gefrorene Kartoffeln;
Tunta, halb-entwässerte Kartoffeln, besonderer Art;

Watia, im Erdofen gebackene Kartoffeln (Pachamanca);
Locro, Eintopf aus Kartoffeln mit Kürbis und Ajischote;
Kachi-Chuño, frisches gekochtes Chuño.
Quinua (Hirseart) war und ist dank des hohen Protein- und Kalkgehaltes, der bis zu 14 Prozent beträgt, eines der Grundnahrungsmittel der peruanischen Eingeborenen. Auch hieraus wurden verschiedene Gerichte zubereitet, wie z. B.:
Api, Dickspeise aus Quinuamehl oder Cañagua;
Phisara, körnig gekochte Quinua, (ähnlich wie Reis);
Takta, Kekse aus Quinua;
Ackja, Getränk aus Quinua;
Pesque, Breisuppe aus Quinua;
Kispino, Suppe aus Quinua;
Chatawi-api, Dickspeise aus Quinua mit einem größeren Kalkgehalt.
Der Mais oder Sara war ein wichtiges Nahrungsmittel, woraus die verschiedensten Gerichte zubereitet wurden, wie z.B.: Mote, gekochter Mais; Kancha, gerösteter Mais (Puffmais); Humita, Maispastete: Pitu, Maismehl süß gekocht; Choclo, Maiskolben gekocht; Poscko-api, dicke Suppe aus grünem Mais; Jora, gegorener Maismost. Hinzu kommen noch Bohnen, Olluco, Oca, Mashua, Yuca, Pallar, verschiedene Süßkartoffel sowie Caiguas und Kürbisse.
Als Gewürze wurden außer Ajischoten der Rokoto sowie verschiedene aromatische Kräuter wie Wakatay, Chigchipa, Paico u.a.m. verwendet.
Die Murmunta oder Süßwasser-Ova (eine Art Brunnenkresse), Ckochayuyo (Meeralge), die Totora-oder Schilfwurzel (Chullu und Sackja) und Muña (wilder Pfefferminz) waren schon unter den Inkas Delikatessengerichte.
Es gab verschiedene Obstsorten, von denen einige heute nicht mehr existieren, wie z.B. die Ajipa und andere, die man, in Keramik geformt, in den Museen in Lima sehen kann.
Als tierische Nahrungsmittel seien das Rebhuhn, das Lama und das Meerschweinchen erwähnt, dessen Zähmung ein langer und interessanter Vorgang gewesen sein muß.
Fisch und Bohnen waren und sind Hauptnahrungsmittel an der Küste. Im Gebiet des Titicaca-Sees ist der Suche, ein Fluß- und Seefisch, ein wichtiges Nahrungsmittel, dessen prähistorische Bedeutung man noch auf den Steinplatten von Pukara sehen kann. Bezüglich der Garnelenfischerei und des Vogelfangs zu Ernährungszwecken gibt es in den Museen von Lima interessante Keramikdarstellungen von Fischerei- und Jagdszenen. An Mineralstoffen wurden Salz, Kalk und Kreideton verwendet. Kalziumkarbonat war Stimulans der Coca-Kauer.
Als Nebenprodukte kannte man Bienenhonig und Maismost. Der Genuß von Tabak war bereits bekannt, wie man aus der Darstellung von Rauchröhren, die aus Gräbern in Ancón stammen, in den Museen in Lima sehen kann.
An Küchengeräten zeigen die in den peruanischen Museen ausgestellten Exponate: Keramikteller, Holznadeln, Onyxmesser und anderes, den damaligen hohen Entwicklungsstand.
Der Gründlichkeit, mit der der verstorbene Professor Julio C. Tello den Boden der peruanischen Küste untersuchte, ist es zu verdanken, daß ein umfassender Überblick über die Ernährungsgewohnheiten des alten Peru vorliegt. Günstig war dazu auch das trockene, ja regenlose Klima an der Küste, wodurch in den präinkaischen Gräbern Produkte wie z. B. Bohnen erhalten blieben, die jetzt, nach vielen Jahrhunderten, ausgesät werden konnten und auskeimten.

Die Organisation der Arbeit und der Produktion im Inkareich

Zur Ergänzung des Wirtschaftsbildes ist es von Bedeutung, das Problem der landwirtschaftlichen Anbaufläche des Tahuantinsuyos zu erläutern. Es wurde erwähnt, daß die Inkas große Fortschritte bei der Bodenausnützung machten, dem zu verdanken ist, daß das Inkareich ungefähr 12 Millionen Einwohner ernähren konnte.
Bartolomé de las Casas behauptet in seiner berühmten Streitschrift »Die Vernichtung Spanisch-Amerikas«, daß Mexiko und Peru sehr stark bevölkert waren, und diese Bevölkerung zufrieden gewesen sei, und daß die Kolonialpolitik der Spanier sie mit der harten Arbeit in den Bergwerken vernichtet habe. Dadurch entstand der Streit zwi-

schen den Indigenisten und Antiindigenisten. Batolomé de las Casas hat noch immer viele Gegner. Einer von ihnen, der ausgezeichnete mexikanische Historiker Carlos Pereyra, behauptet, es wäre unmöglich, daß die alten Peruaner sich im augenblicklichen Territorium ernähren konnten, wenn heutzutage die 7 Millionen Einwohner auf komplizierte Bewässerungssysteme zurückgreifen müssen. Der Historiker Pereyra scheint vergessen zu haben, daß die inkaische Landwirtschaft intensiven Gartenbau betrieb und sich auf die Produktion von Nahrungsmitteln beschränkte. Nach der spanischen Eroberung wurde der Pflug eingeführt. Außerdem wurde in riesigen Gebieten an der Küste Zuckerrohr angepflanzt.

Die Ära des Tahuantinsuyos war ausschließlich von der Landwirtschaft geprägt, während die Kolonialzeit sich mehr dem Bergbau widmete und alles andere zweitrangig war.

Es ist unmöglich, auch nur eine ungefähre Schätzung der landwirtschaftlichen Anbauflächen des Tahuantinsuyos vorzunehmen. Jedenfalls aber ist sicher, daß die genutzte Fläche größer war als heute. Sowohl an der Küste als auch im Hochland gibt es noch Spuren von Bewässerungskanälen in Gebieten, wo heute kein Anbau mehr stattfindet. Während man erst jetzt wieder in Peru das Bewässerungsproblem im Hochland aufgreift, wurden bereits im Tahuantinsuyo derartige Arbeiten durchgeführt und Landwirtschaft bis in extrem hohen Gebieten betrieben. Ferner haben wir als direkten Beweis für die gewaltigen Bevölkerungszentren in den Andentälern die noch heute vorhandenen Steinruinen, die inzwischen von wildwachsender Vegetation bedeckt sind. Man benötigt nicht viele Beweise, sondern lediglich die Aussagen derjenigen, die Peru kennen, um zu bestätigten, daß im Tahuantinsuyo mehr Gebiete für Ländereien genutzt wurden als jetzt. Die wirtschaftlich genutzte Fläche in Peru hatte bereits in der Präinkazeit beachtliche Ausmaße angenommen, es ist jedoch anzunehmen, daß die Flächen noch um einiges vergrößert wurden, als die Organisation des Inkareiches eine maximale Leistungsfähigkeit verlangte, da ja ein Heer, ein Adelsstand, die Akllas-Häuser und vielleicht auch noch eine gewisse Gruppe von Mitimaes und Dienern zu unterhalten waren. Die Inkas erreichten bei der Ausdehnung der anbaufähigen Flächen maximale Ausmaße.

Was die Arbeitsorganisation während der Inkazeit auf den Gemeindeländereien betrifft, kann festgestellt werden, daß sie auf denjenigen der Inkas, des Kults und der Arbeitsunfähigen, verpflichtender und kollektiver Natur war. Die Arbeit auf den Ländereien des Volkes war auch kollektiv und verpflichtend, unterlag jedoch anderen Formen, wie die Einrichtung der sogenannten »Minka«.

Während diese Gemeinschaftsarbeit in der primitiven Epoche einen religiösen und tief magischen Sinn hatte, nahm sie in der Inkazeit durch die Schaffung von Abgaben als Grundlage der Regierung langsam einen verpflichtenden Charakter an. Das politische Talent der Inkas verwirklichte jedoch in einem Arbeiterreich den Traum, den Jahrhunderte später Fourier, Gründer der Phalanstere, als »attraktive Arbeit« bezeichnete. Die Inkas verlangten die Pflichtarbeit, sie verliehen ihr jedoch einen festlichen, religiösen und feierlichen Charakter, indem der Inka selbst mit den landwirtschaftlichen Arbeiten begann. Luis Baudín erklärte begeistert hierzu, daß die attraktive Arbeit nirgends auf der Welt so perfekt zum Ausdruck kam wie im Inkareich.

Die Inkas verfolgten in dieser Beziehung eine weise Politik, was auch aus der Reihenfolge hervorgeht, in der die Arbeiten durchgeführt wurden, um keine Widerstände aufkommen zu lassen und um den verpflichtenden Charakter abzuschwächen. Nachfolgend die Reihenfolge, in der laut Aussage Garcilasos die Arbeiten durchgeführt wurden:

1. Ländereien zum Unterhalt des Kults (Tempel, Priester, Akllas usw.)
2. Ländereien der Arbeitsunfähigen (abwesend durch Militärdienst bei den Inkas, Alte, Kranke, Witwen usw. Baudín bezeichnet dies als Sozialfürsorgedienst in einem sozialen Staat).
3. Ländereien der Purics, d.h. die Ländereien der Ayllu-Bewohner.
4. Ländereien der Oberhäupter oder anderer Funktionäre.
5. Ländereien des Inkas.

Die Ländereien des Kults wurden zuerst bearbeitet, um der Arbeit einen feierlichen und religiösen Charakter zu geben. Auf jeden Fall hatte der

Mann des Volkes in den Morgenstunden genügend Zeit, um seine eigenen Ländereien zu bearbeiten und so den Lebensunterhalt seiner Familie zu sichern. Dies ist auch noch heute der Fall, und auch jetzt noch heißt in Cusco und Puno die in den Morgenstunden getätigte Landarbeit »Faina«, was von dem spanischen Wort »Faena« abgeleitet wurde. Diese wirtschaftliche und familiäre Freiheit wurde jedoch untersagt, als die koloniale Dienstpflicht eingeführt wurde, d.h. die Schichtarbeit in den Bergwerken und auf den Ländereien der neuen Herren.

Bezüglich der Bearbeitung der Ländereien des Volkes haben wir gesagt, daß diese ursprünglich kollektiv und freiwillig als sogenannte »Minka« oder Arbeitsdienstleistungen und Aufgabenerfüllung ausgeführt wurde. Die »Minka«-Arbeit bezog sich auf Ländereien des Volkes und anschließend auf diejenigen der Arbeitsunfähigen, worunter die Inkas später auch die Soldaten einstuften.

Bei der Organisation der Arbeit unter den Inkas gab es ein Arbeitsaufteilungssystem und eine Spezialisierung bei der landwirtschaftlichen Tätigkeit, wie Experten für die Bewässerung, Auswahl der Saat, Bauern usw., obwohl dann bei der Ernte fast alle Arbeitsfähigen teilnahmen. Im Norden des Chinchaysuyu wurde die Landarbeit von »Chuncas«-Gruppen – mit auf bestimmte Landarbeiten spezialisierten Gemeindemitgliedern – durchgeführt.

Es soll jedoch erwähnt werden, daß die Spezialisierung sich nicht nur auf Landarbeiten beschränkte, sondern gemäß Falcón sich noch auf viele andere Gebiete erstreckte, wie z.B. die folgenden:

Ckori-camayoc: Gold-Bergmann
Ichu-camayoc: Bearbeiter von farbiger Erde
Llaxa-camayoc: Bearbeiter von Meeressteinen und Türkisen
Llano-pacha-compic-camayocu: Guter Schneider für den Inka
Awa-compic-camayoc: Schneider für gewöhnliche Kleidung
Tanti-camayoc: Färber
Coca-camayoc: Cocaanbauer
Uchu-camayoc: Ajiaanbauer
Llipta-camayoc: Hersteller von Llipta oder Kalk zum Coca-Kauen
Cachi-camayocs: Salzhersteller
Chalwa-camayocs: Fischer
Soño-camayocs: Töpfer
Quero-camayocs: Schreiner
Pirca-camayocs: Maurer

Die Produktion

Bevor das Tahuantinsuyo bestand, hatten die Einwohner der alten Markas bereits eine intensive Bearbeitung ihrer Ländereien erreicht, wobei sie bei der Züchtung verschiedener Pflanzensorten beachtliche Fortschritte zu verzeichnen hatten. Auch wenn es Völker mit fortgeschrittenen Webern und Töpfern gab, so konzentrierte sich die Produktion doch hauptsächlich auf die Deckung des Nahrungsmittelbedarfes.

Während der Inkazeit wurde die Produktion erweitert. Die Ausbeute neuer Rohmaterialien und die Gewinnung neuer Produkte entstand, sie war jedoch auch hauptsächlich auf die Versorgung mit Lebensmitteln orientiert. Die Forderungen der neuen politischen Organisation waren größer als zur Zeit der lokalen Autarkien, und deshalb verlangten die Inkas maximale Erträge in der Produktion. Aus diesem Grunde haben die Untersuchungen der Landwirtschaft während der Inkazeit die anderen Aspekte der Produktion verschleiert, so daß man sogar vergaß, daß die größten landwirtschaftlichen Fortschritte zu viel früheren Zeiten als die der Inkas erreicht wurden.

Die Markas verdoppelten ihre Erträge, um das Inkareich zu unterhalten, und die Inkas organisierten das Imperium, damit die gemeinsame Zwangsarbeit diese Ergebnisse auch erbringen konnte. Daher machten die großen Bewässerungsarbeiten unter den Inkas enorme Fortschritte, womit die Anbauflächen in den verschiedenen Teilen des Landes erweitert wurden und auch neue Nahrungsmittel oder Beiprodukte entwickelt wurden, wie sie für den Unterhalt eines Herrschergefolges, einer neuen Priesterkaste und eines Adelstandes notwendig waren.

Betrachtungen über die soziale und wirtschaftliche Bedeutung der Andenkulturen

Die Rekonstruktion des Wirtschaftsbildes der Vergangenheit allein ist unwichtig, wenn diese sich nur auf Peru beschränkt, sie sollte sich vielmehr auch auf das gesamte Südamerika beziehen, da es in vielen Gebieten die gleiche Landschaft, die gleichen menschlichen Bedingungen dieser

Völker und einen großen Anteil der Bevölkerung gibt, deren Ursprung aus dieser weit zurückliegenden Zeit stammt.

Im primitiven Peru ist zu beobachten, daß Volksgruppen, wo immer sie auch herkamen und wohin sie auch abwanderten, bei der Besiedlung neuer Ländereien höchste Anstrengungen machen mußten, um zu überleben und den Boden urbar zu machen. Die geographisch getrennten Gebiete an der Küste, in den Amazonastälern und auch im Hochland weisen als erste Charakteristik die Isolation auf und demzufolge galt die soziale Kooperation als grundlegende Lebensbedingung für die dort angesiedelten Menschengruppen.

Die Präinkaische Epoche war eine der interessantesten der ganzen amerikanischen Geschichte. Von wirtschaftlicher Seite aus gesehen mußte der präinkaische Ayllu mit den Naturgewalten kämpfen, sie bezwingen und sich ihr anpassen. Nach langer Entwicklung erst standen ihm Pflanzen- und Tierreich für die Ernährung zur Verfügung.

II. Wirtschaftliche Aspekte der Kolonialzeit

Mit der Eroberung von Cajamarca durch Francisco Pizarro begann die spanische Herrschaftsepoche in Südamerika, wobei in allgemeiner Form die früheren wirtschaftlichen Strukturen beibehalten wurden, da diese sowohl für die Ernährung, die Beschaffung von unabdinglichen Rohmaterialien und zur Erhaltung der neuen Ordnung der spanischen Kolonie fundamentale Aspekte aufwies.

Es liegt auf der Hand, daß die Wirtschaft auf dem Gebiet des Bergbaus und mit dem Beginn des Handelsaustausches mit anderen Ländern Änderungen unterlag. Spanien übernahm die menschlichen Grundlagen des Inkareiches nur insofern, als der Arbeitsdienst der Landarbeiter beibehalten wurde, was wiederum eine sofortige Entvölkerung der Küstengebiete verursachte. Bei der Eingeborenenbevölkerung vollzog sich eine totale Umsiedlung in das Anden-Hochland, wobei die Arbeitskräfte in den Küstentälern von afrikanischen Negersklaven ersetzt wurden, die aus der Karibik, Haiti, Santo Domingo, Kuba und anderen Inseln hergebracht wurden.

Die Spanier gründeten die Hauptstadt Lima als die Stadt der Könige und andere kleinere Städte wie Trujillo im Norden sowie Arequipa und Ica im Süden. Noch vor Ende des ersten Jahrhunderts der Kolonisation verschwanden fast alle Arbeiter von der Küste. Ein Teil der Eingeborenenbevölkerung aus der Zeit des Inkareiches zog sich nach Cusco, Ayacucho, Junín und Puno zurück; große Landarbeitermassen flüchteten in das mittlere Urwaldgebiet und in die nördlichen Zonen der Anden.

In Lima verblieb noch ein kleiner Teil der Bevölkerung aus der Inkazeit, der in der Nähe der Stadt in ummauerten und militärbewachten Gettos gehalten wurde. Noch heute heißt dieser Stadtteil, in dem die zur Zwangsarbeit auf den Ländereien und in der Fischerei verpflichteten und für die Aufrechterhaltung der Ernährungswirtschaft notwendigen Indios lebten, »El Cercado«. Sie waren für die ersten aus Spanien, Mexiko oder der Karibik gebrachten Vieh- und Schafherden und Obstkulturen zuständig.

Die von den phantastischen Schätzen aus Cajamarca verblendeten Kolonisten suchten in ganz Peru nach Gold und Silber, wobei sie ihre Energie auf der Suche nach Edelmetallen erschöpften.

Auf diese Weise begann der Silbererzabbau in Huantakjava, in Tarapacá und in Potosí im Alto Peru, in Laykakota (Puno) u.a.m., der ausschließlich von Eingeborenen aus dem südlichen Teil Perus unter schrecklichen und vernichtenden Bedingungen durchgeführt wurde.

Obwohl sich in Lima ein Großteil der Klöster befand, ließen sich viele nach der Gründung der Kolonie angekommene Kolonisatoren im ganzen Lande nieder. So wurde auch die sogenannte »spanische Gründung« der bereits seit der Inkazeit bestehenden Stadt Cusco vorgenommen, wo sich die zahlreiche Eingeborenenbevölkerung weiterhin der Landwirtschaft widmete wie sie bereits unter der Inkazeit üblich war. Dadurch ist bis zum heutigen Tage eine lange Liste von Gerichten mit Eingeborenennamen und Gewürzen erhalten geblieben.

Ähnlich war es mit der Kleidung. Wenn auch die spanischen Kolonisatoren ihre Garderobe in Spanien bestellten oder mit aus Europa importierten Stoffen anfertigen ließen, so wurde die europäische Kleidung doch nur zu großen religiösen Anlassen in der Hauptstadt Lima getragen. Für den täglichen Gebrauch benutzten die spanischen Kolonisatoren Kleidung aus Baumwoll- und Alpakawollstoffen, die auf inkaischen Webstühlen gewebt und dann nach spanischem Schnitt geschnidert wurden. Im Verlauf der Jahrhunderte fanden perueigene Produkte wie z. B. die Kartoffel oder »das Pulver der Gräfin«, das aus dem Chinabaum gewonnen wurde, oder das aus Mais gewonnene Erfrischungsgetränk »Chicha« in Europa Beachtung.

Während in den Provinzen allmählich ein spanisch-inkaischer Anpassungsprozeß in Richtung peruanisch-nationaler Einheit entstand, war dies in der Hauptstadt Lima durch die verschiedenen politischen Wechsel und den Änderungen in den Verwaltungen und Autoritäten schwieriger.

III. Die Republik und ihre Bevölkerungsaspekte

Im Jahre 1825 wurde die Unabhängigkeit von der spanischen Herrschaft besiegelt. Laut Paz Soldan, dem Herausgeber der ersten geographischen Übersicht von Peru, zählte das Land damals 1,076.123 Einwohner; wobei das Departement Puno nicht mitgezählt wurde, da es bis 1795 zum Vizekönigreich von Buenos Aires gehörte. Nach Eingliederung dieses Gebietes erhöhte sich die Einwohnerzahl auf 1,232.132, was als Ausgangszahl für 1825 angesehen werden kann. Ab diesem Jahr sind folgende Bevölkerungszahlen registriert worden: 1836 = 1,373.736; 1850 = 2,001.203; 1876 = 2,704.998.

Die republikanischen Volkszählungen im 19. Jahrhundert wurden nach dem Berechnungssystem der Kolonialzeit vorgenommen, d. h. anhand der Anzahl von »Abgabepflichtigen«, zumindest bis zum Jahre 1876, wo man diese eigenartige Zählungsweise fallen ließ, die nur zur Kontrolle der Abgaben von den Eingeborenen diente.

Die Wirtschaft des Inkareiches blieb auch weiterhin die Grundlage der peruanischen Wirtschaft der Republik, wobei die ländliche Eingeborenenbevölkerung sich weiterhin der landwirtschaftlichen Tätigkeit widmete, um die Dorfmärkte oder Stadtmärkte in dem riesigen Andengebiet mit Nahrungsmitteln zu versorgen.

Die durch Wüsten weit voneinander getrennten Küstentäler waren von Negersklaven aus der Karibik oder Afrika und später von chinesischen oder polynesischen Arbeitern, besetzt worden, die die Nachkommen der Inkas ersetzten, die in das Andenhochland geflüchtet waren und einen Großteil des Hochlandurwalds des Amazonasgebietes besiedelten, wo sie sich der Züchtung von Alpaka, Vicuña und Lama widmeten, auf die Jagd gingen, und in den Flüssen fischten.

In den weiten Tälern im Gebiet von Cusco wurde Zuckerrohr angebaut; hier wurden auch herrliche Gewebe aus Wolle hergestellt.

Die Wirtschaft der Eingeborenen in allen ländlichen Gebieten Perus verfolgte weiter die Regeln und das System der Inkas, wenn auch in ständig geringerem Umfange. Der Landarbeiter auf den Hochweiden in Ayacucho lernte zu Pferde zu reiten. In den Gebieten von Bergbau und Landwirtschaft in Peru und Bolivien waren Mischlinge angesiedelt worden und zwar mit Hilfe der Spanier, die allerdings einen erheblichen Teil der Erträge für sich in Anspruch nahmen.

Diese Kooperation zwischen Eingeborenen und Spaniern, die genau genommen eigentlich inkaisch-spanisch genannt werden müßte, trug dazu bei, eine Landbevölkerungsklasse zu bilden, und zwar den »Cholo« und die »Chola«, eine Mischung zwischen Spanier und Indio, deren Überlegenheit gegenüber den oft zahlenmäßig dominierenden Bergbauarbeitern in den Siedlungen der Andengebiete von Peru, Bolivien und Nordargentinien, augenscheinlich wurde.

Diese Synthese wurde unter Hinzuziehen der »Wirtschaftsgeschichte von Peru« (Historia Económica del Perú), Erste Auflage: Buenos Aires, 1949 und »Peru: Eine neue Geographie« (Perú: una nueva Geografía), 2 Vs., Lima, 1974, ausgearbeitet.

Die Küstenregion

Einer der schönsten Plätze von Lima ist dem Freiheitskämpfer José de San Martin gewidmet, der 1821 die Unabhängigkeit vom spanischen Königreich erkämpfte

Seite 50:
Der Regierungspalast von Lima, früher Residenz der Vizekönige, ist heute Sitz des peruanischen Staatspräsidenten. Er wird von einer malerisch uniformierten Palastgarde bewacht

Seite 51:
Die für das koloniale Lima so typischen holzgeschnitzten Balkone sind beim Palast des Erzbischofs besonders prachtvoll gearbeitet

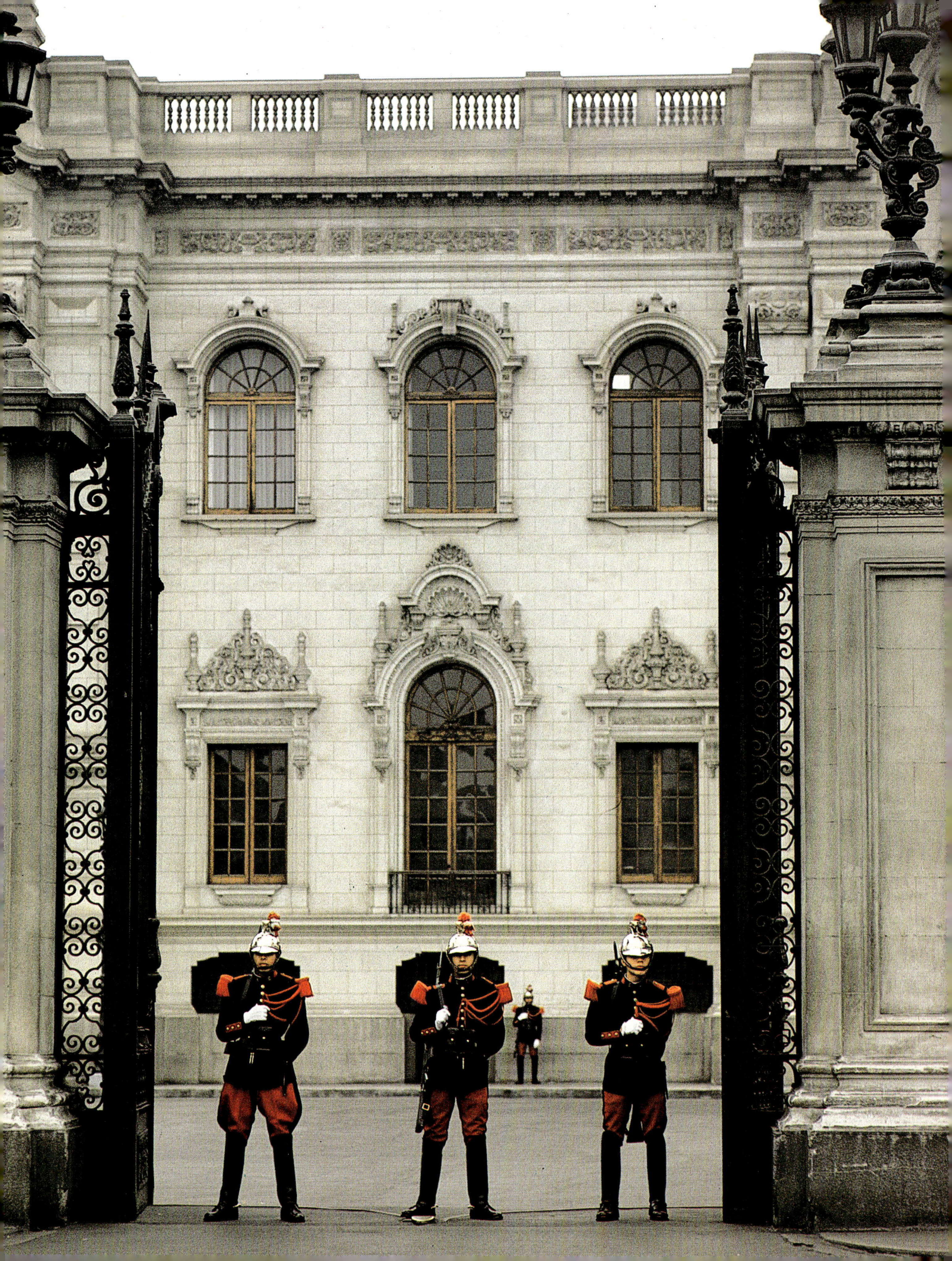

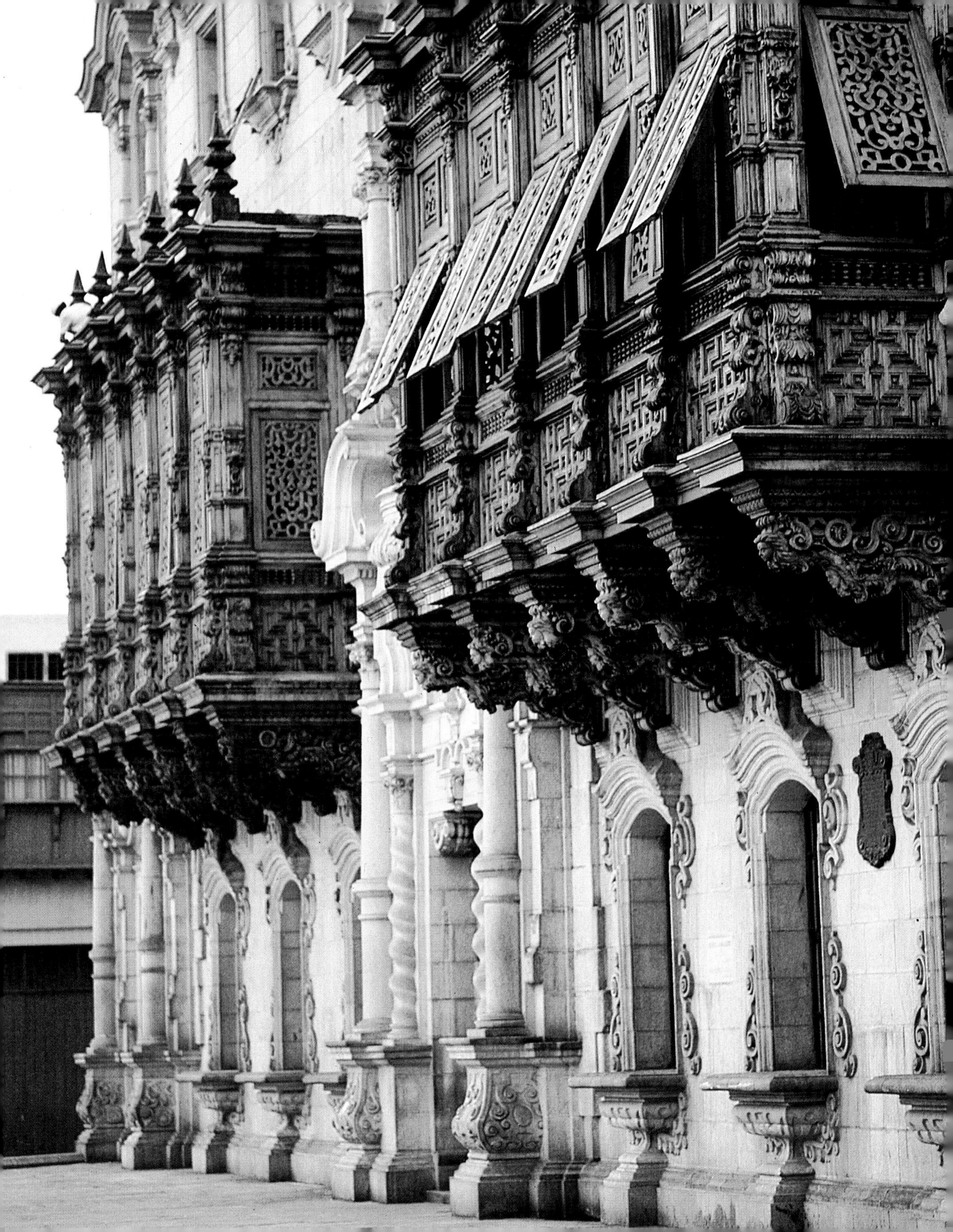

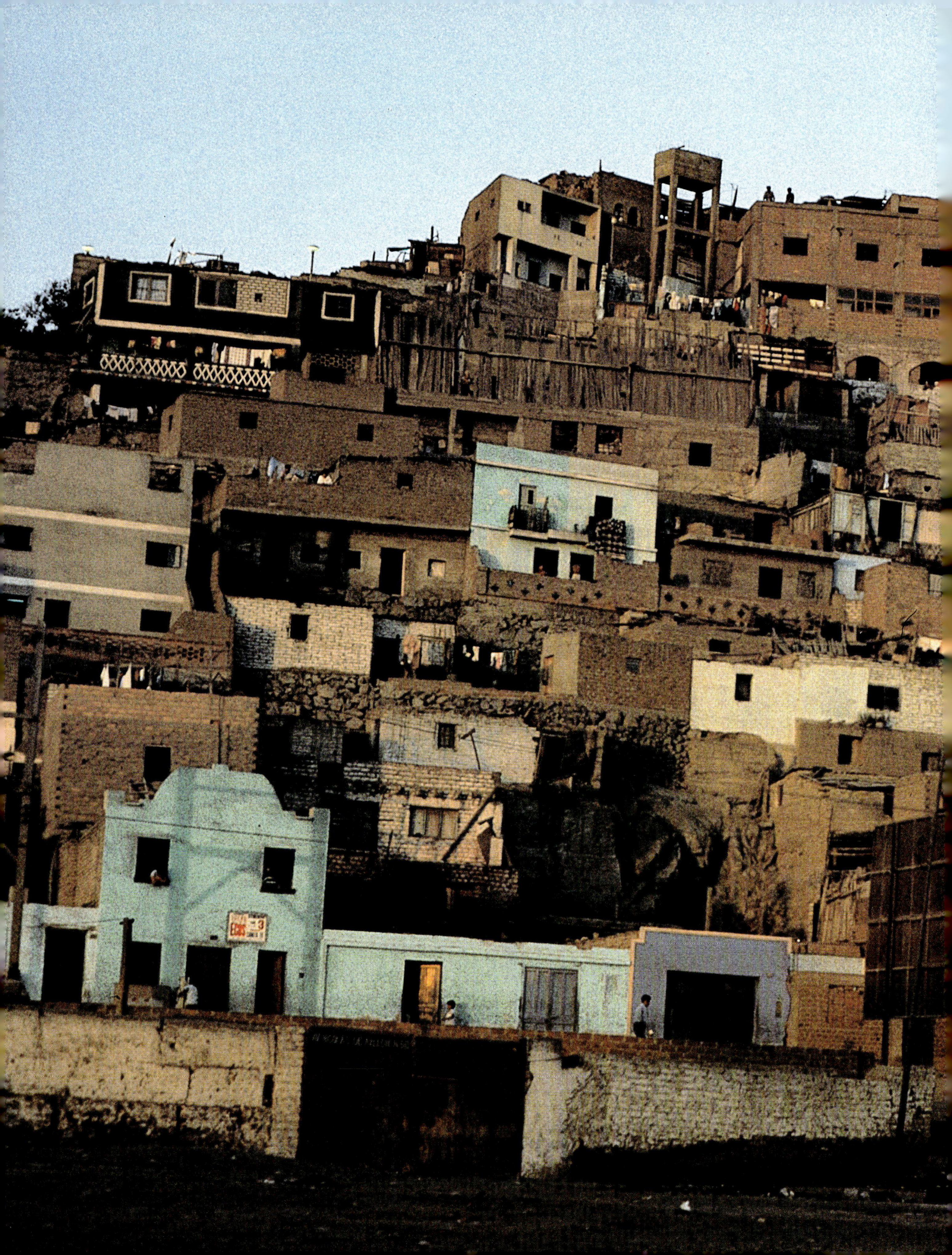

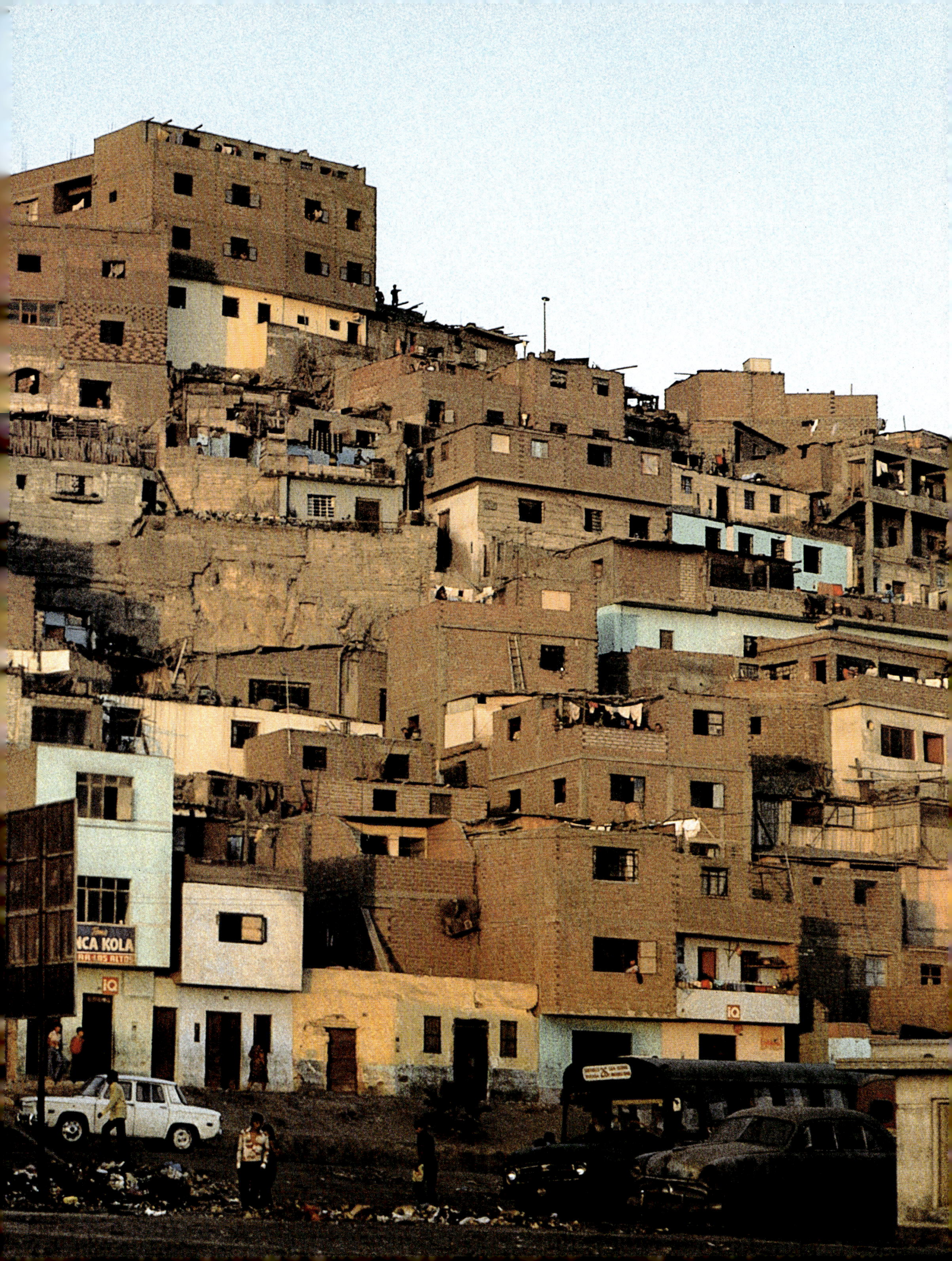
NCA KOLA
IQ
IQ

er Mittelpunkt Limas, heute wie früher, ist die Plaza
e Armas. Hier zeichnete Francisco Pizarro 1535 mit
einem Schwert den Plan der Stadt auf den Boden

orhergehende Seiten: Die Armutsviertel von Lima
nd Ausdruck des starken Bevölkerungszuwachses
er Hauptstadt. Millionen Indios leben hier auf

Mehrmals täglich bedient sich der elegante Herr in
Lima der zahllosen Schuhputzer

Rechte Seite: Die lange Passage der Hauptpost von
Lima wird von den Ansichtskartenhändlern beherrscht
die Karten von ganz Peru anbieten, selbst solche, die
an den betreffenden Orten kaum gefunden werden

SUB DIRECCION DE
SERVICIOS POSTALES
ASESORIA LEGAL
POSTAL DE LIMA

1 Alljährlich im Oktober steht Lima im Bann der Stierkämpfe, die in Peru eine große Tradition haben. Die Arena „El Acho" ist die drittälteste noch bestehende Stierkampfarena der Welt.
2 Der Hahnenkampf wurde ebenfalls von den Spaniern nach Peru gebracht und erfreut sich bei der wettbegeisterten Küstenbevölkerung außerordentlicher Beliebtheit.
3 In der Hacienda-Villa genießen Limenos koloniale Atmosphäre bei Gitarremusik und peruanischen Leckerbissen

Folgende Seiten: Fischer mit ihren Booten sind an der peruanischen Pazifikküste stets emsig im Einsatz und tragen wesentlich zur Versorgung der Küstenbevölkerung bei

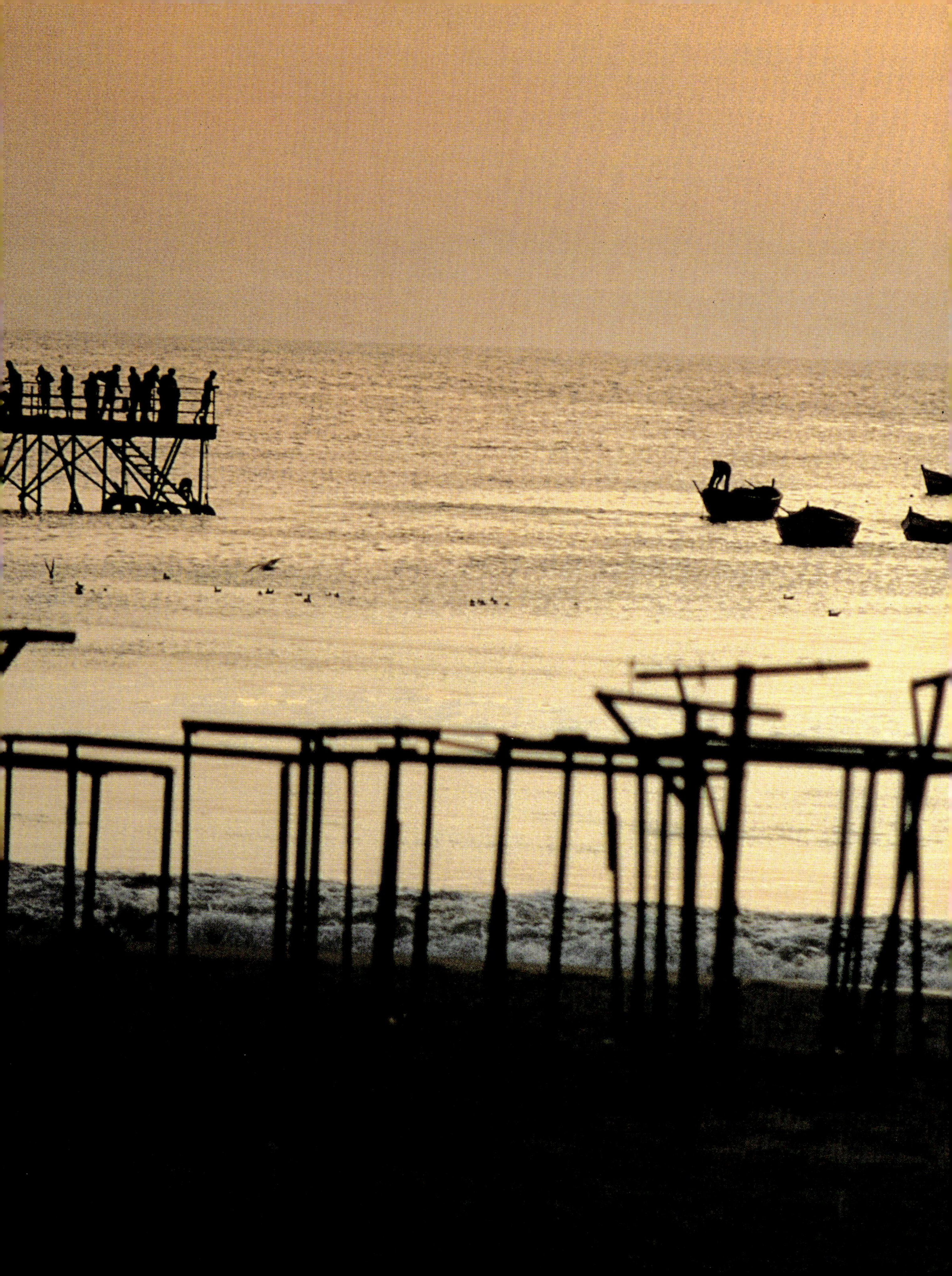

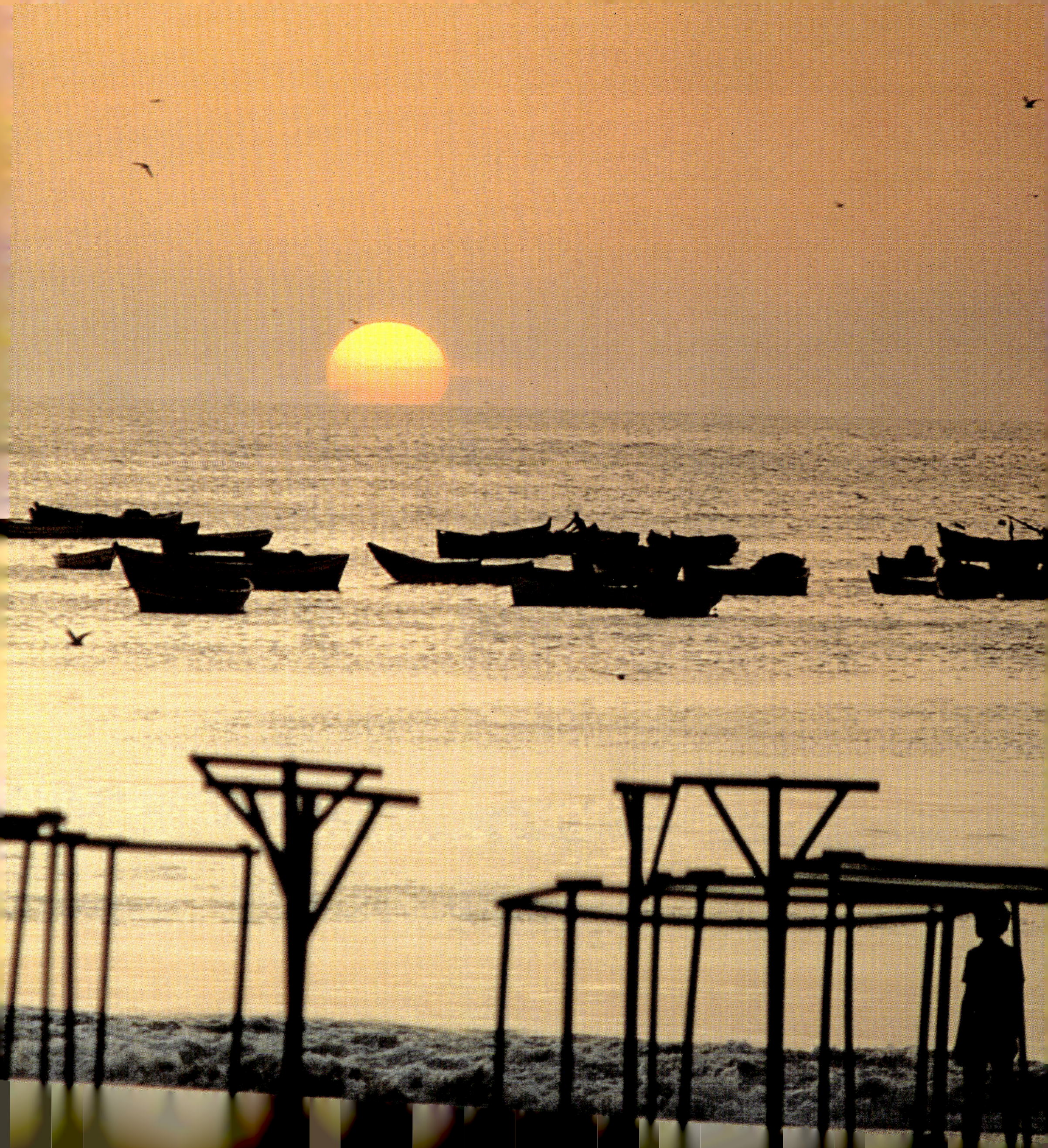

1 Mit Hilfe der Quipus führten die Inkas komplizierte Rechenoperationen aus. Da die Schrift den Inkas unbekannt war, kam diesen Knotenschnüren größte Bedeutung zu.
2 In Sechin an der nordperuanischen Küste befindet sich eine der ältesten Kultstätten Perus. Auf den Steinen der den Tempel umgebenden Mauern sind menschliche Körperteile äußerst realistisch abgebildet. Wahrscheinlich sind hier Kriegstrophäen und Besiegte dargestellt, vielleicht handelt es sich auch um Opfer eines grausamen religiösen Kultes.
3 Das Gold von Peru lockte schon vor 500 Jahren die spanischen Eroberer ins Land und ist auch heute noch eine der Hauptattraktionen eines Peru-Besuches. Diese nordperuanische Goldmaske stammt aus dem 11. Jahrhundert."

4, 5 Die Textilkunst erreichte in Paracas und Nasca ca. 300 bis 500 nach Christi ihren Höhepunkt. Es gibt kaum eine Web-, Strick- oder Knüpftechnik, die den Künstlern dieser Zeit nicht schon bekannt war.
6 Die Gefäße der Nasca-Kultur, die sich zu Beginn des 3. Jahrhunderts an der Südküste Perus entwickelte, zeichneten sich durch meisterhafte Bemalung und höchste Qualität aus

2,3

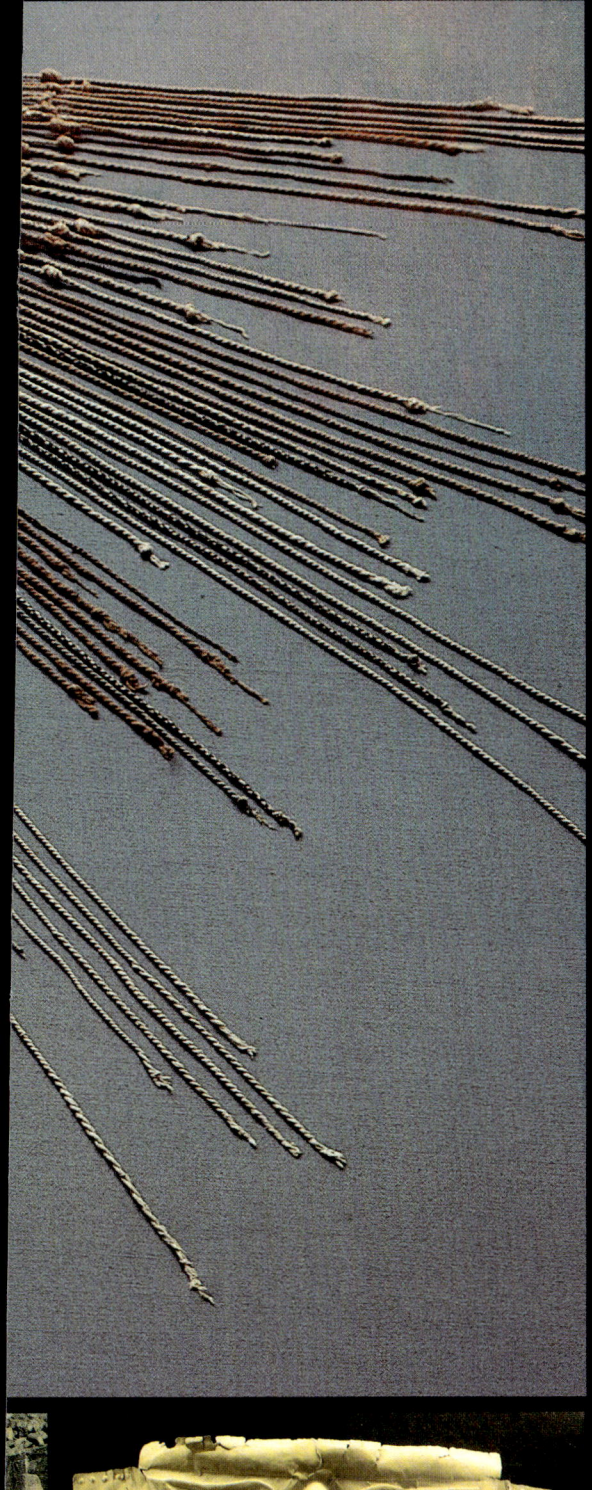

Folgende Seiten: Am Ausgang der Andentäler legten die Inkas zahlreiche befestigte Anlagen an, die den Zugang zum Andenhochland schützten und gleichzeitig als Getreidespeicher der Versorgung der Bevölkerung dienten

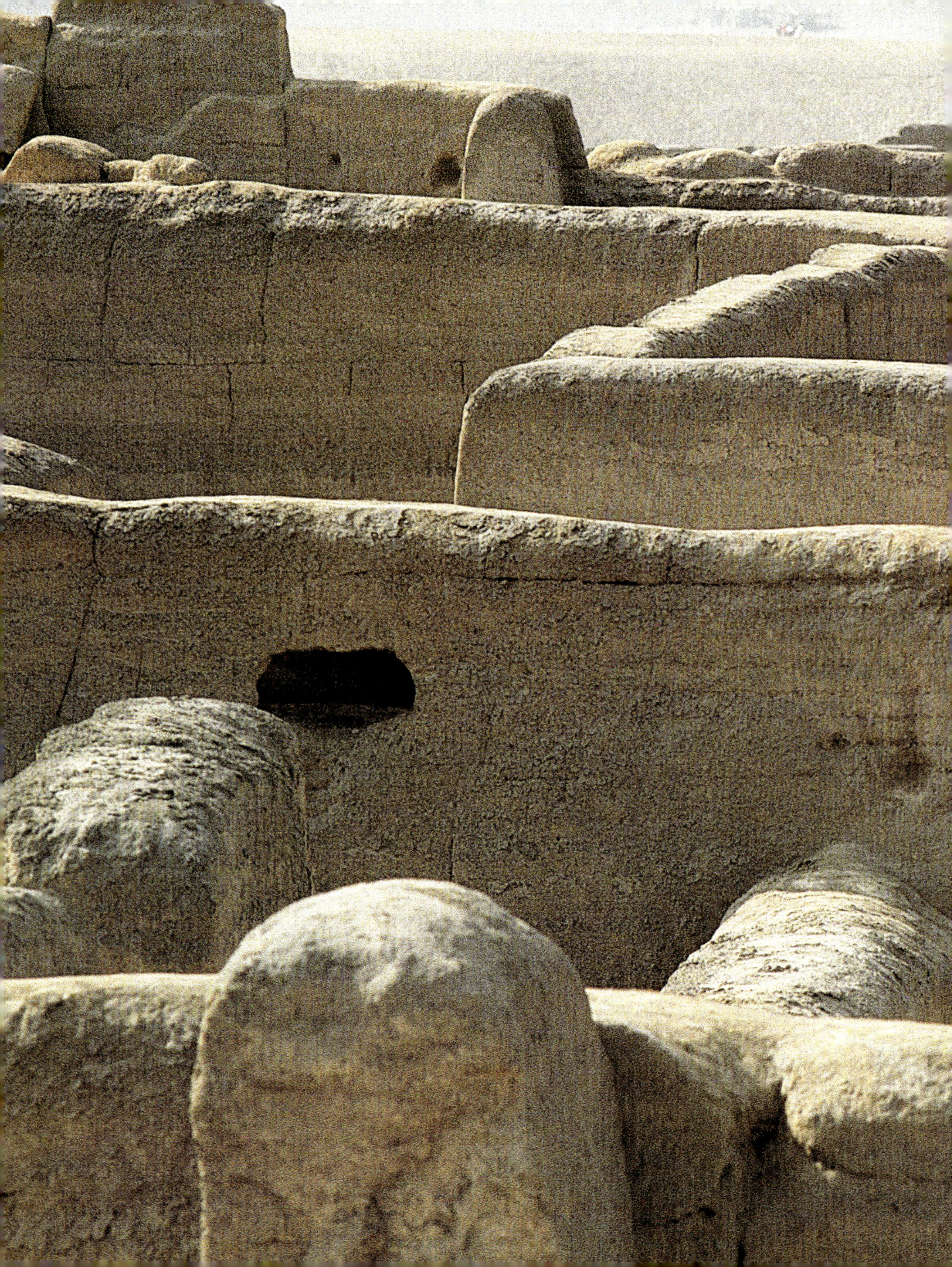

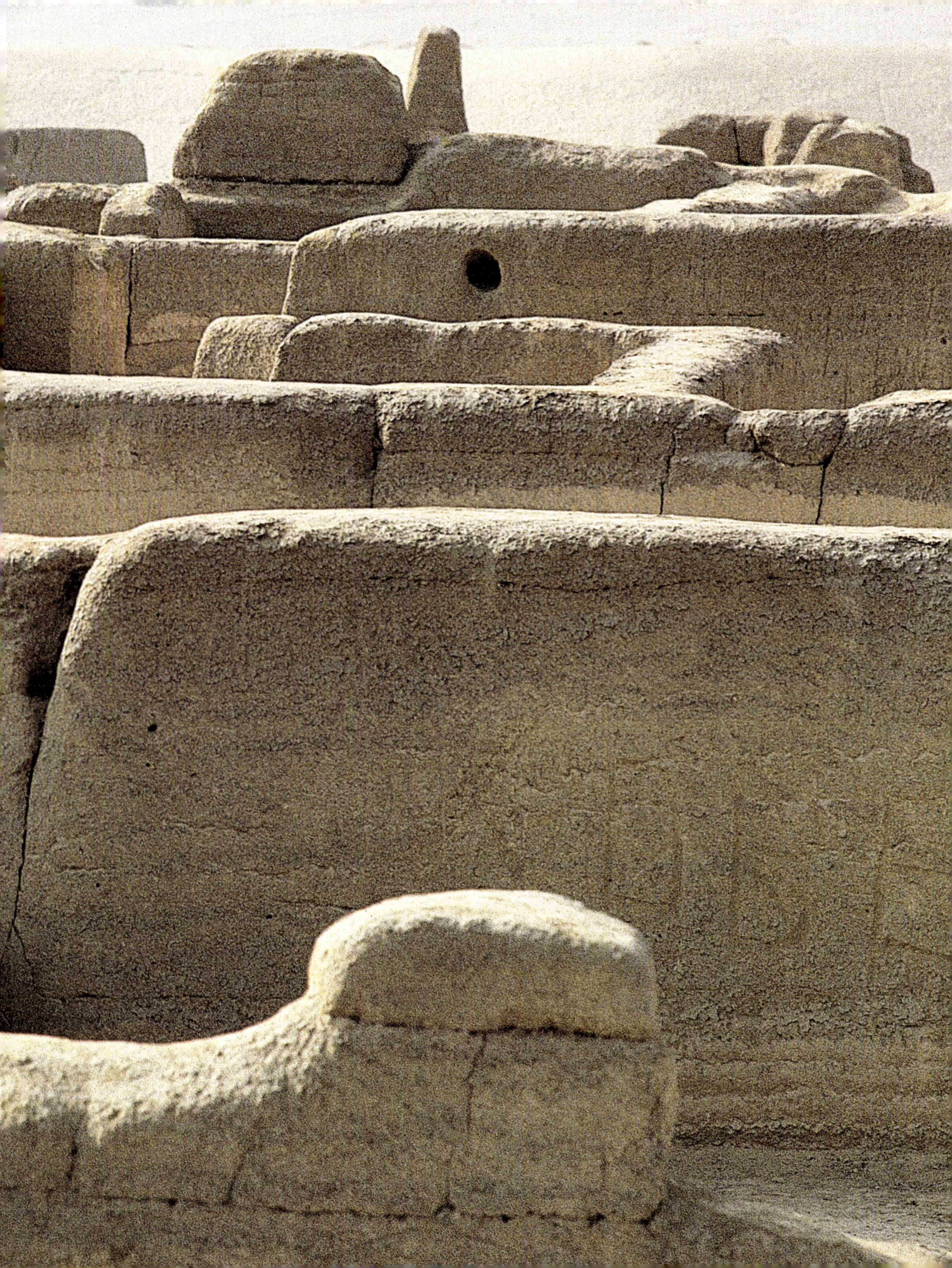

Vielfältig ist das Antlitz
der 3000 km langen
Küstenwüste. Fels-,
Geröll- und Sandwüsten
ziehen sich vom Pazifik
bis zu den Andenvor-
bergen hinauf

Freigewehte Mumien,
Totentücher (Mantos)
und Haare mit Skalp
bieten einen makaberen
Anblick in der gleißenden
Hitze der Wüste

Folgende Seiten: An der Küste nahe Chimbote im Norden des Landes: immer wieder türmen sich gewaltige Sanddünen auf. Regen fällt in der peruanischen Küstenwüste, die nur durch Flußoasen unterbrochen wird, praktisch nie

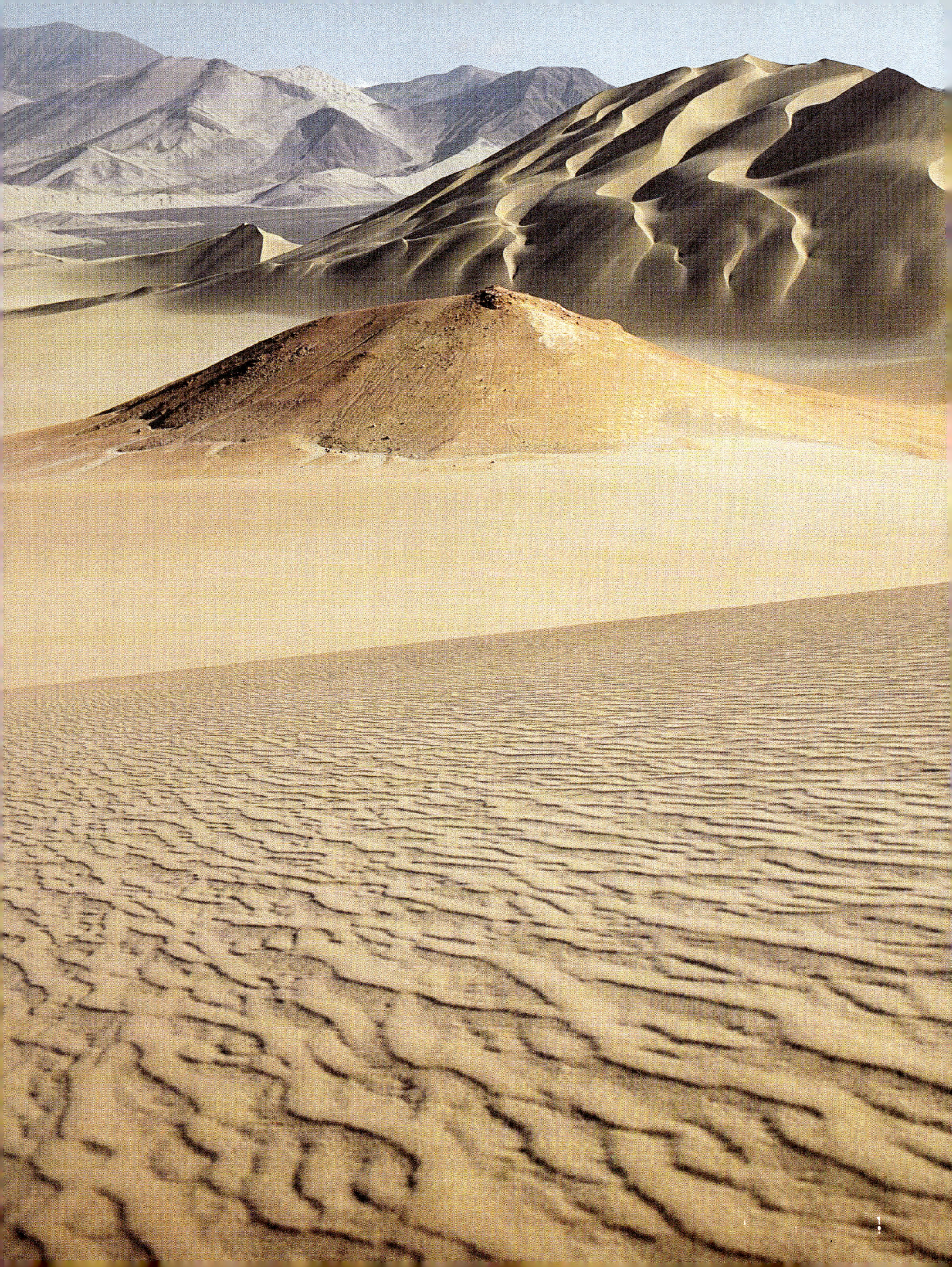

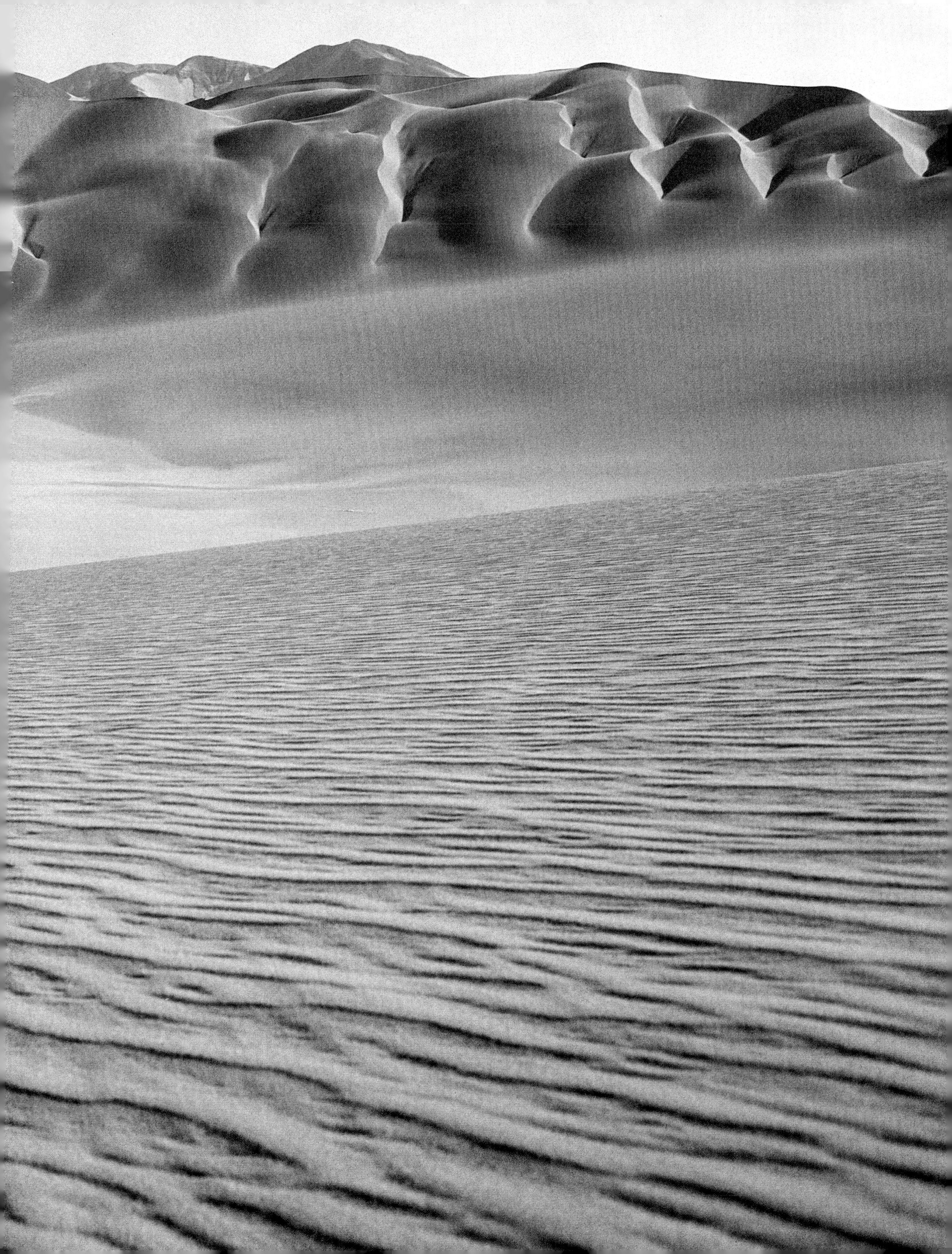

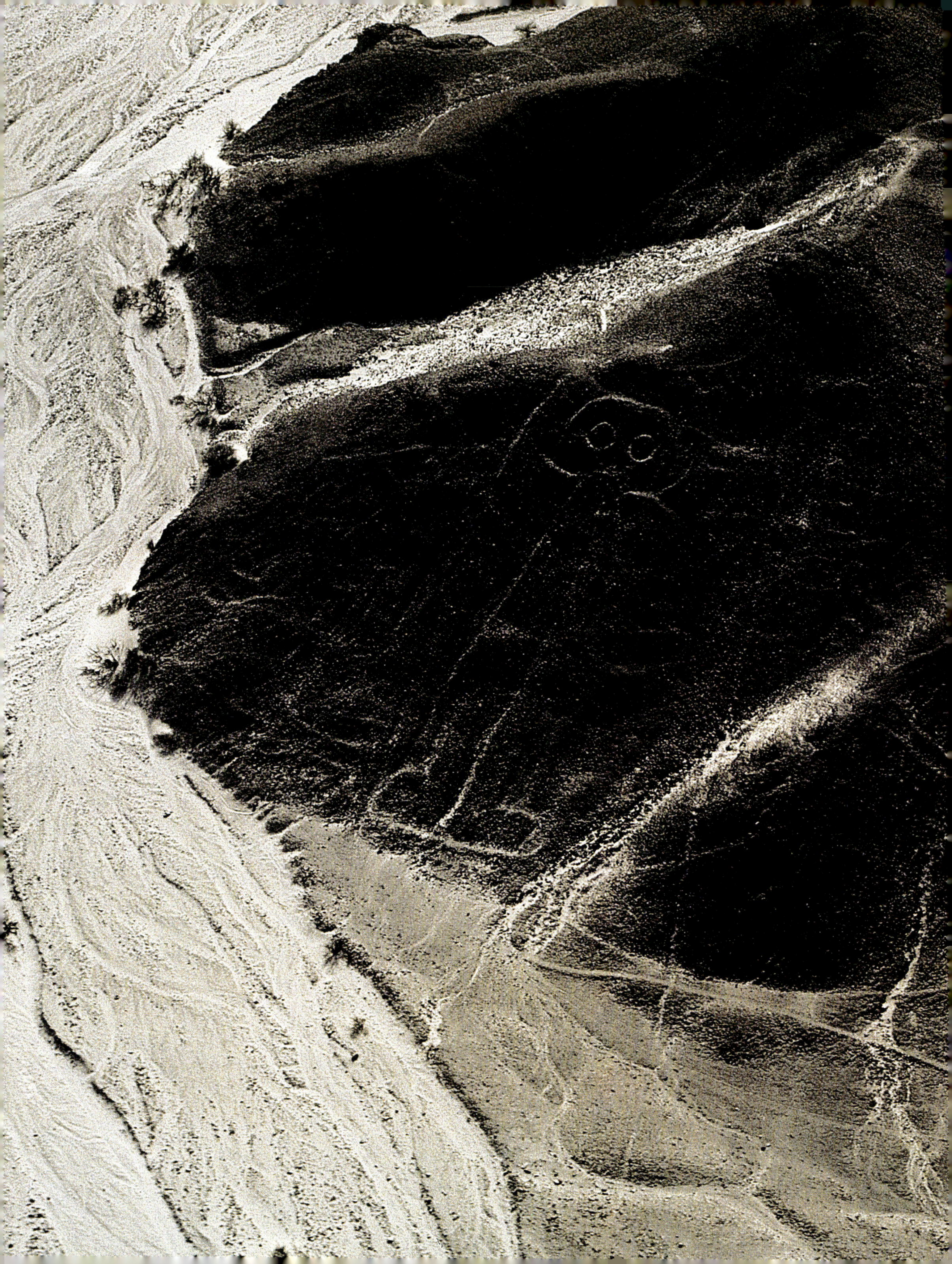

„Die Dame von Nasca" (Maria Reiche aus Deutschland, ganz oben) versucht seit 1946, das Rätsel von Nasca zu lösen.
Auf den Abhängen verkarsteter Hügel (links) und im ebenen Wüstenboden sind aus der Luft Linien und Figuren erkennbar, auf dem Bild oben „der Wal".

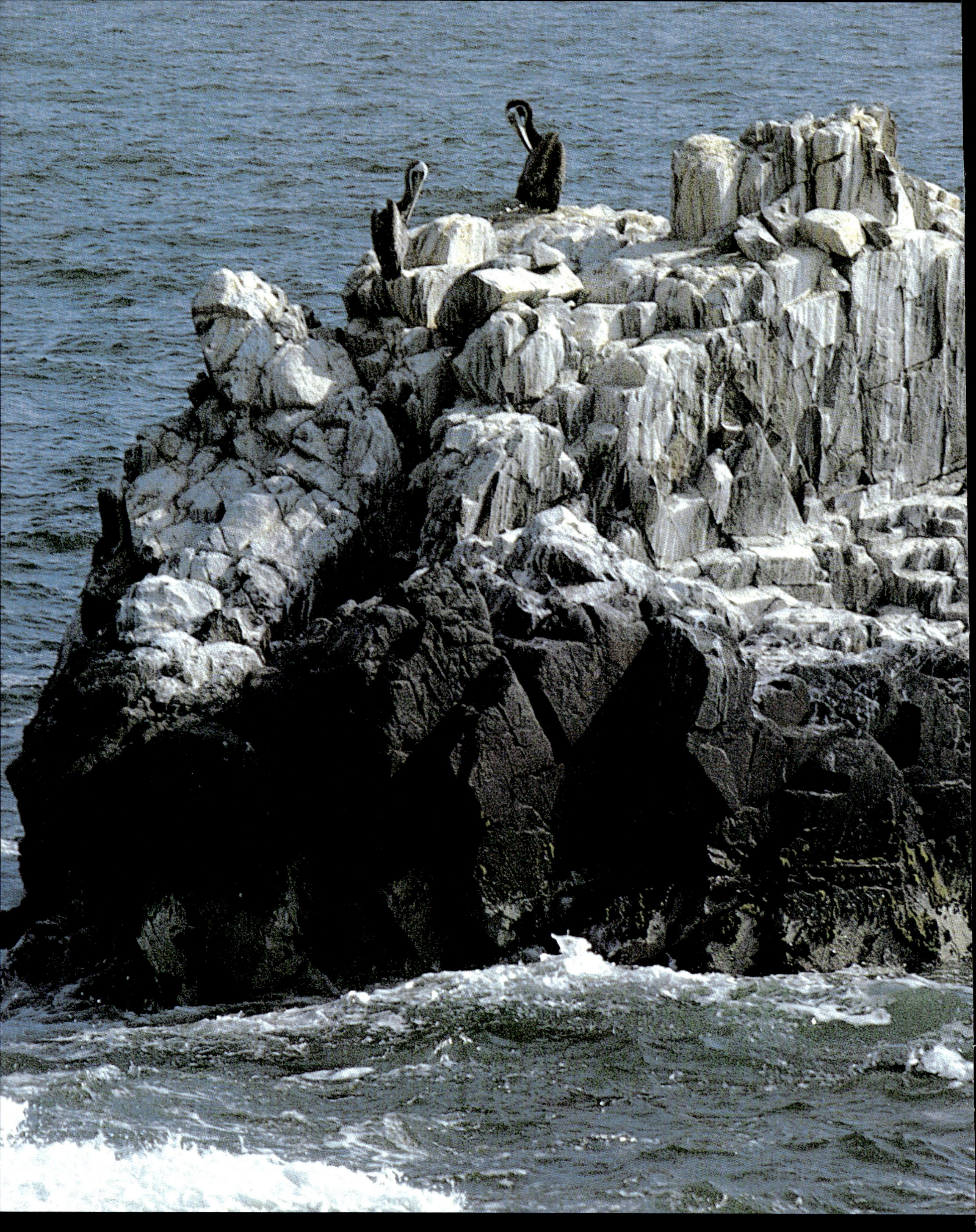

Der Fischreichtum des Meeres bietet Millionen von Pelikanen, Tölpeln und Kormoranen ideale Lebensverhältnisse. Die Vögel nisten auf kleinen, der Küste vorgelagerten Inseln.
In den Höhlen der schroffen Guano-Inseln tummeln sich Seelöwen und Seehunde, die die kalten Wassertemperaturen des Humboldt-Stromes außerordentlich zu schätzen wissen

Das Hochland

Das Urubamba-Tal verengt sich vor Machu Picchu zu einer steilen, wilden Schlucht. An vielen Stellen ist nicht einmal mehr genügend Platz für die schmalspurige Eisenbahnlinie

Folgende Seiten: Ungezähmt, einer silbrigen Schlange gleich, bahnt sich der Urubamba seinen Weg durch das heilige Tal der Inkas

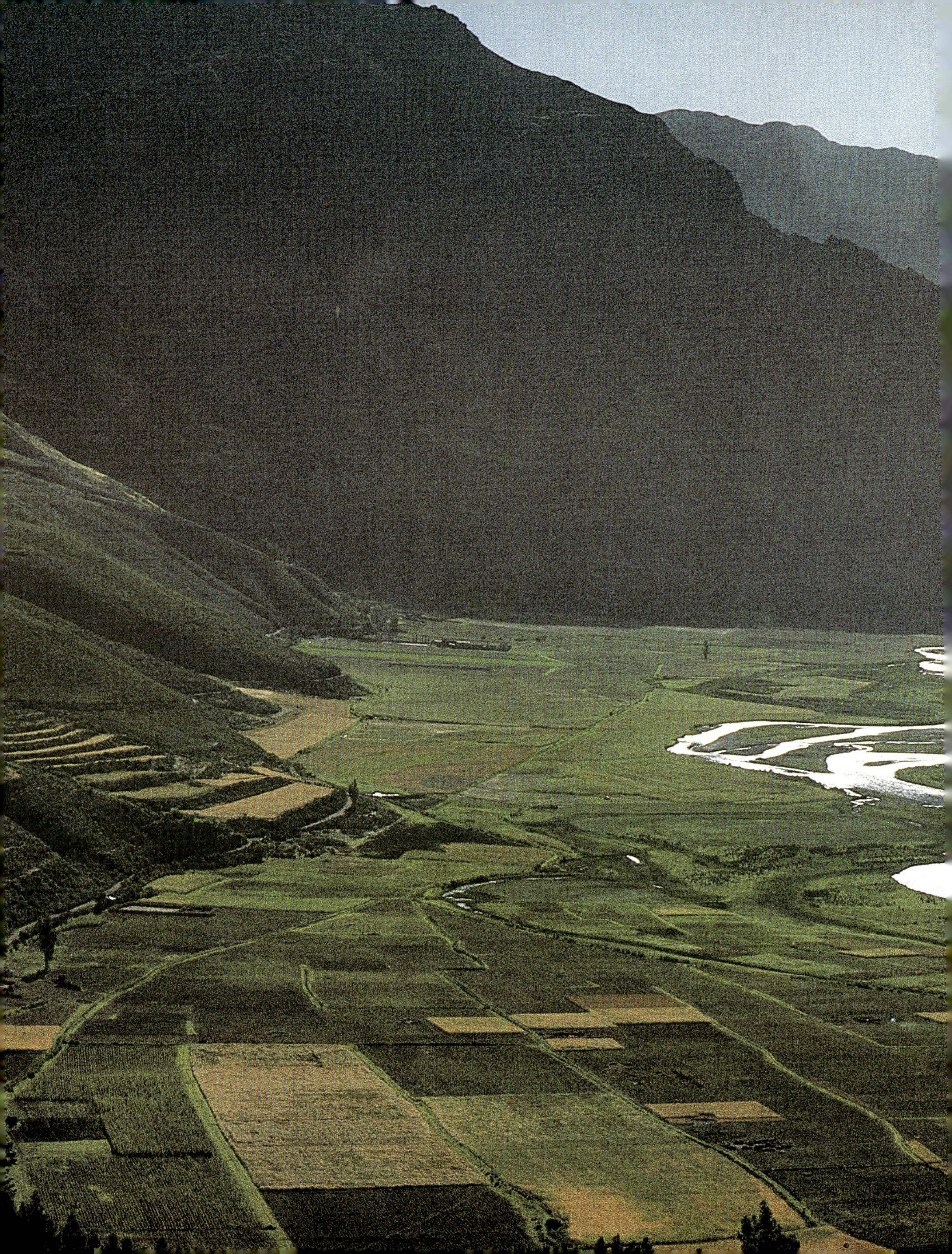

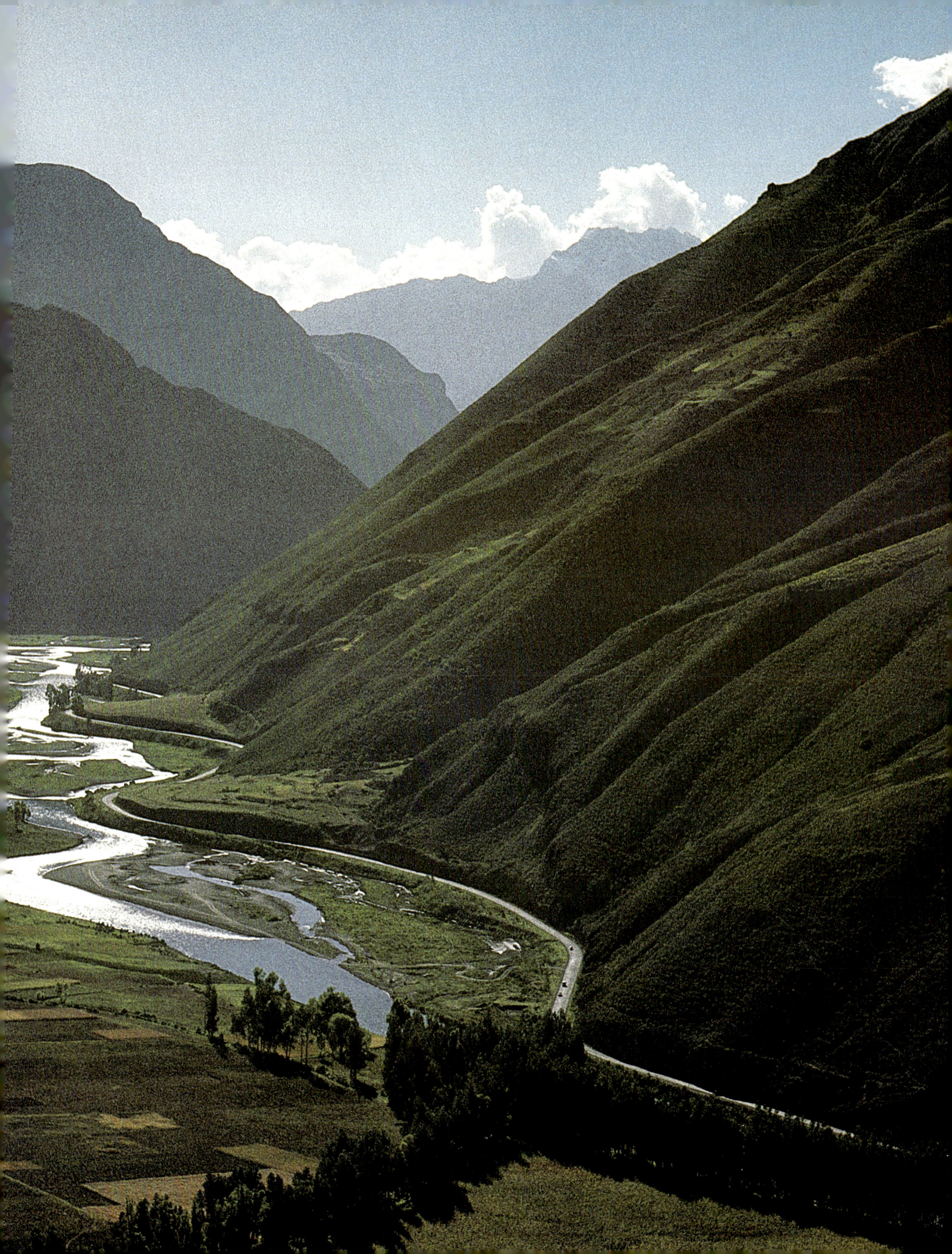

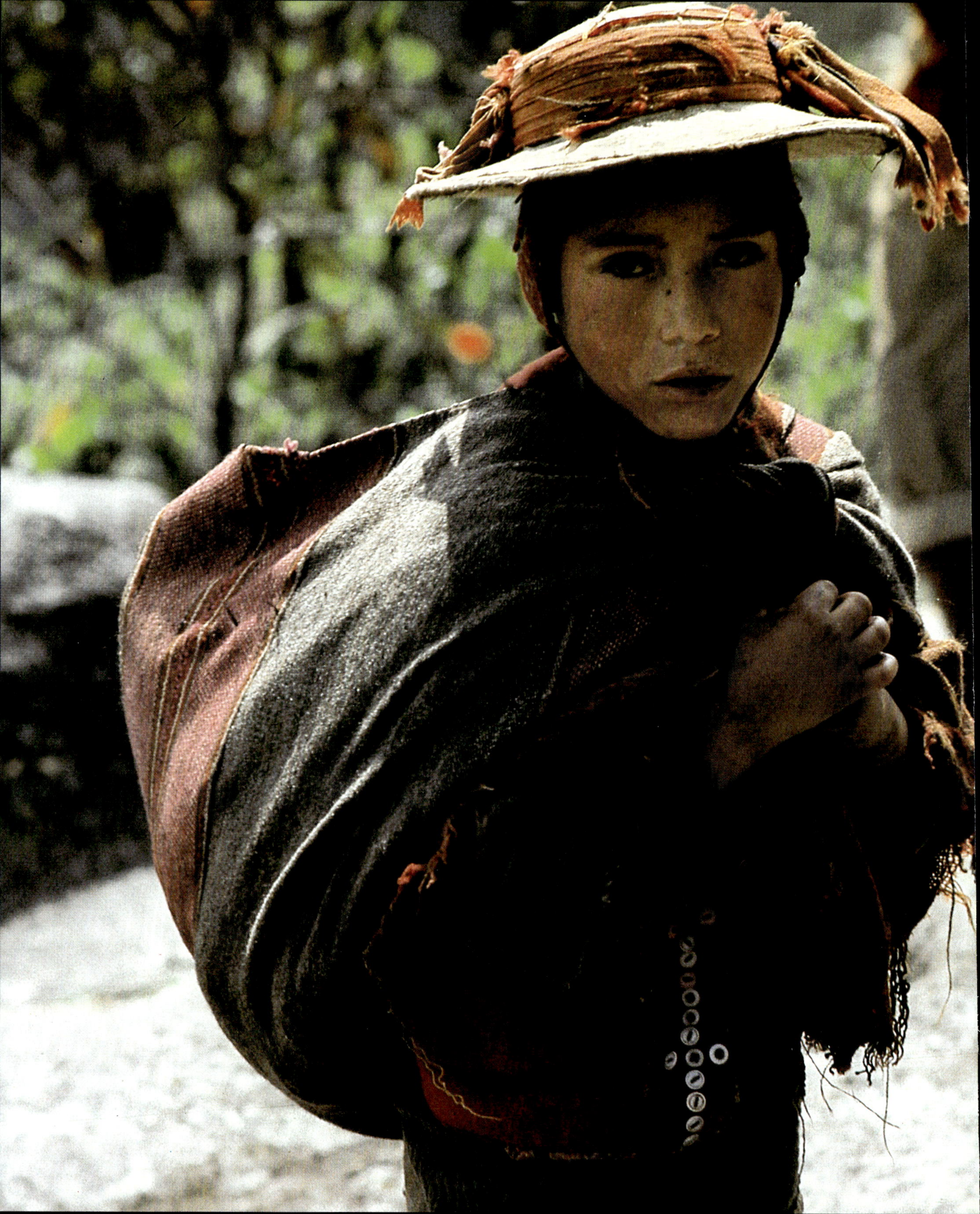

Am Inkapfad nach Machu Picchu bei Chilca. Trotz schwerer Lasten huschen die Indios leichtfüßig vorbei an den wohltrainierten Bergsteiger-Touristen. Farbenprächtige Blüten wie diese Masdevallia coccinea säumen den Pfad

Folgende Seiten: Inmitten einer von tropischer Vegetation bedeckten Bergwelt liegen die Ruinen von Machu Picchu wie ein Adlerhorst zwischen senkrecht abstürzenden Felswänden

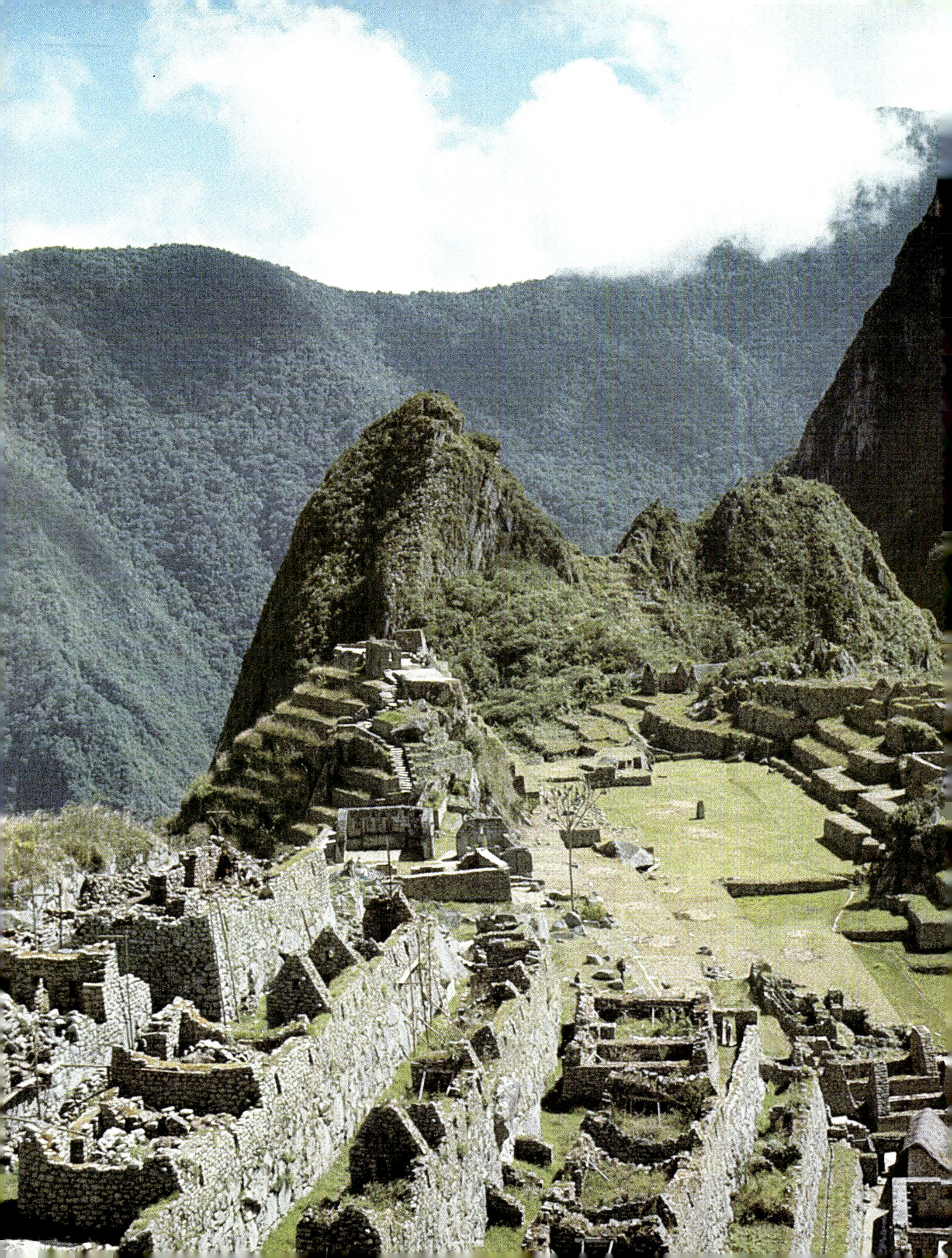

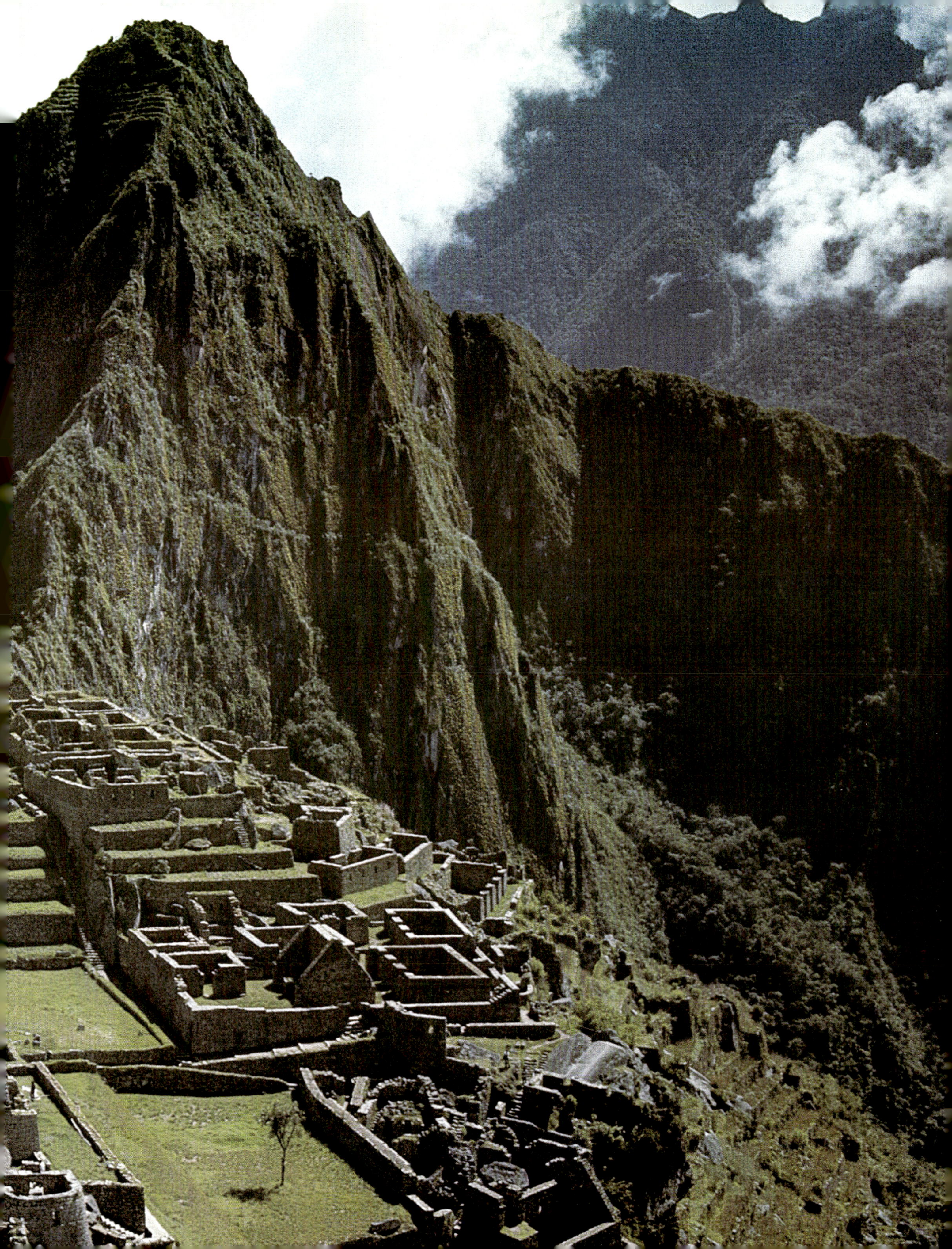

Vom Gipfel des Huayna Picchu aus sind die für die Inkas so bedeutenden Terrassen zur Anlage von Feldern besonders deutlich zu sehen

Machu Picchu ist auch heute noch von vielen Geheimnissen umgeben. Die Stadt, die den Inkas wahrscheinlich als Festung diente, wurde erst zu Beginn des 20. Jahrhunderts wieder entdeckt

Links: Der „Intihuatana", der Stein, an dem die Sonne angebunden wird, hatte zweifellos religiöse Bedeutung und diente den Inkapriestern als eine Art Kalender

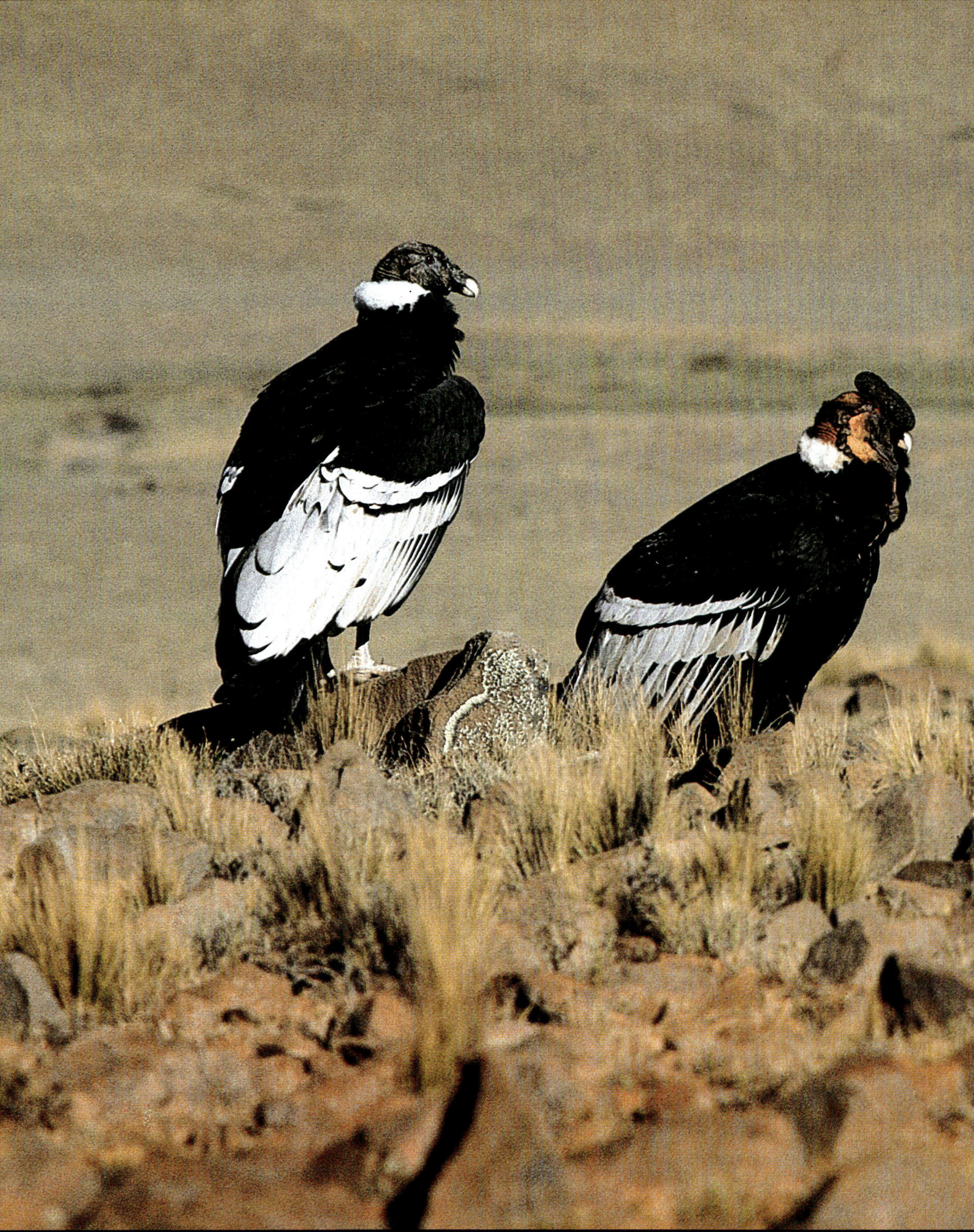

1 Gelegentlich fliegt der Kondor von den Bergen bis in Küstennähe.
2 In den Paramos, wie die feuchten Hochlagen der nördlichen Anden genannt werden, blüht in einer Höhe von 3500 m die Bomarea aurantiaca.
3 An den trockenen Andenabhängen der Pazifikküste sowie an vielen Stellen der innerandinen Hochflächen treten Kakteen in großen Massen auf, auf dem Bild eine Matucana sp.

Folgende Seiten: An der Bahnlinie Puno–Cusco. In einer Höhe von 3500 m stehen die schneebedeckten Gipfel der Andenketten in schroffem Kontrast zum tiefblauen und glasklaren Himmel, der dieser Höhenlage eigen ist

83

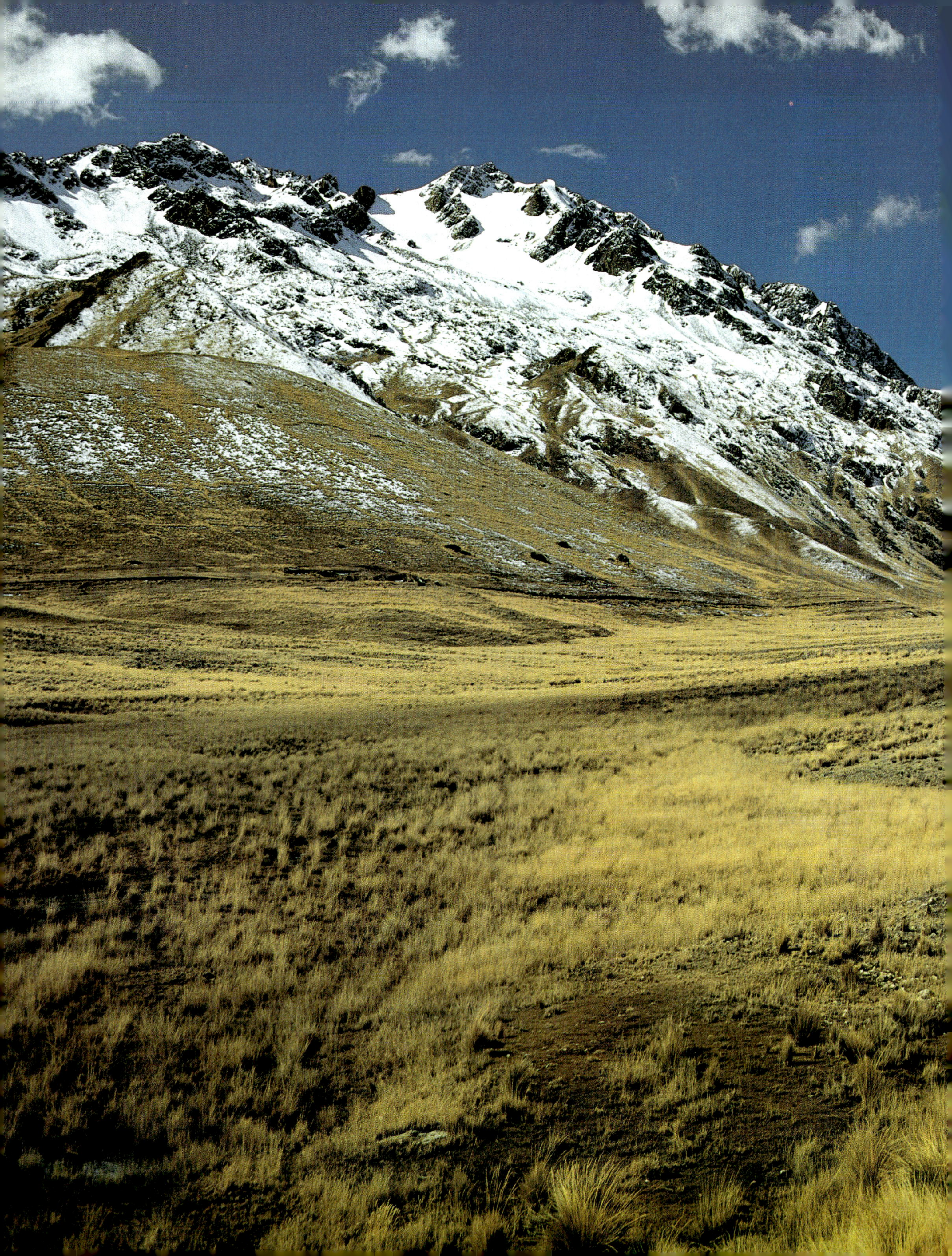

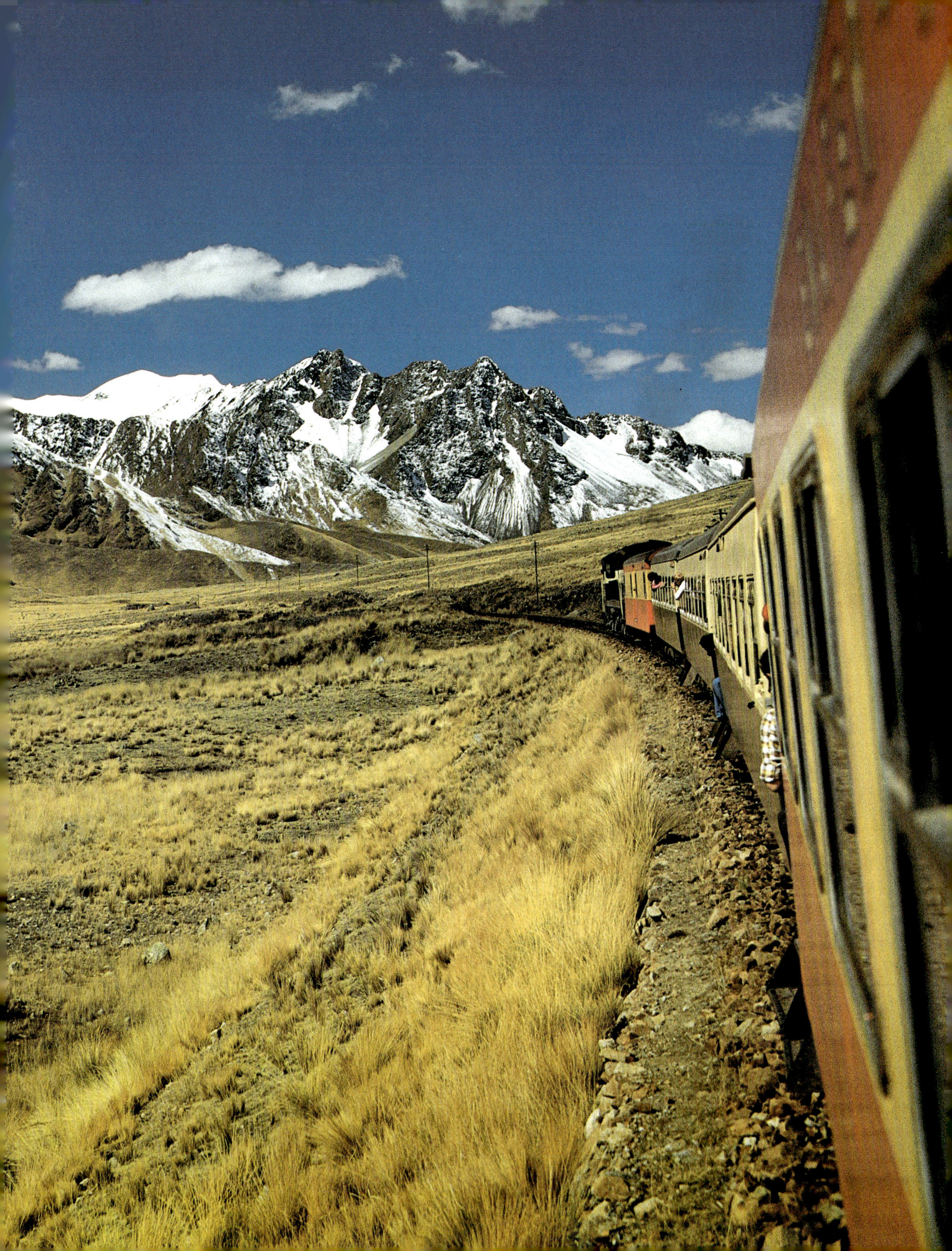

1 Ein Gottesdienst im Tiotamba (oberhalb Urubamba) unter freiem Himmel zeigt die tiefe Gläubigkeit der Indios, die aber zusätzlich meist auch noch den Schutz der Erdgöttin Mama Pacha

87

Indios beim Dreschen von Korn (1).
Kleine Bauernhöfe prägen die Landschaft des
Andenhochlandes. Trotz Höhenlagen um 4000 m
bearbeiten die Indios intensiv ihre kargen
Felder (3). Zur Bestellung des Bodens verwenden
sie meist heute noch den einfachsten Holzpflug,
wie ihre Vorfahren zur Zeit der Inkas (4).
Die stolzen Lamas sind seit tausenden Jahren die
unentbehrlichen Haustiere der Indios. Ihre Wolle
und Fleisch wird genauso geschätzt wie ihre
guten Eigenschaften als Lasttiere (2)

89

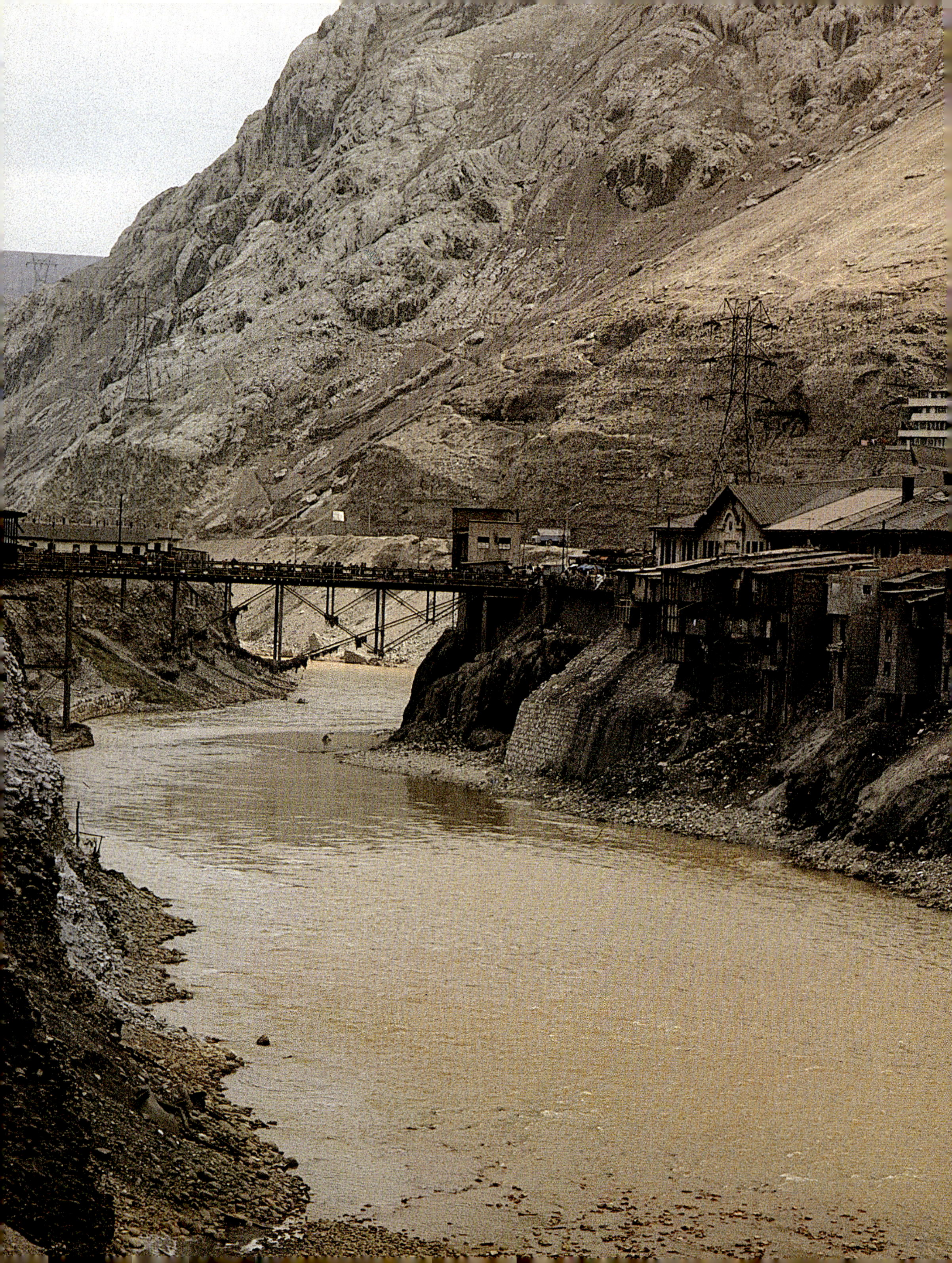

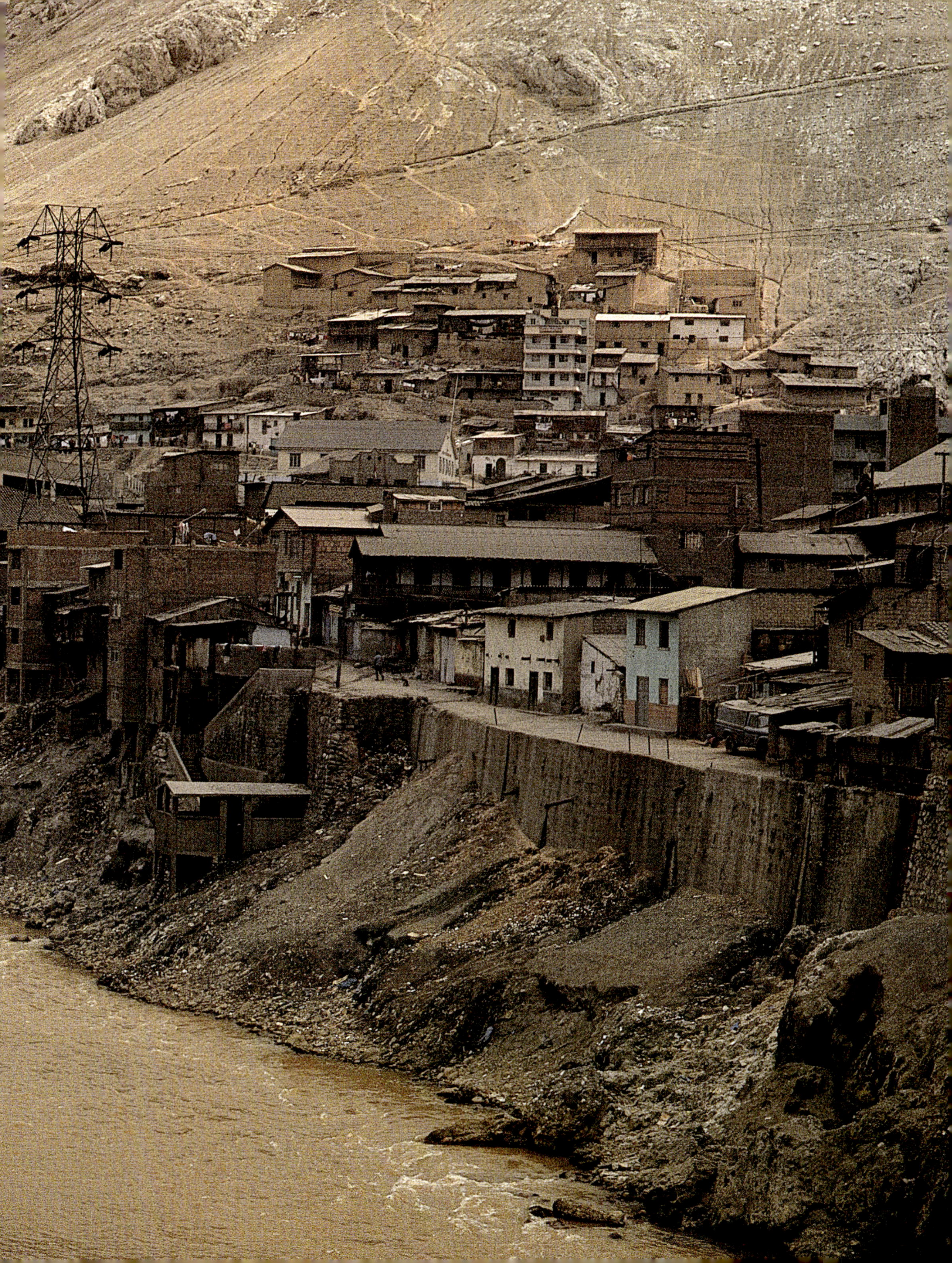

Vorhergehende Seiten:
Die Bergarbeiterstadt
La Oroya in 3730 m Höhe
zwischen schroffen
Kalkfelsen gelegen,
erlangte durch die große
dort befindliche Kupfer-
und Bleihütte wirtschaft-
liche Bedeutung

Der Titicaca-See ist das höchstgelegene schiffbare Gewässer der Welt und die größte Attraktion von Puno, einer kleinen Stadt, die wegen der extremen nächtlichen Kälte gefürchtet ist

In der Bucht von Puno wächst die Binse „Totora", die von den stark dezimierten Uru-Indianern zum Bau der schwimmenden Inseln, Behausungen und Boote verwendet wird.
Das Leben auf dem Titicaca-See, dem höchsten schiffbaren See der Erde, ist auf niederer Stufe. Hauptnahrungsmittel sind Fische und Totora-Wurzeln

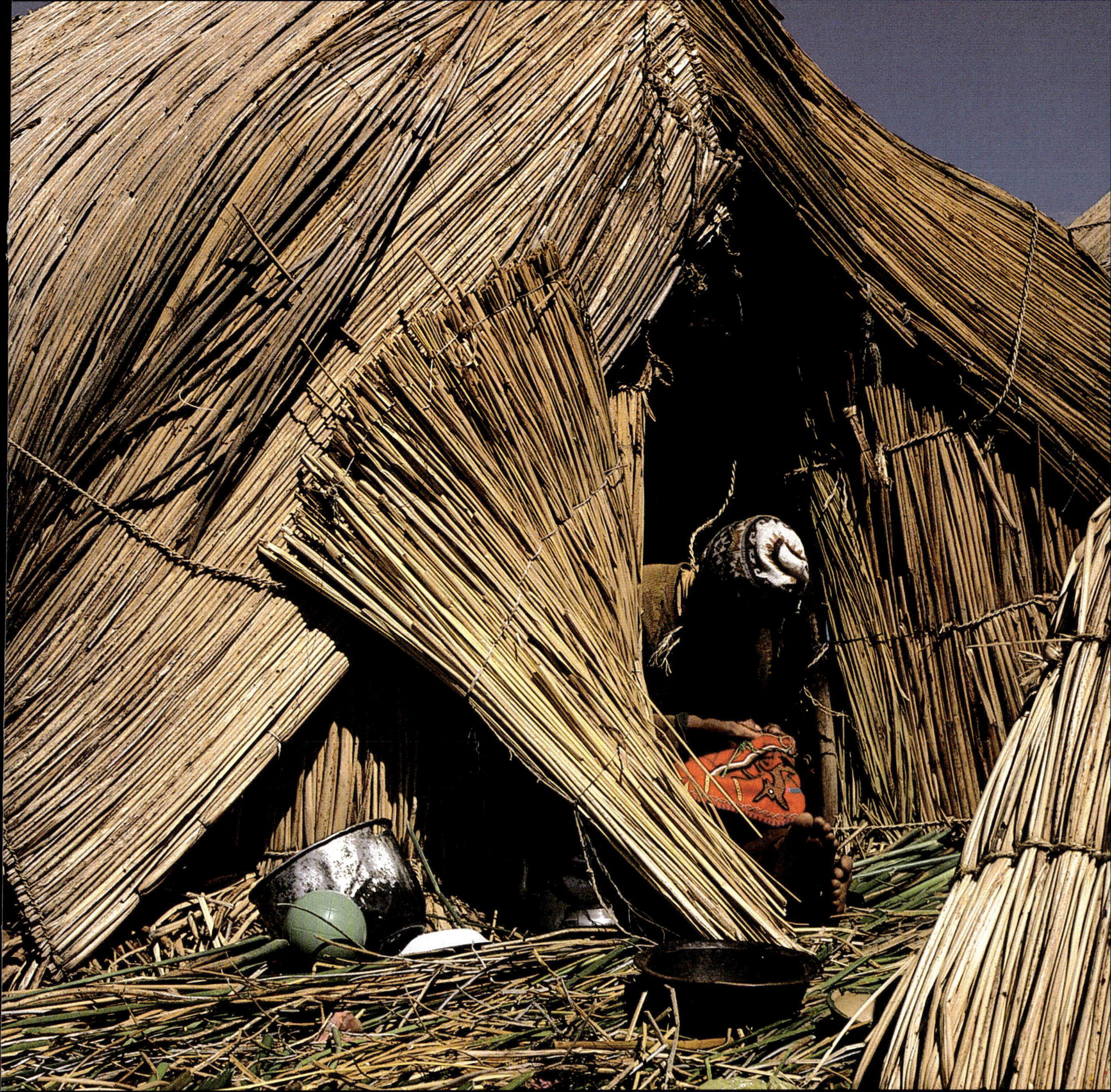

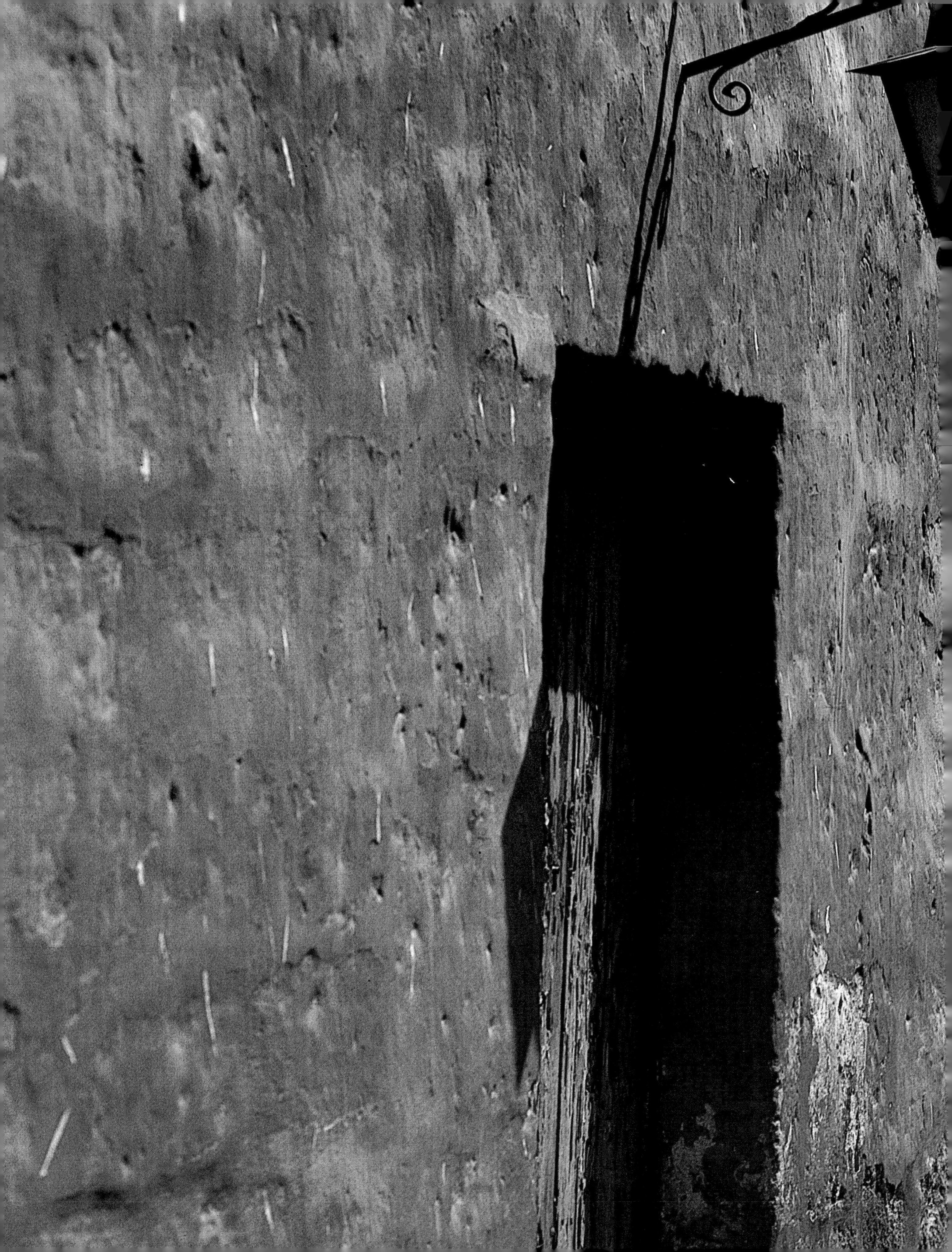

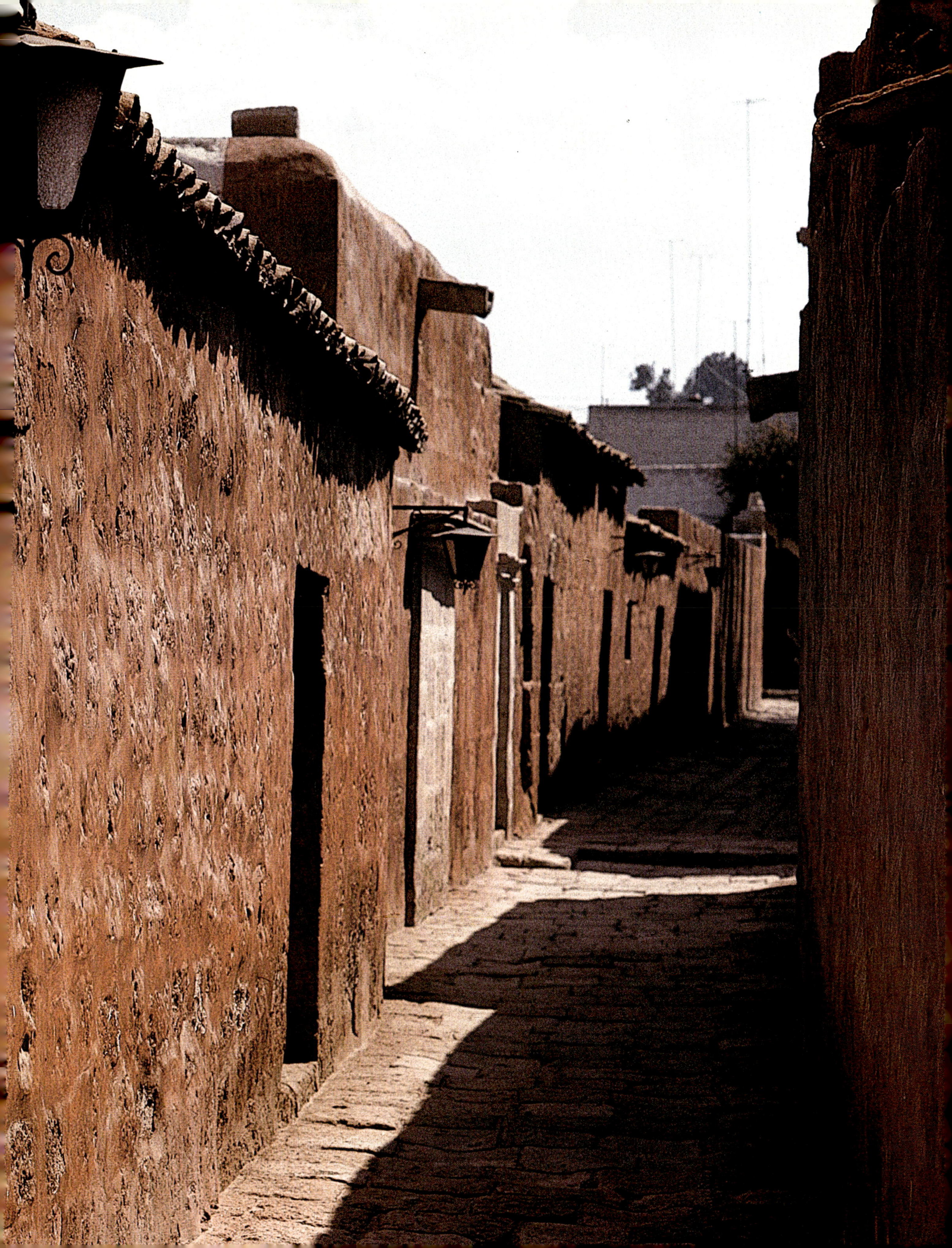

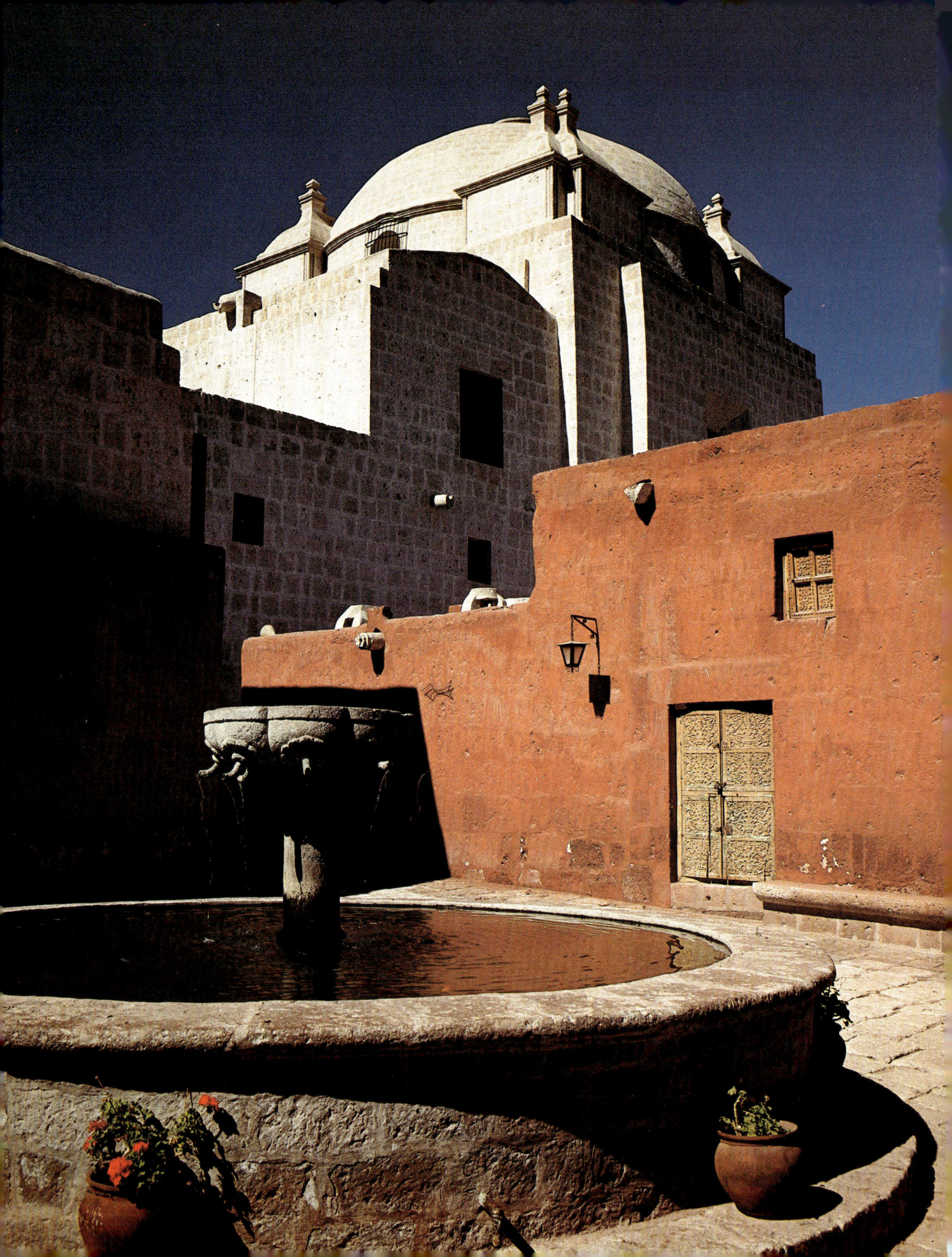

DE
1698

Die zyklopischen Mauern von Sacsayhuamán
oberhalb von Cuzco erregten schon die Bewunderung Pizarros. Die Steine sind so genau
geschliffen und exakt übereinandergesetzt, daß
kein Messer durch die Ritzen dringt

Auf den Grundmauern des Palastes des Inka Roca
steht einer der schönsten Kolonialpaläste Cuzcos,
in dem bis vor kurzem der Erzbischof residierte

Seite 98: Erst 1970 öffneten sich die Tore des
Santa Catalina Klosters in Arequipa für die
Außenwelt und bewahrte sich in der Abge-
schlossenheit seinen ursprünglichen Charakter
aus dem 16. Jahrhundert

Seite 99: Die Fassade der Jesuitenkirche La
Compañia mit ihrem filigranen Steinmetzschmuck
zeigt starken indianischen Einfluß. Als Bau-
material diente das für Arequipa so typische
weiße Tuffgestein

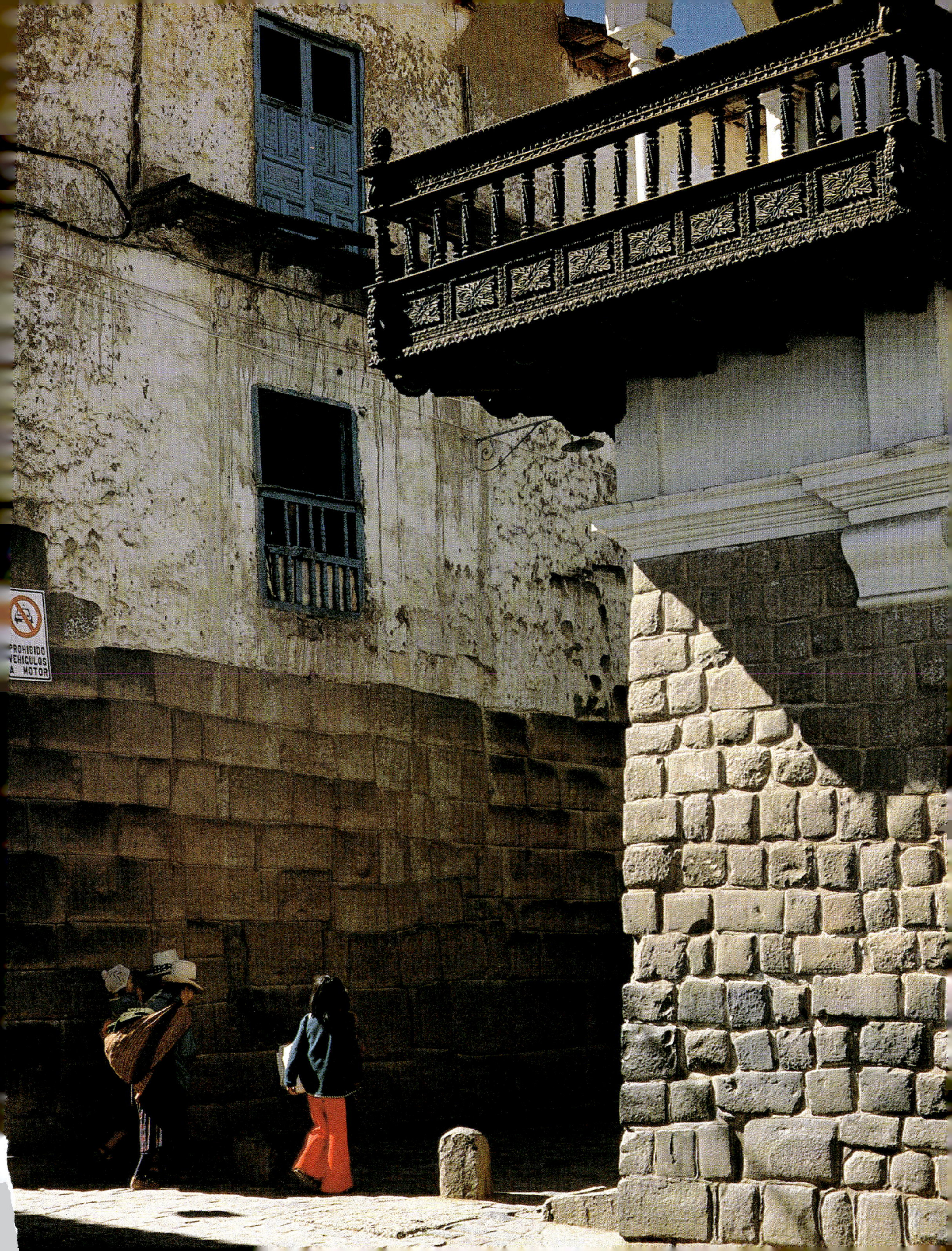
PROHIBIDO
VEHICULOS
A MOTOR

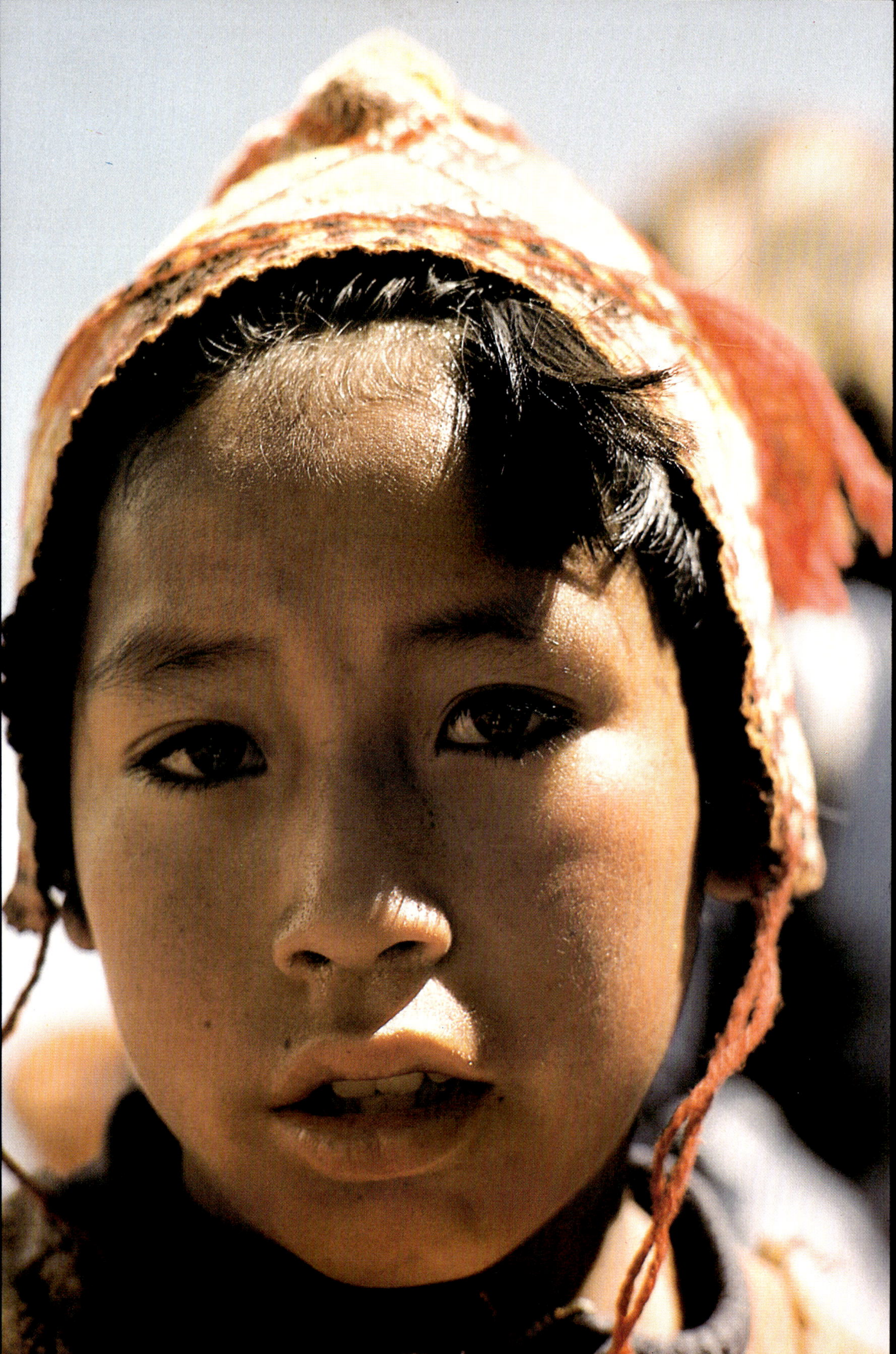

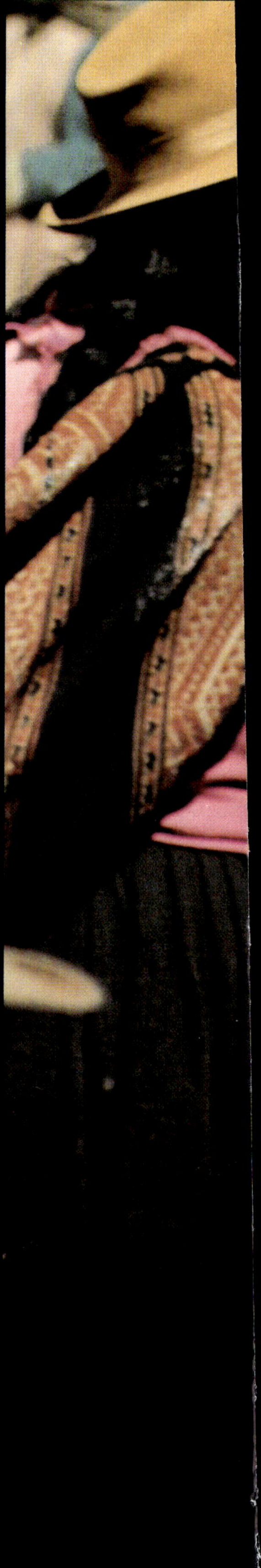

Die karge Landschaft der Andenhochebene prägte die Gesichter der Menschen. Indios sind schweigsam, verhalten und nach innen gekehrt

Linke Seite: Wird dieser Indiojunge, wie so viele vor ihm, ebenfalls seine Heimat verlassen, um in der großen Stadt an der fernen Küste sein Glück zu suchen?

104

Ein offenes Holzkohlenfeuer, ein paar Töpfe, ein
roher Holztisch und eine Bank ergeben das
typische Hochlandrestaurant der Indios, auf dem
Bild oben in Pisac

Linke Seite: Die Indiofrauen von Cajamarca in
Nordperu sind an ihren hohen, breitkrempigen
Hüten erkennbar. Jede Region hat ihre eigene,
charakteristische Hutform

Folgende Doppelseite: Die Paracas-Weber vor
2000 Jahren stellten eigenartig schöne und
mit symbolischen Mustern bedeckte Stoffe her

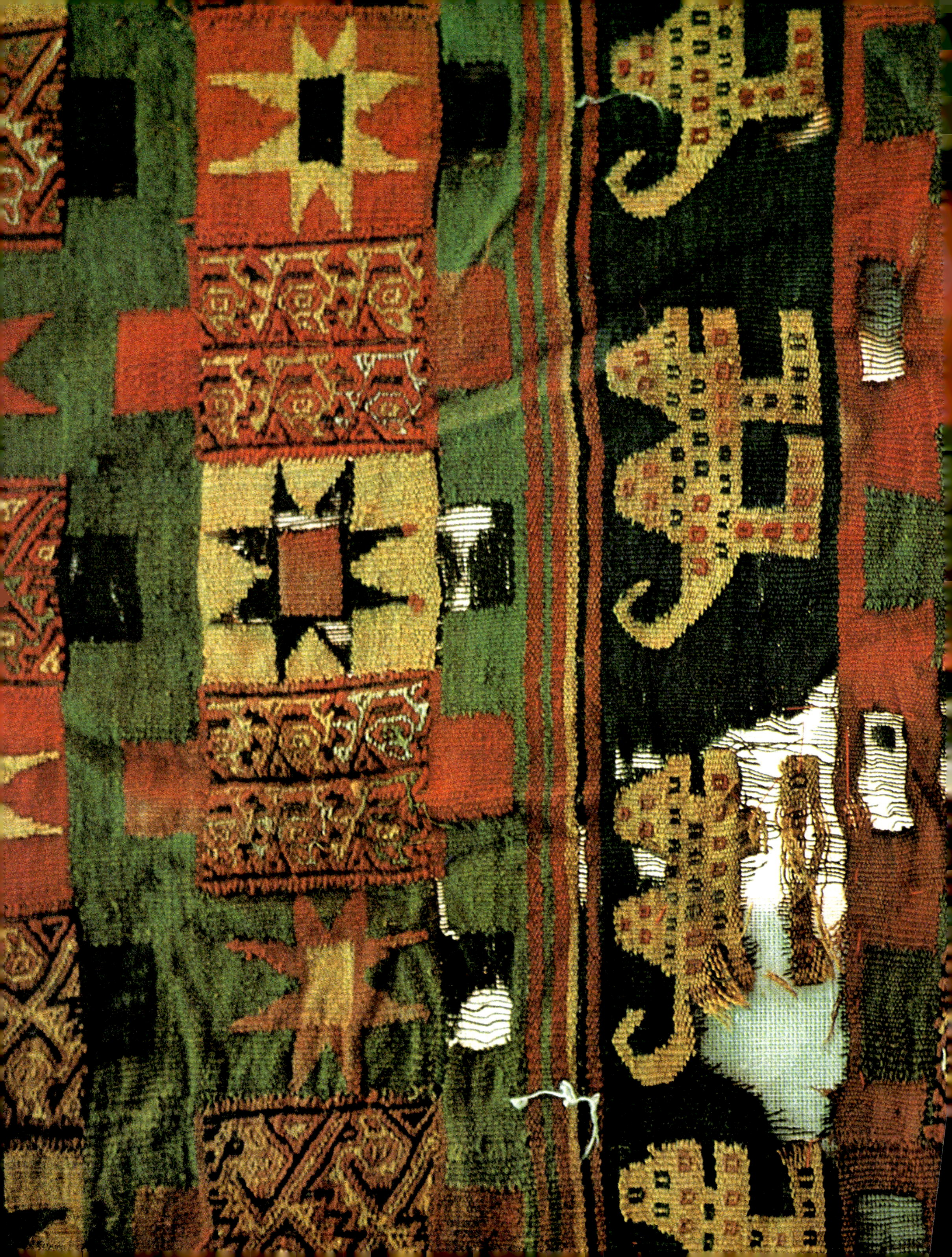

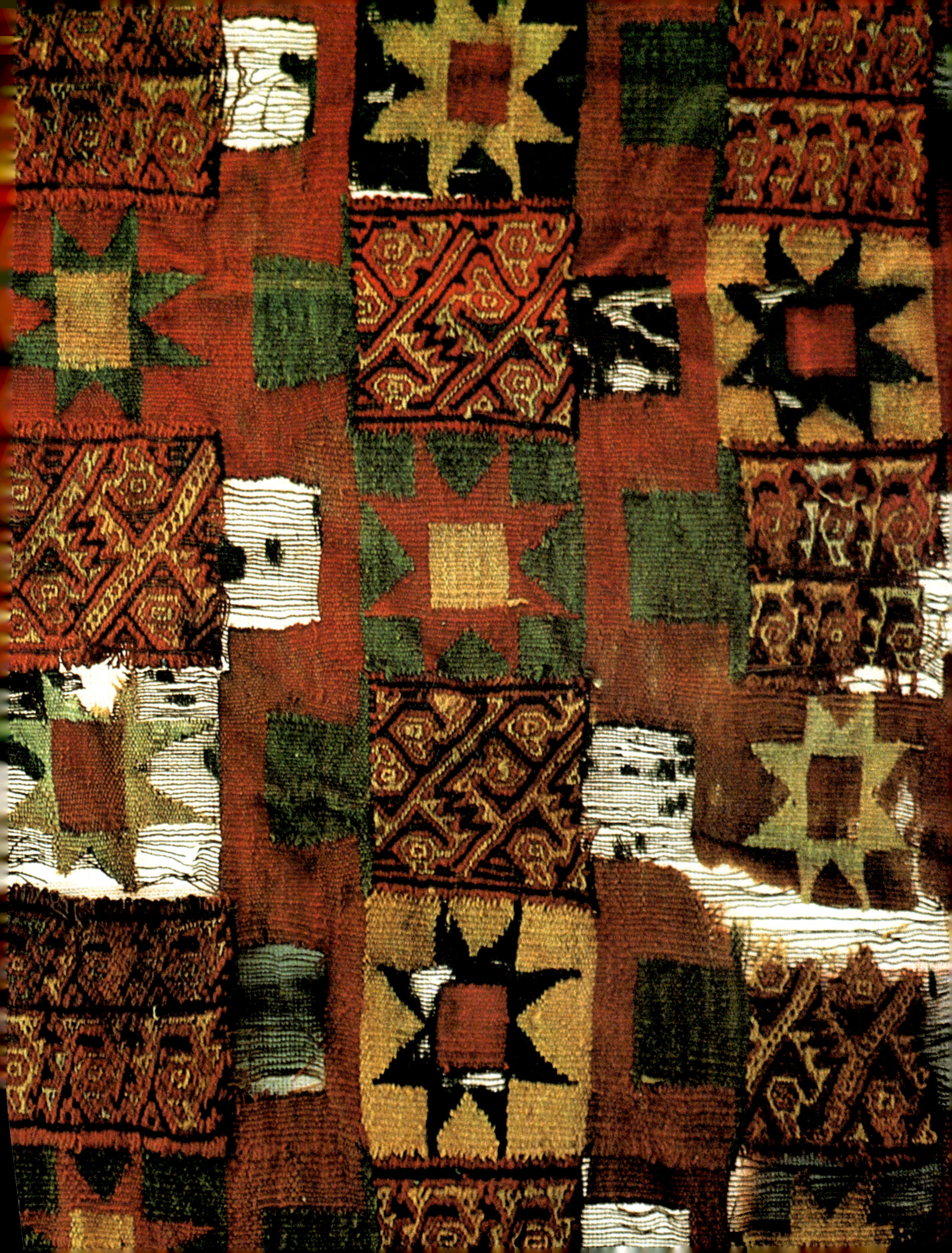

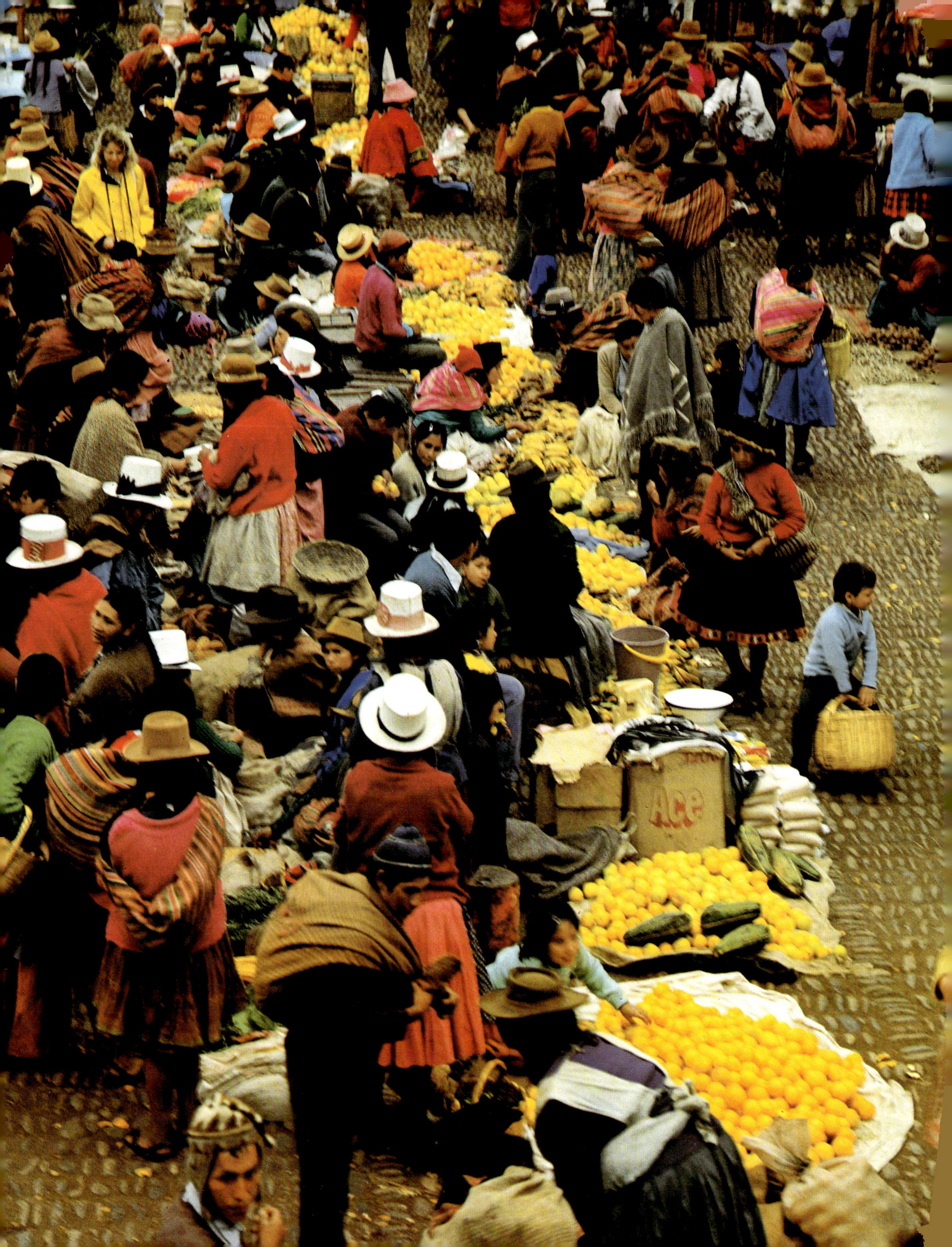
Ace

Der jeden Sonntag stattfindende Indiomarkt in dem fast dreitausend Meter hoch gelegenen Pisac bringt geschäftiges Treiben in den sonst verlassenen Ort. Vielfach wird hier noch der traditionelle Tauschhandel gepflegt. Für Touristen ist dies alles eine Attraktion

Handgewebte rote Ponchos aus Lamawolle am Markt von Pisac werden nicht nur von den Indios gerne gekauft. Der Poncho bietet Schutz gegen die grimmige nächtliche Kälte

Folgende Seiten: Die kleinsten Familienmitglieder werden in den auf den Rücken gebundenen Mantillas überallhin mitgenommen

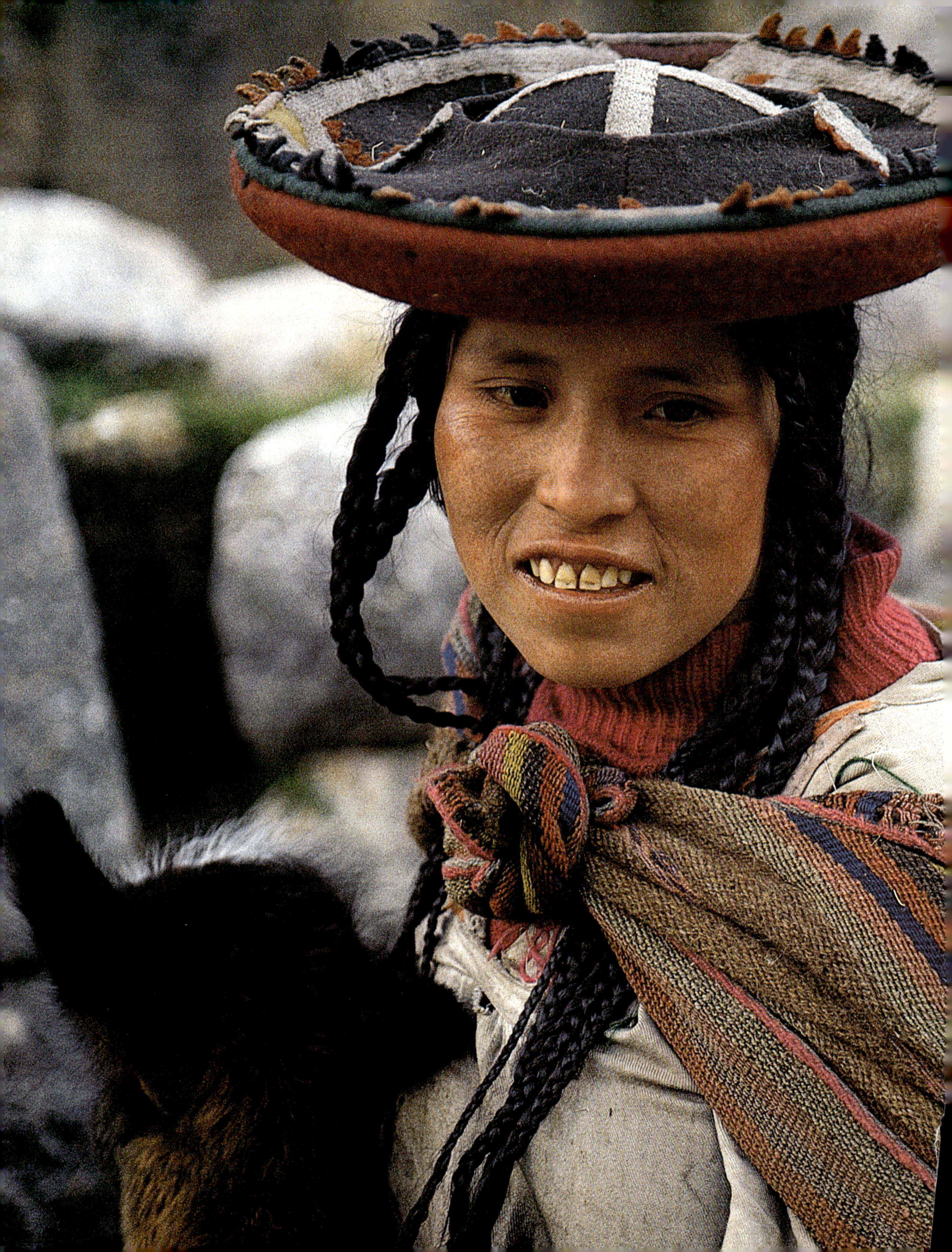

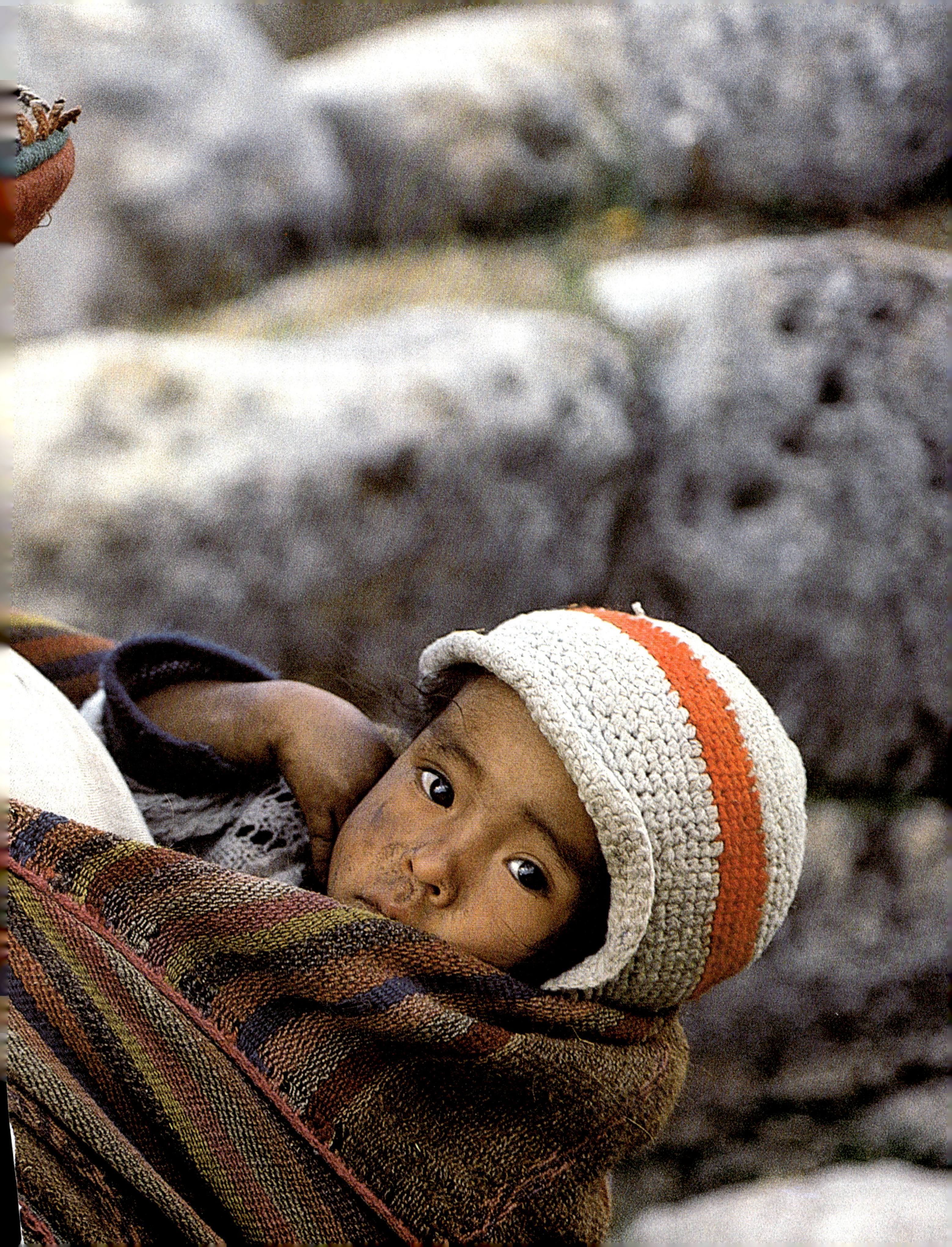

Die Königin der Andenpflanzen ist die bis zu 2 m hohe Puya raimondii. Diese zu den Ananasgewächsen gehörende Pflanze wächst in einer Höhenlage von 4000-4400 m im Quarzschutt

Der Huascaran in der weißen Kordillere ist mit 6770 m nicht nur der höchste Berg Perus, sondern auch einer der schönsten Gipfel der Anden: das Pampagras (Cortaderia radiuscula) im Vordergrund wird bis zu 3 m hoch

Mit 4818 m ist der Ticlio-Pass der höchste Punkt der Welt, der von einer Eisenbahn erreicht wird. Die Bahn wurde für den Erztransport von den Anden an die Küste gebaut

113

Die Indio-Frauen von
Cuzco tragen flache Hüte
und Kleider aus Lama-
wolle, die wegen ihrer
prächtigen Farben
berühmt sind. Die Muster
sind von Dorf zu Dorf
verschieden

Pozuzo

Die Waldregion am Ostabhang der Anden zählt zu den fruchtbarsten Teilen Perus und kann als Vorratskammer des Landes angesehen werden. Schon im vorigen Jahrhundert hat man die landwirtschaftliche Bedeutung dieses damals größtenteils unbevölkerten Gebietes erkannt und war bestrebt, die Erschließung und Urbarmachung des Bergurwaldes durch die Ansiedlung »arbeitsamer, religiöser und charakterlich fester« Europäer zu erreichen. 200 Österreicher (aus Tirol) und 100 Deutsche (aus dem Rheinland) haben, veranlaßt durch die wirtschaftlichen und politischen Schwierigkeiten in ihren Heimatländern, als erste der 10.000 vorgesehenen Siedler die Auswanderung gewagt, von denen allerdings nur 176 ihr Ziel erreicht und im Jahre 1859 am Zusammenfluß des Rio Huancabamba und des Rio Pozuzo die Siedlung POZUZO gegründet haben. Pozuzo sollte ein Stützpunkt am versprochenen Verbindungsweg zwischen der Küste und dem schiffbaren Rio Palcazu werden. Der Weg wurde jedoch nicht gebaut und so waren diese Urwaldpioniere letztlich abgeschlossen und auf sich allein gestellt. Harte Arbeit und vorbildlicher Fleiß waren die Voraussetzungen für ein Überleben, denn ein Zurück nach Europa war nicht mehr möglich. Seither sind die bevölkerungs- und gebietsmäßig stark expandierten Pozuziner mangels einer ausreichenden verkehrsmäßigen Erschließung und der damit zusammenhängenden Möglichkeit, ihre landwirtschaftlichen Produkte abzusetzen, über eine autarke Bauernhofwirtschaft nicht hinausgekommen.

Der seit 1975 bestehende Fahrweg nach dem südlich gelegenen Oxapampa, die 1980 gegründete landwirtschaftliche Genossenschaft Pozuzo und der jüngste Plan der Regierung, die ganze Region im Zusammenhang mit der Gründung einer großen Urwaldsiedlung im Bereich Pichis-Palcazu östlich von Pozuzo verkehrsmäßig zu erschließen, lassen die Pozuziner heute auf eine längst verdiente wirtschaftliche Besserstellung hoffen.
Pozuzo umfaßt eine Fläche von ca. 4000 km², auf der heute rund 600 Einzelhöfe verstreut sind und ungefähr 13.000 Menschen (einschließlich Pozuzo-Zentrum) leben. Es wird ausschließlich Land- und Viehwirtschaft betrieben. Pozuzo verfügt über 26 kleine Grundschulen, in denen nur in spanischer Sprache unterrichtet wird, obwohl noch einige Bewohner neben spanisch auch deutsch bzw. Tiroler Dialekt sprechen. Die damalige Ansiedlung der Tiroler und Rheinländer ist nach den Worten des peruanischen Staatspräsidenten T. Belaunde der beste Beitrag der Alten Welt für die Entwicklung Perus in diesem Teil des Landes, weil dadurch die Möglichkeit der Kultivierung des Urwaldes so vorbildlich aufgezeigt wurde.
Die Heimatländer der damaligen Auswanderer sehen sich aus ethnischen und moralischen Gründen verpflichtet, die Kontakte mit den Nachkommen aufrecht zu halten und auf den verschiedensten Gebieten Entwicklungshilfe zu leisten.

Bruno Habicher

Vereinzelte Hänge-
brücken verbinden das
Siedlungsgebiet beider-
seits des Rio Pozuzo

1 Das Zentrum von Pozuzo ist auch Mittelpunkt des politischen und religiösen Lebens der Region. 2 Blühende Pracht im Regenwald: eine Mucúna rostrata. 3 Bauernhaus im Tiroler Stil. 4 Die Jugend von Pozuzo besitzt peruanisches Nationalbewußtsein. 5 Die erste Kirche der Einwanderer ist dem hl. Jakobus als dem Schutzpatron ihrer neuen Heimat geweiht

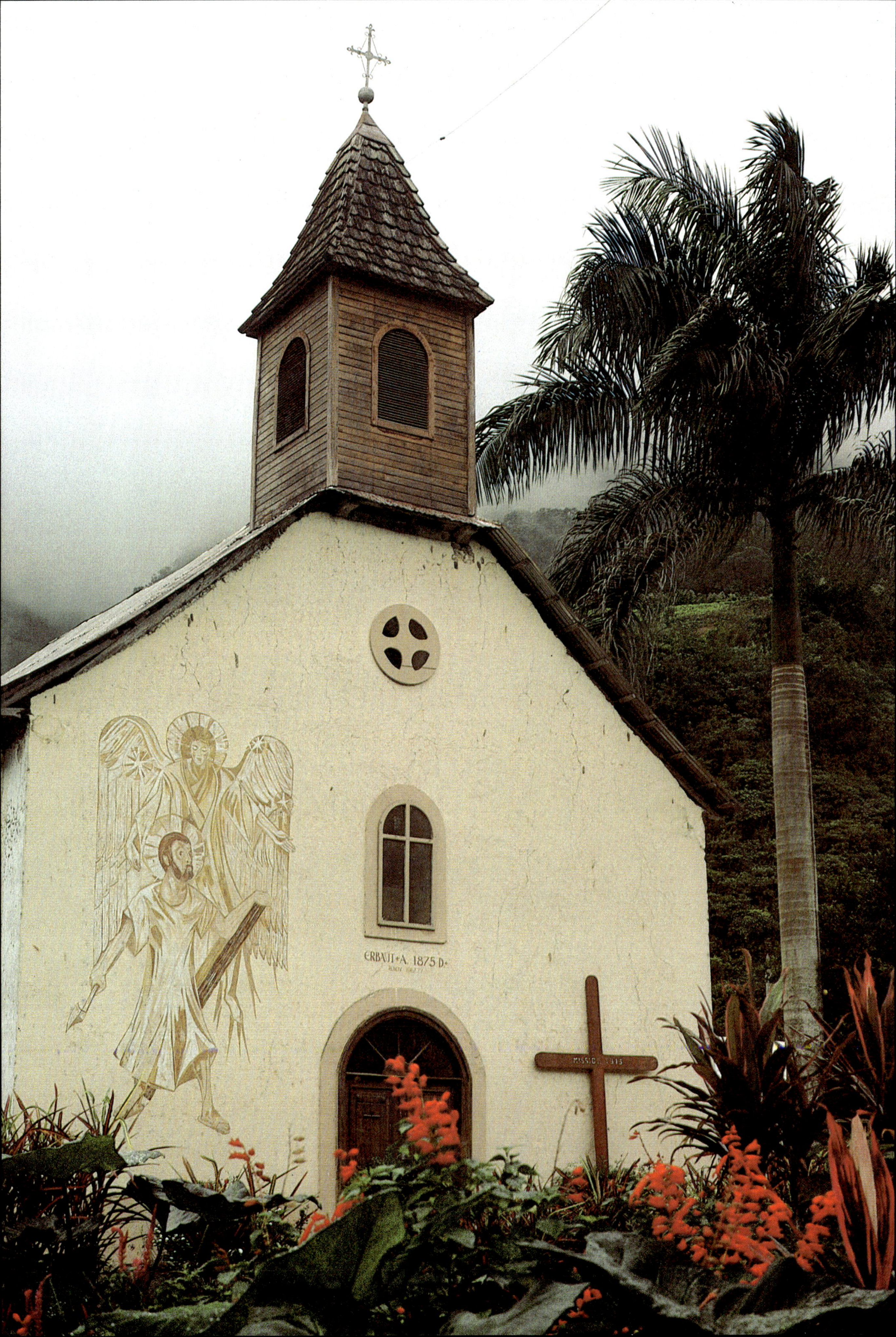

5

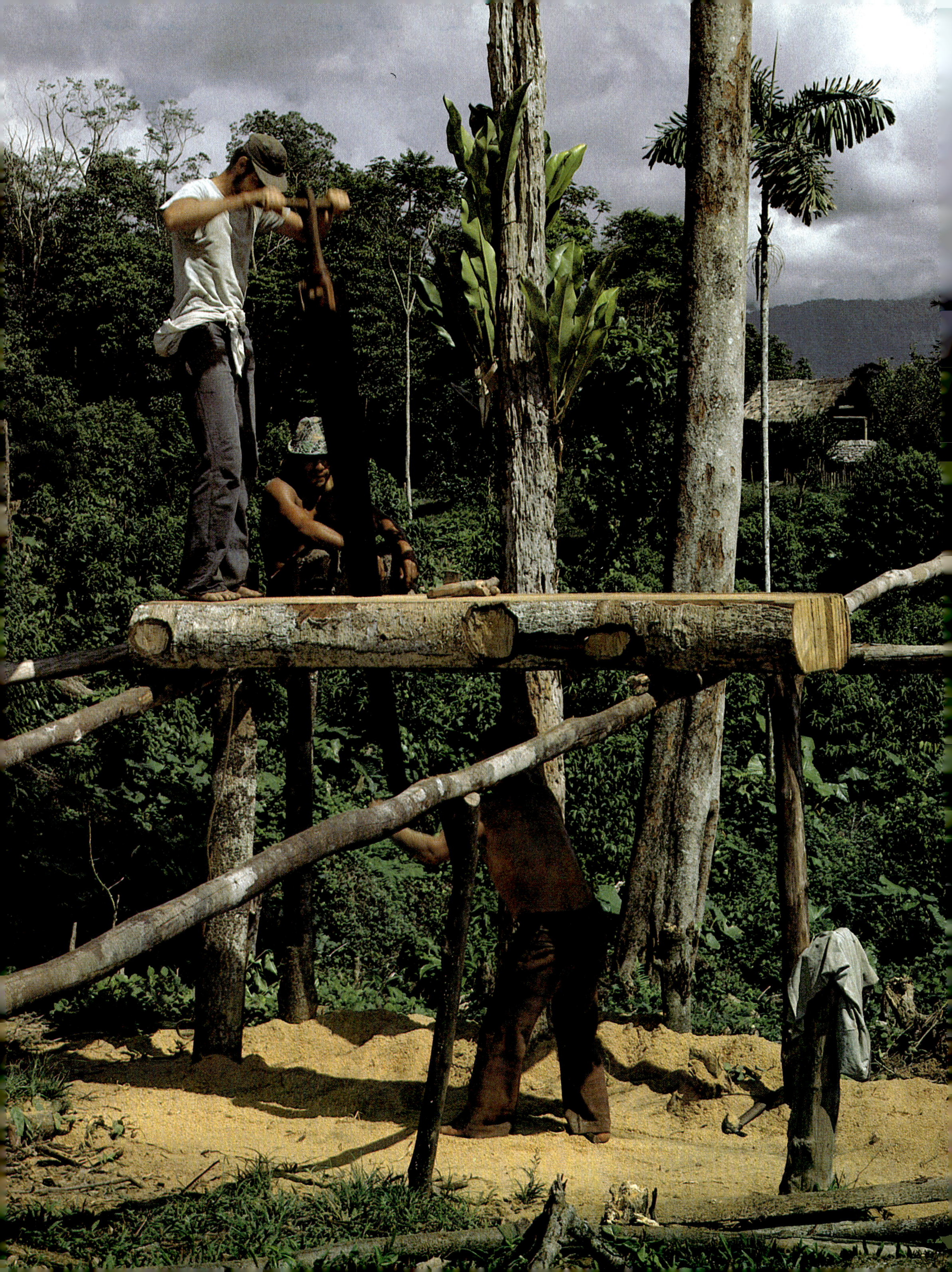

Trotz verschiedenartiger Abstammung gibt es ein friedliches **Zusammenleben**

Mühevolle Holzbearbeitung in der feuchtwarmen Selva

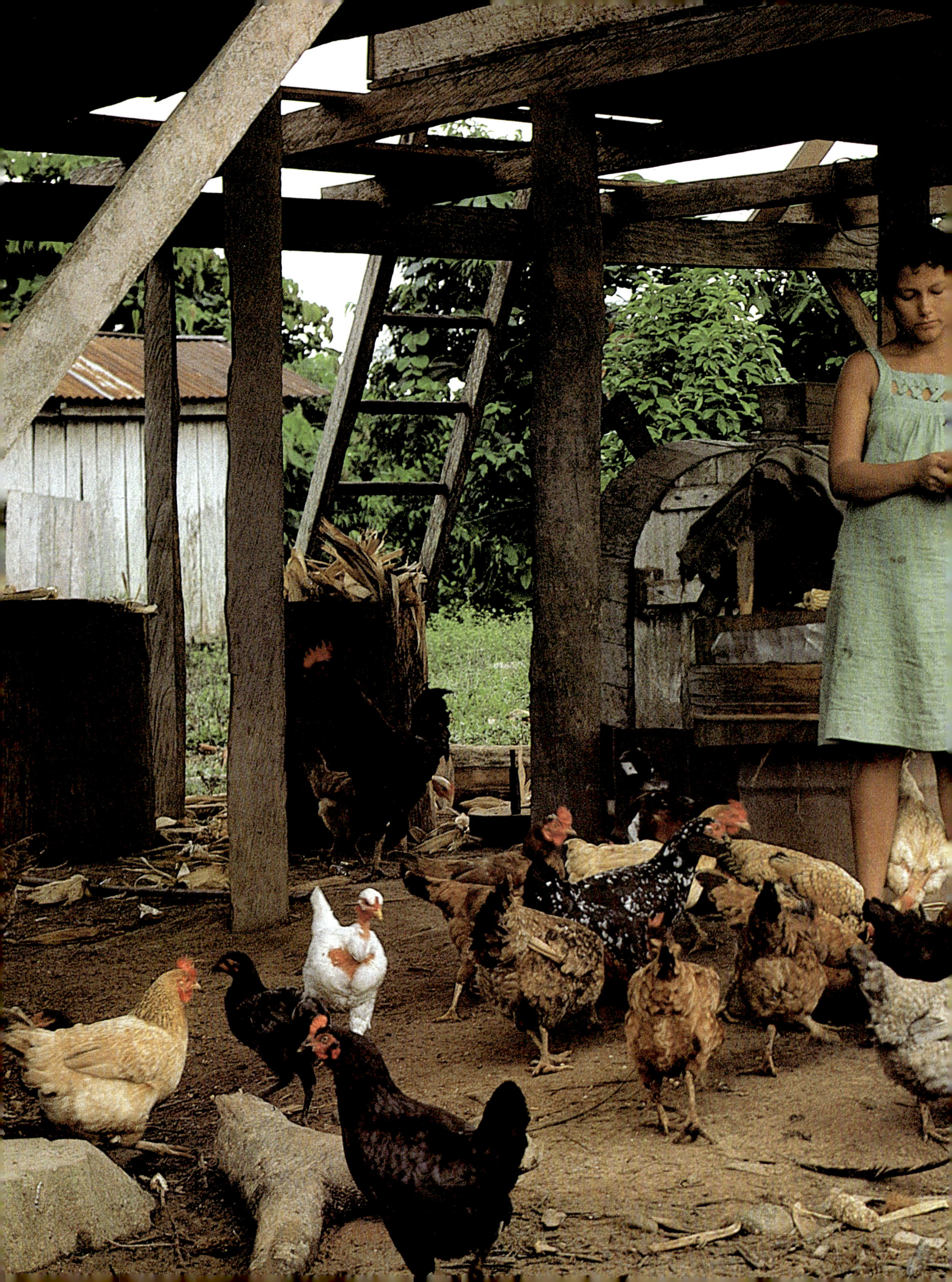

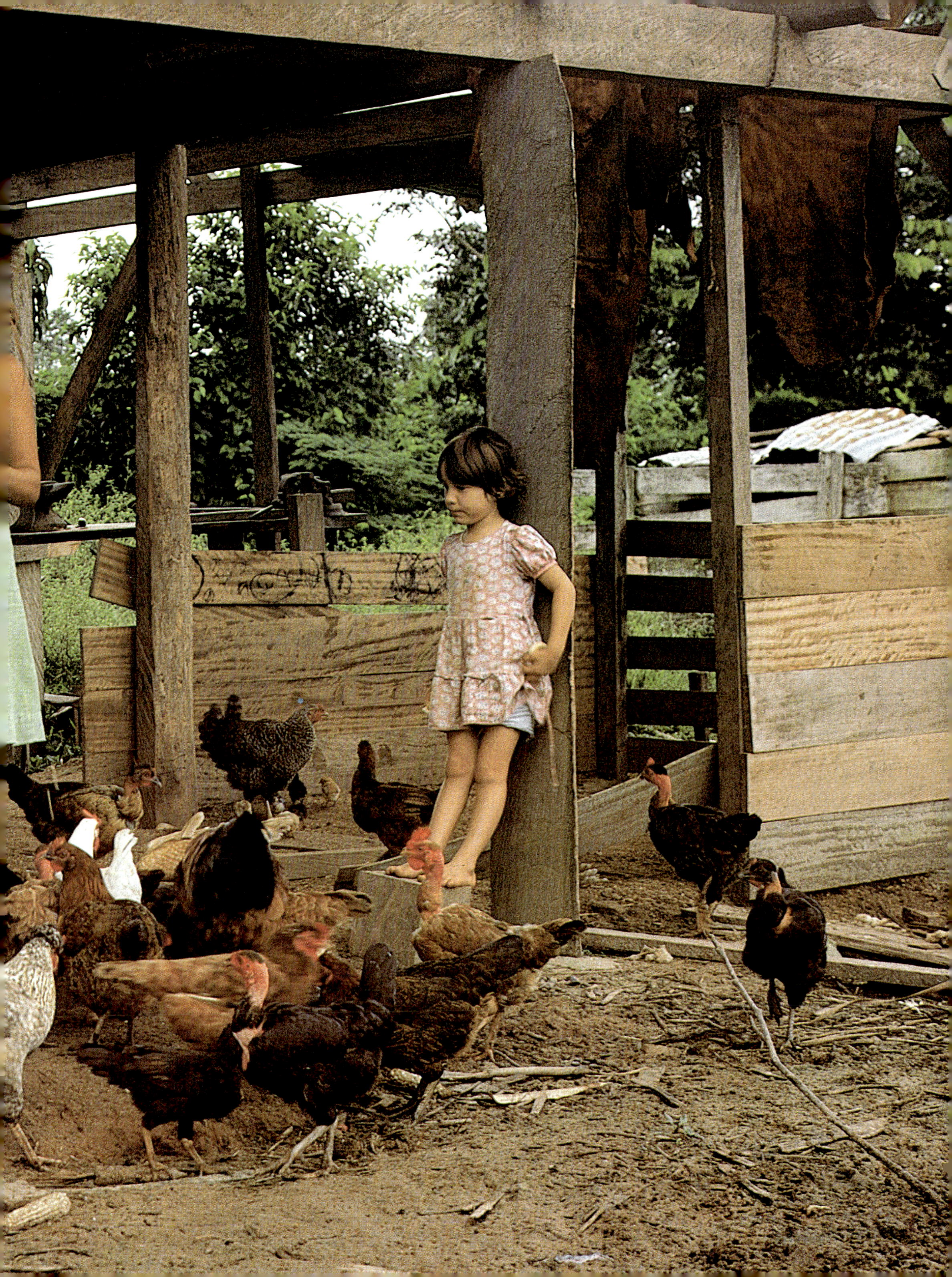

Im Amazonas-Becken

Nach einem Gewitter am Rio Marañon. Im Amazonasurwald kommt es fast täglich, vor allem um die Mittagszeit, zu Tropengewittern mit heftigen Regengüssen

Folgende Seiten: Mehr als die Hälfte der Fläche Perus ist von tropischem Regenwald bedeckt. Die Flüsse bilden in diesem riesigen und fast menschenleeren Gebiet die einzigen Verkehrswege

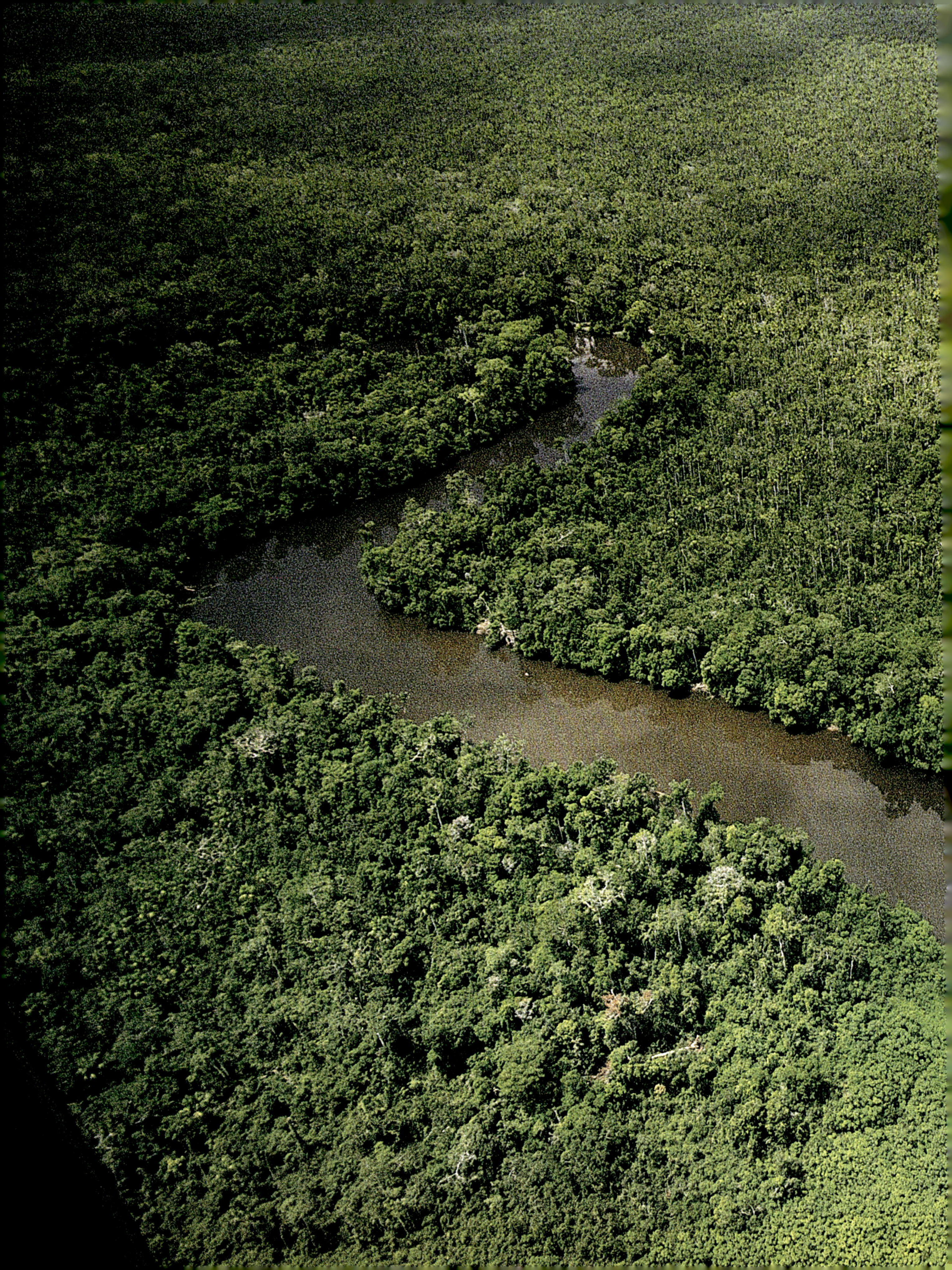

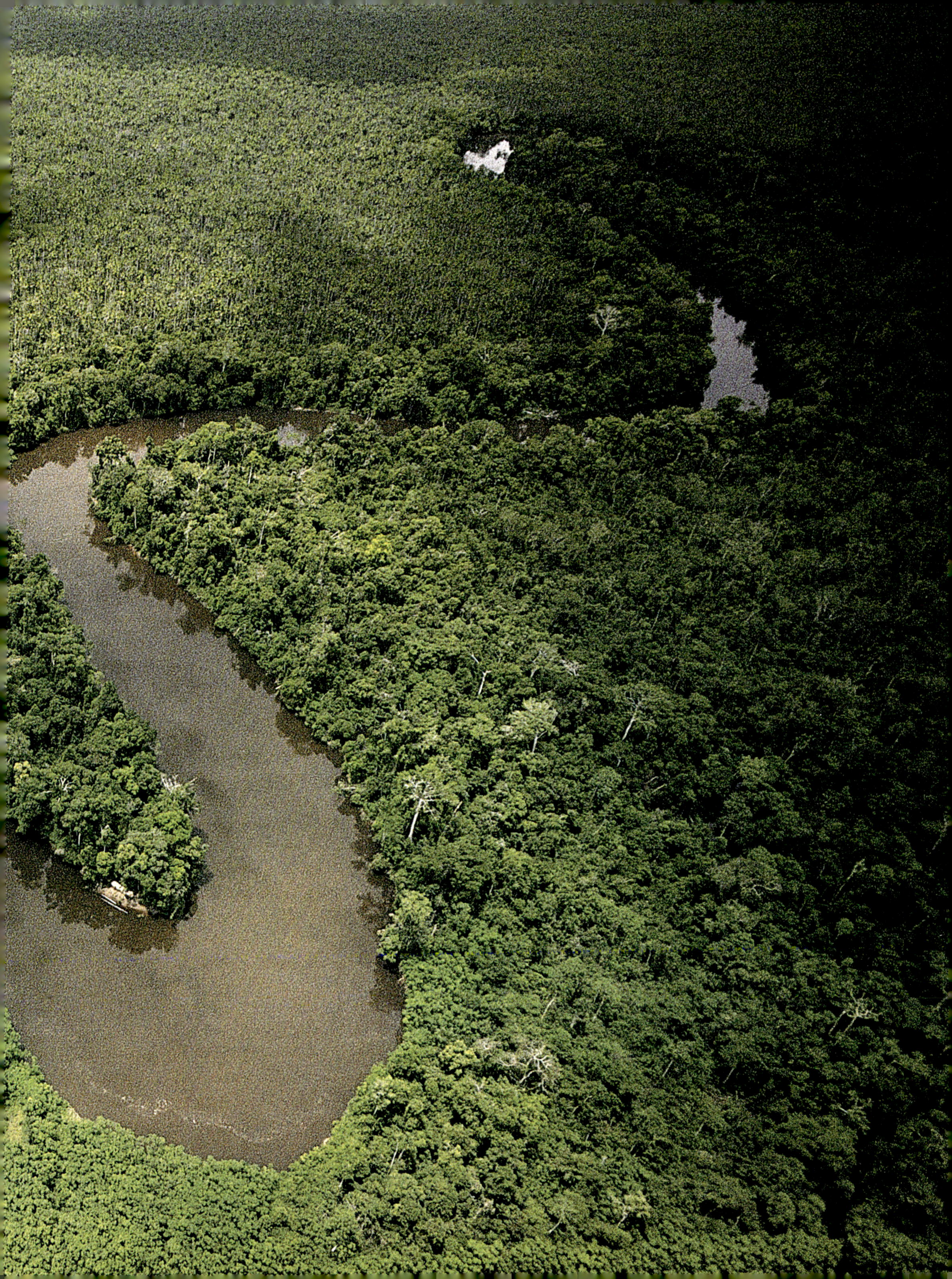

Die Jivaros des nördlichen Amazonasgebietes verwenden zur Jagd drei Meter lange Blasrohre, mit denen sie eine erstaunliche Treffsicherheit erzielen

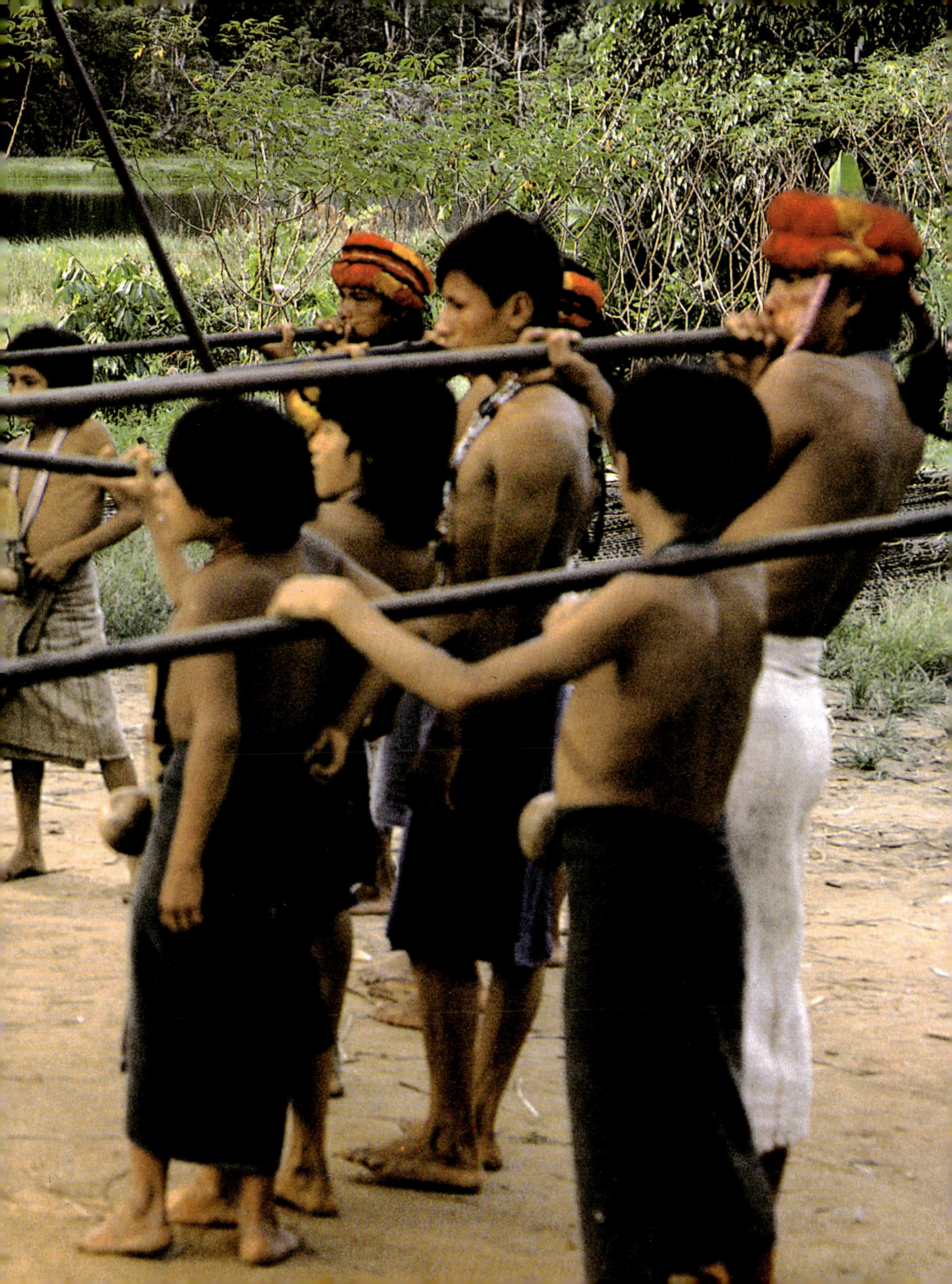

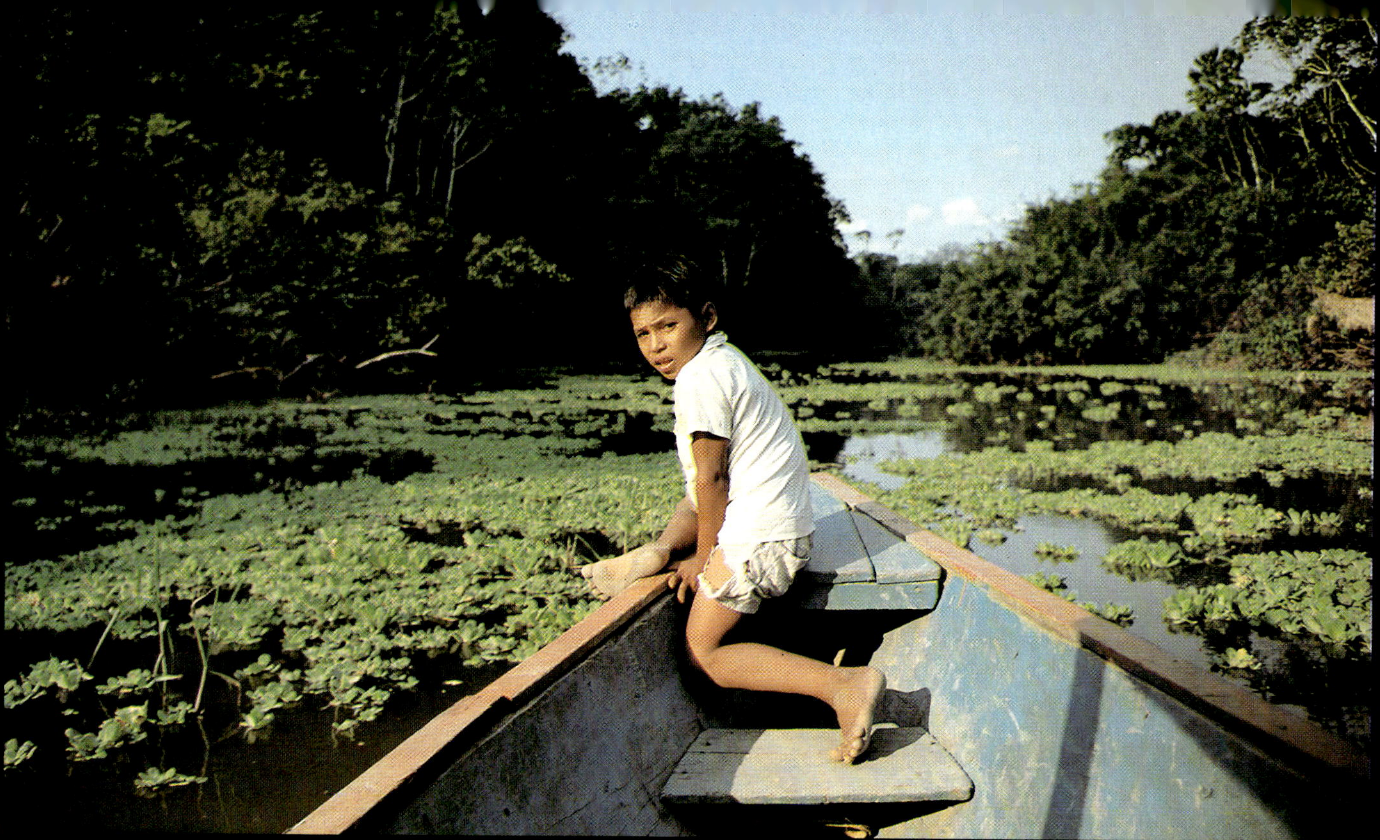
1

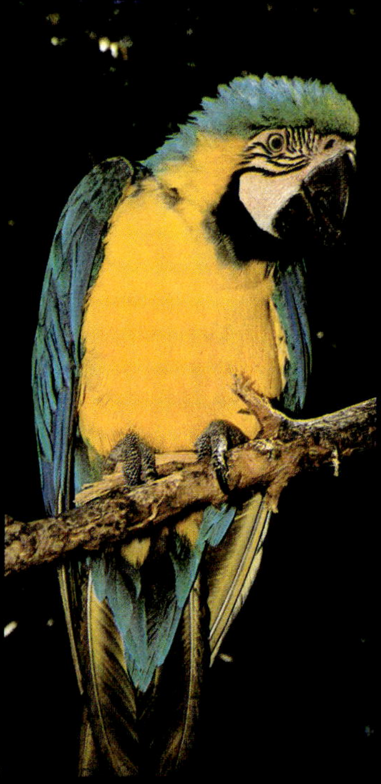
2

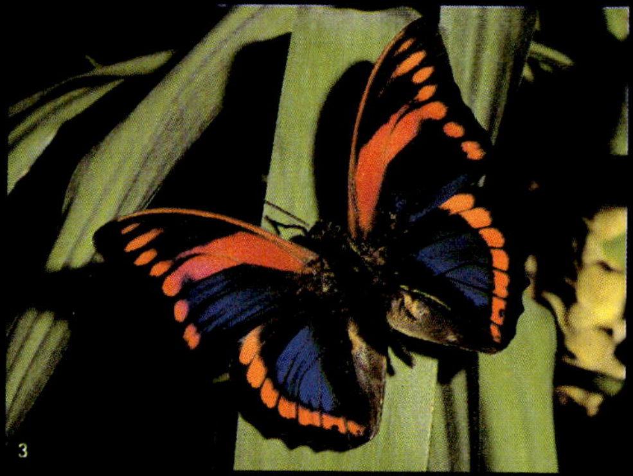
3

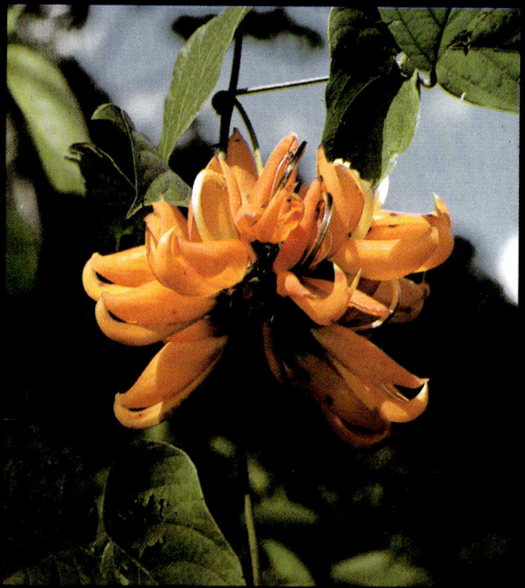

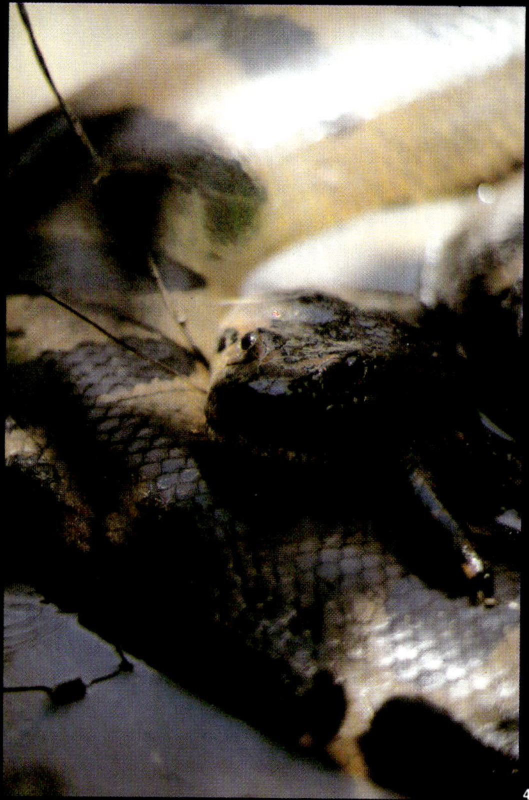
4

1 Mit Araceen (Aronstabgewächsen, auf dem Bild: Pistia stradiodes) überzogen ist dieser Mäander der Laguna Yarinacocha

Bunte Papageien und farbenprächtige Blumen beleben ebenso den Amazonasurwald wie Insekten und Schlangen: 2 Oft werden die Araras halbzahm oder zahm (mit gestutzten Flügeln) am Haus gehalten. 3 Nur im östlichen Bergurwald von Peru auf 2000 m Höhe – so auch in der Gegend von Tingo Maria am Rio Huallaga – fliegt der Prepona praeneste, einer der farbenprächtigsten Tagfalter. 4 Nur äußerst selten kann man eine Anakonda, diese riesige Schlange des Amazonas erblicken

Das dreizehige Faultier lebt auf Bäumen und schläft tagsüber an dicken Ästen hängend, die es mit langen und scharfen Nägeln umklammert

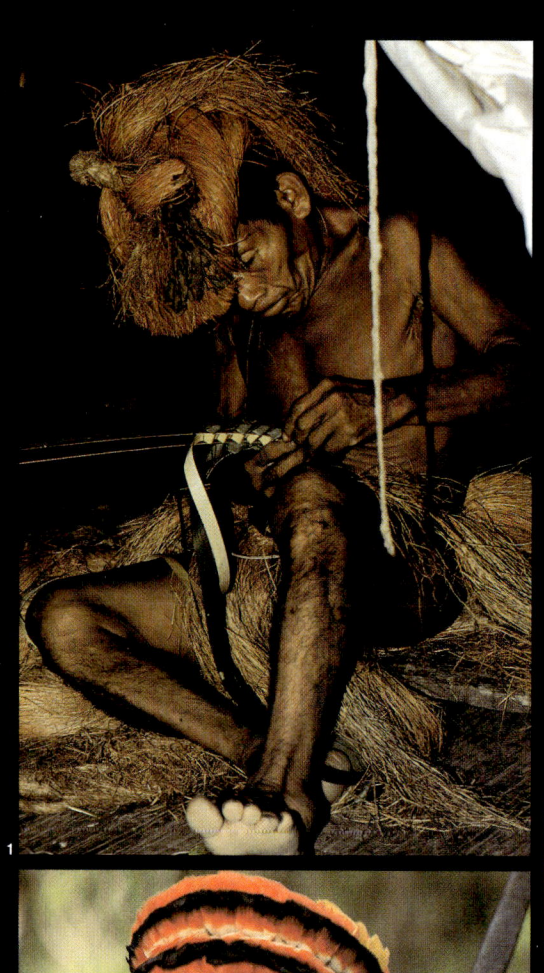

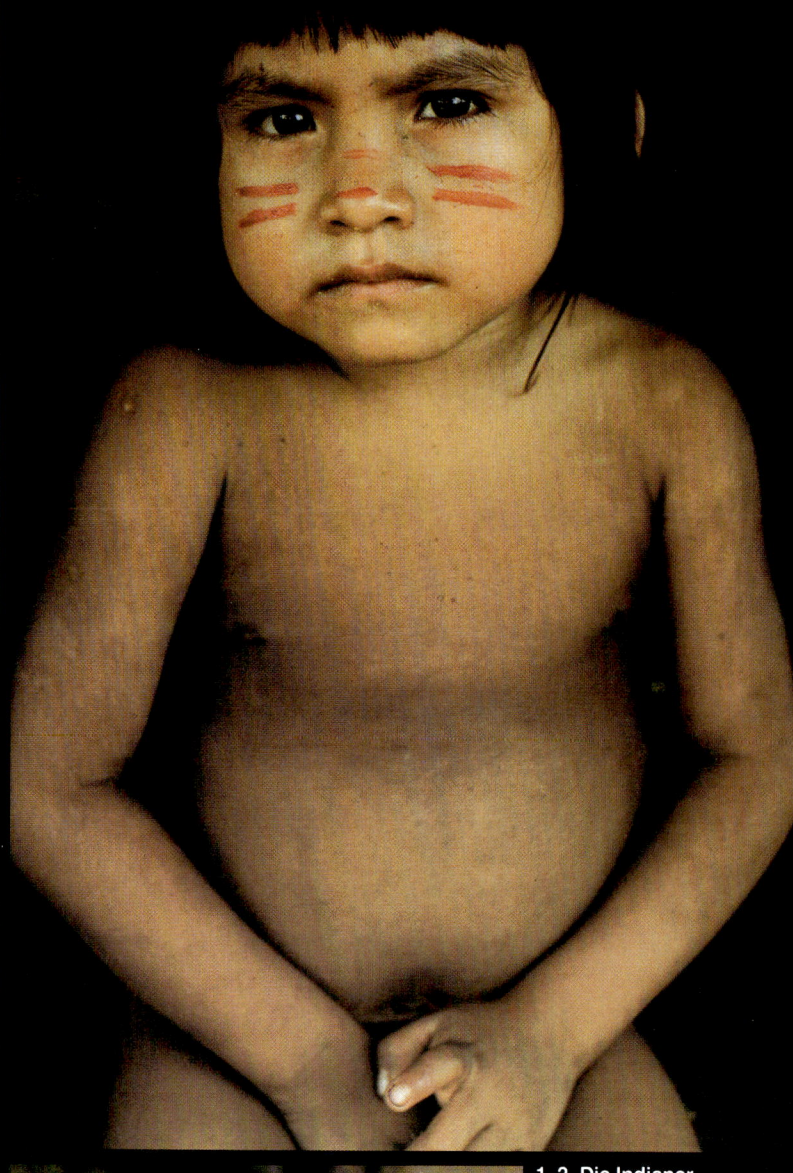

1, 2 Die Indianer stellen Schmuckbänder und Ketten aus Urwaldpflanzen, Früchten und Samen her. Der Kopfschmuck der Jivaros aus roten Papageienfedern ist neben der Gesichtsbemalung das Zeichen der erwachsenen Krieger. 3 Ein kleines Jivaromädchen. 4 Kopfschmuck und Rock dieses Yagua-Häuptlings bestehen aus kunstvoll geflochtenen Bastfasern. 5 Die Indianerfrauen des Urwalds tragen ihre Kleinsten in einem um den Hals gebundenen Tuch, jedoch im Gegensatz zu den Hochlandindios an der Brust

Folgende Seiten:
Während die Männer der Yaguas ausgedehnte Jagdzüge unternehmen, verlassen die Kinder und Frauen (auf dem Bild am Ufer des Rio Napo) das schützende Gebiet des Dorfes fast nie

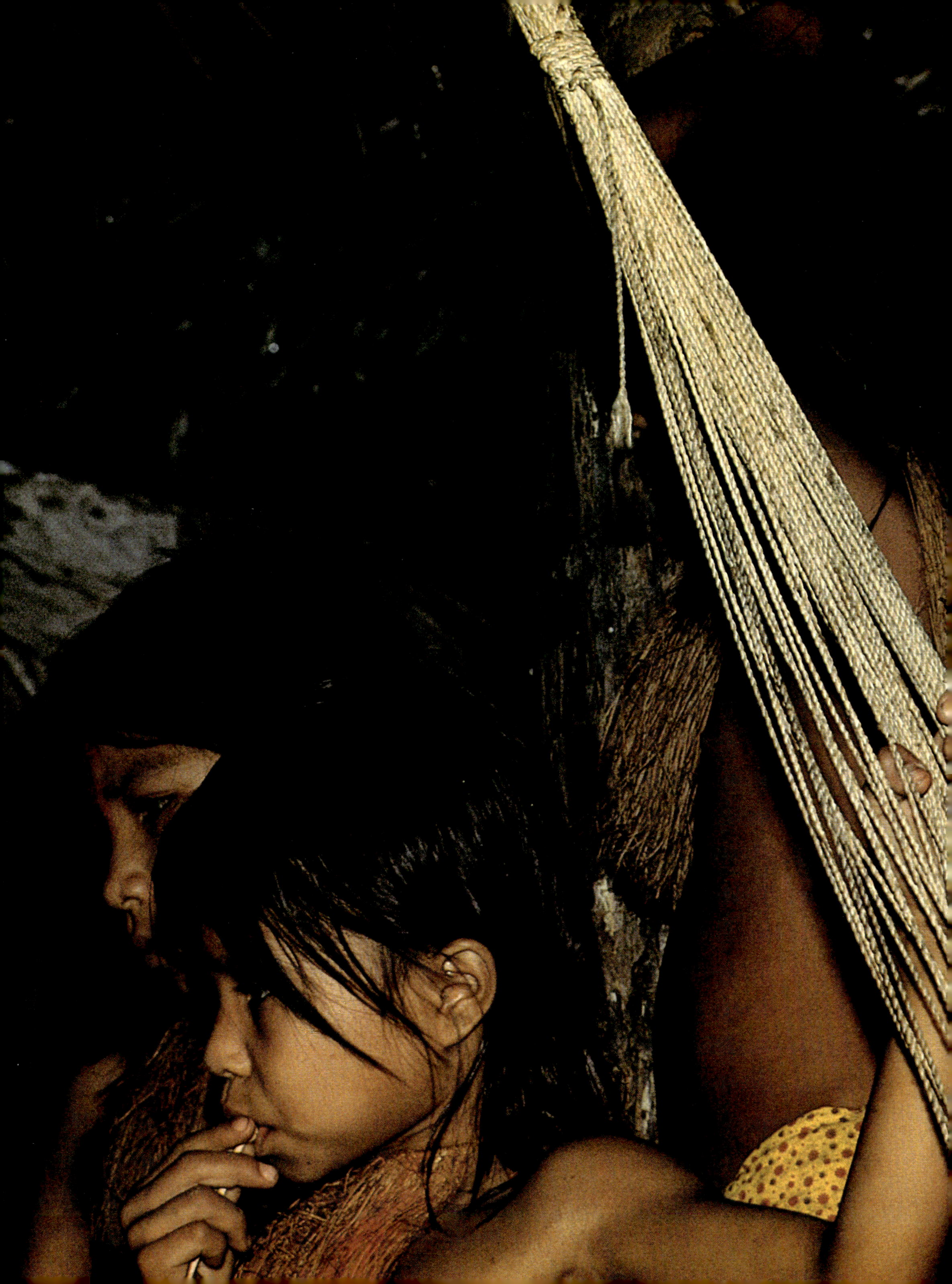

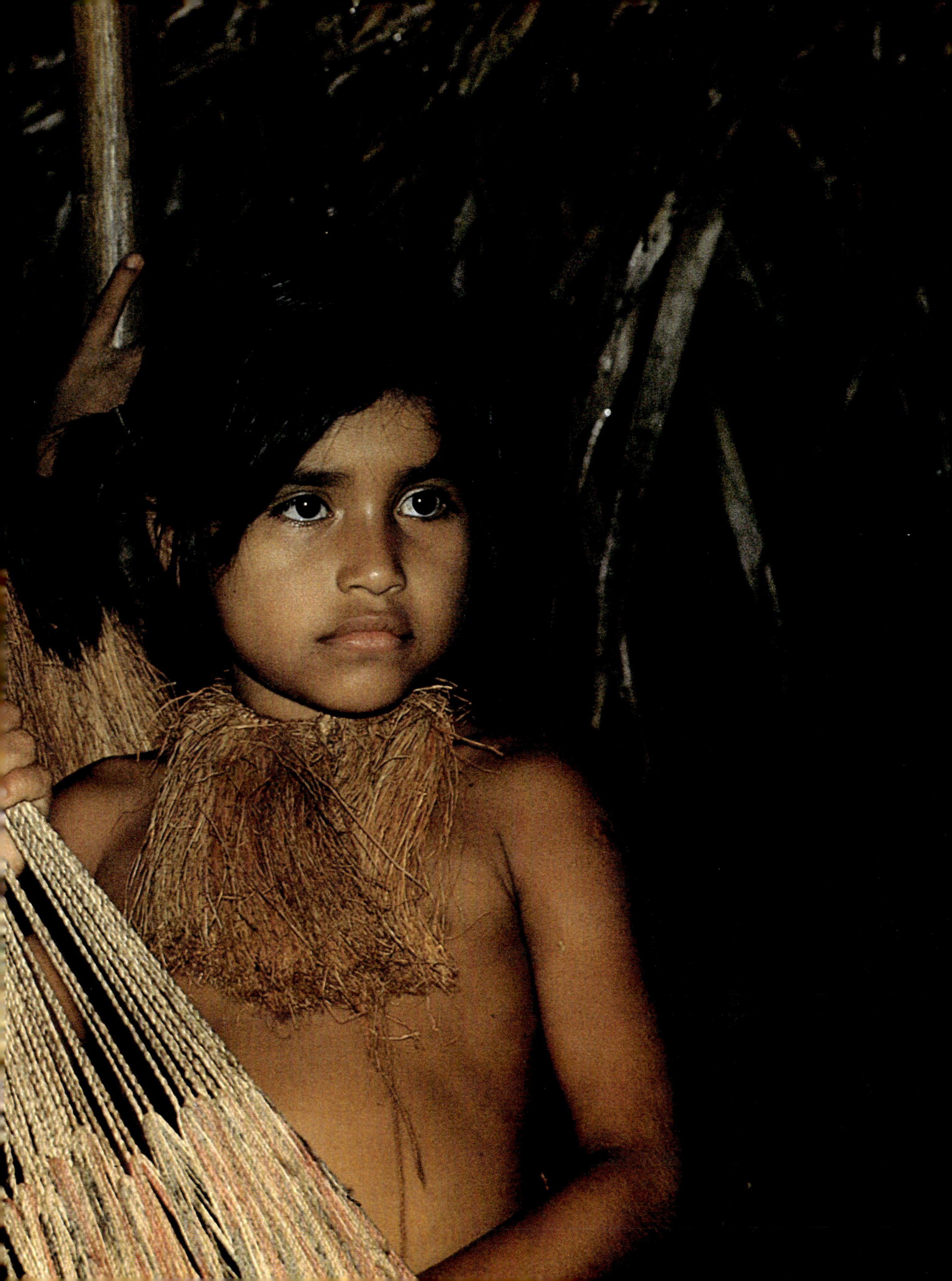

1 Der Tapir, der einzige Pterodactylos Südamerikas, lebt im Hoch- und Tiefland-Urwald und ernährt sich von Laub, Knospen und Früchten, er geht besonders gerne schwimmen und taucht gut. 2 Piranhas, gefangen im Amazonas nahe Iquitos. In riesigen Schulen greifen diese gefürchteten Fleischfresser ihre Beute an, um sie in Minuten bis aufs Skelett abzunagen

Belen ist der tiefgelegene Stadtteil von Iquitos, der den jährlichen Überschwemmungen des Amazonas ausgesetzt ist. 60 % der Einwohner von Iquitos leben hier
Folgende Seiten: Die Hütten von Belen sind auf Pfähle gebaut. In den engen Kanälen werden Bananen, Zuckerrohr, Kautschuk und andere Produkte des Urwaldes gehandelt

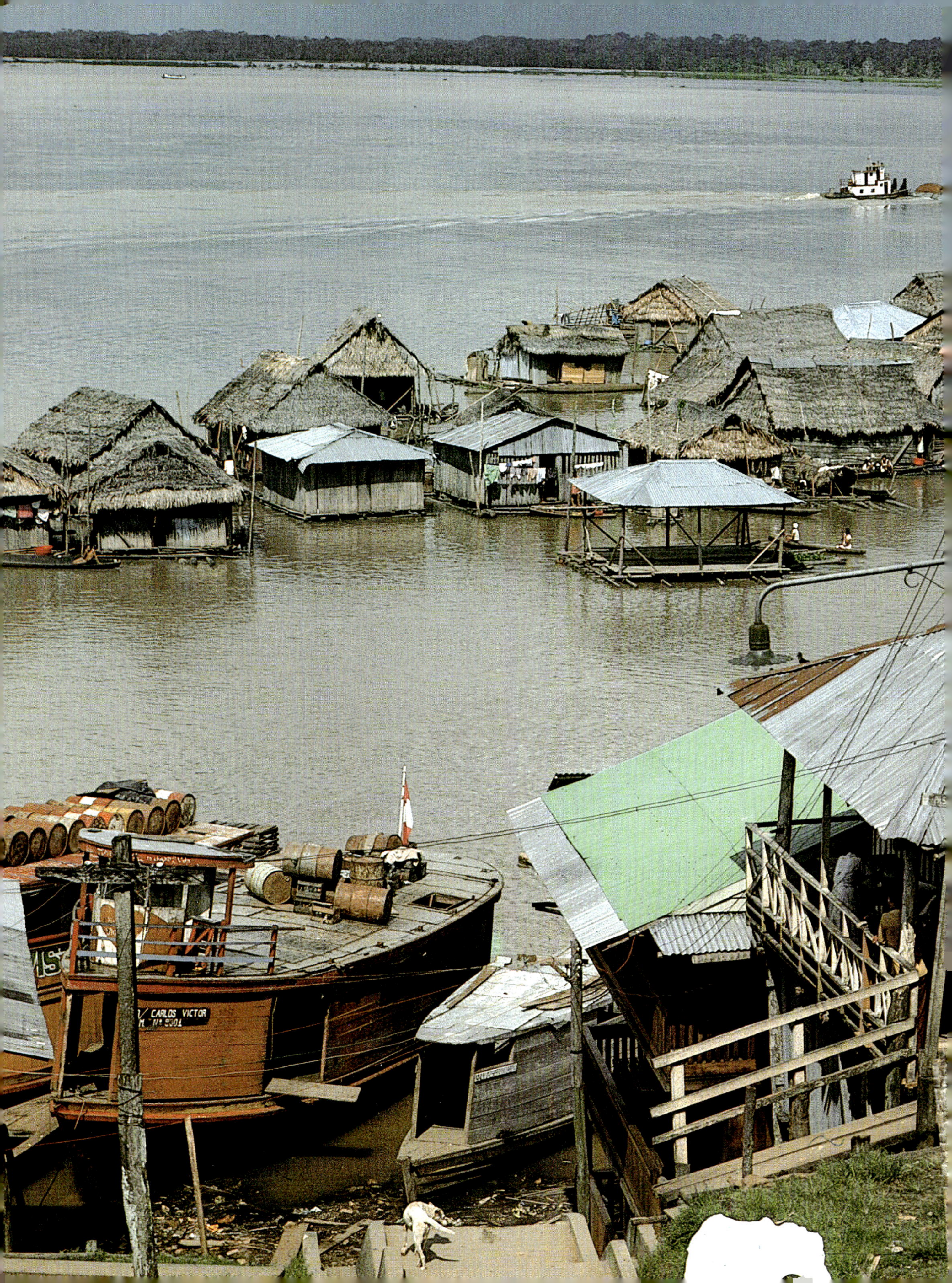
CARLOS VICTOR

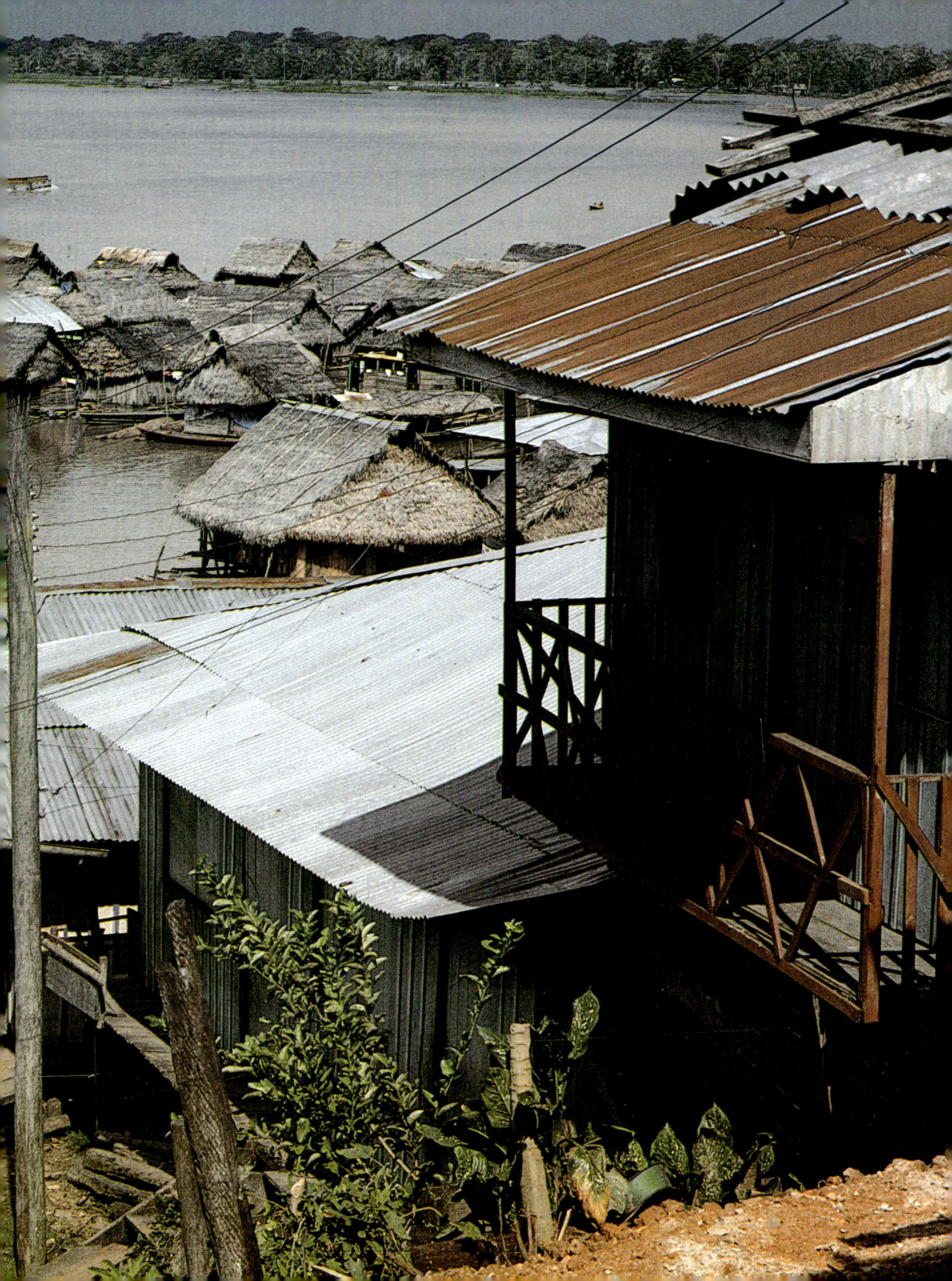

Die Indianer bauen ihre Hütten mit Vorliebe entlang der Flußarme. Dahinter beginnt unmittelbar das undurchdringliche Dickicht der grünen Hölle

Bergsteigerland Peru

von Lia Hörmann

Die hohen schimmernden Kordillerenketten sind seit vielen hundert Jahren Ziele der Sehnsucht europäischer Wissenschaftler und Bergsteiger. Früh war der Ruf ihrer wilden Schönheit nach Europa gedrungen: unter dem Conquistador Pizarro, der im Auftrag der Spanischen Krone das Land im Handstreich genommen, den Inka besiegt und getötet hatte und auf dessen gewaltigem Reich eine grausame und ausbeuterische Herrschaft errichtete; Chronisten berichteten über die Berglandschaften und ihre Schätze und über das Kultur-Volk der Inka, das nun Sklavendienste versehen mußte. Später schrieben die ins Land gerufenen europäischen Bergleute begeisterte Briefe in ihre Heimat – in die nur mehr wenige zurückkehrten. Ab der Mitte des 19. Jh.s brachten Forscher und Reisende authentische Berichte aus den fernen geheimnisvollen Bergen von Peru mit. Expeditionen zogen aus, eroberten andines Neuland auf prähistorischem Boden und in Sechstausenderhöhen. Was sie zu erzählen wußten über die gewaltige Bergwelt, die weitläufigen Hochländer und ihre Kulturschätze zog immer neue Kundfahrer in das einstige Reich des Inka, bis heute. Forschen, Erleben, Bergsteigen in Peru: ein Traumziel auch in unseren Tagen!

Die Peruanischen Anden

Wer nach Lima einfliegt, wird angesichts dieser unabsehbaren Wälle fast durchwegs eisbedeckter Bergketten erkennen, daß er ein Hochgebirgsland besucht, mit hohen Gipfeln, Gletschern, Seen, gewaltigen Flußsystemen, einsamen Hochländern ...
Die Anden von Peru liegen in der Tropenzone südlich des Äquators. Sie erstrecken sich über 1800 km entlang der südamerikanischen Westküste und sind dem Pazifischen Ozean zugewandt. Ihrem Verlauf nach kann man sie in zwei Hauptzüge teilen – den östlichen und den westlichen, (Cordillera Oriental und Occidental), die sich wieder in etwa 24 Ketten und Untergruppen auflösen. Einzelne umschließen Hochflächen, die von den Zuflüssen des Amazonas durchfurcht sind; andere wieder umstehen geschlossene Becken, wie jene von Titicaca-See, Uyuni und Atacama.

Die Gruppen tragen meist den Namen ihres höchsten Gipfels und sind orografisch mit wenigen Ausnahmen klar voneinander abgegrenzt.
Die stärkste Anziehungskraft auf die Touristen üben zwei Berggruppen aus: die weitgehend erschlossene Cordillera Blanca und die anschließende noch ruhige Cordillera Huayhuash mit ihren ungewöhnlich bizarren Gipfeln: beide eisüberflossen, beide die meisten höchsten Gipfel des Landes vereinigend: 36 Sechstausender.
Die einzelnen Gebirgsgruppen von Norden nach Süden sind:
Cordillera de Cajamarca-Cumullca: Berggruppe nördlich und östlich der Stadt Cajamarca; ein Ausläufer streicht gegen Süden. Gipfel: Cerro Cayreg 4273 m, Cerro Majoma, Cerro Colloadar ...
Cordillera de Huaillillas: östlich der Stadt Trujillo, in der Nähe von Huanachuco. Sie kulminiert im Cerro Huaillillas 4947 m, an den sich der Cerro Pabellon und der Cerro Cashibara anschließen.
Cordillera Rosco: höchster Punkt ist der Nevado Rosco Grande 5188 m; weitere Gipfel: Nevado Tanikawa, Nevado Cuello Condor, usw. Frühe Forscher nannten sie auch »Cordillera de Conchucos«. 1929 wurde der heutige Name durch die Landvermessung festgesetzt, als Teil des Hoja Corongo. Der Gebirgszug enthält Seen, Wälder, Gletscher und Felsgipfel unter 5300 m. Die höchsten Gipfel sind aufgebaut aus Granit, gegen Südosten unterlegt mit Schiefer und Sandstein. Die Wege an der Westseite werden häufig zum Einholen von Gletschereis für Kühlzwecke begangen.
Zugang: Straße nach Corongo. Bus-Service aus Lima und Huaràs.
Cordillera Oriental – Norte: auf der Ostseite des Rio Maranon. Höchster Punkt ist der Nevado de Acrotambo 4900 m; weitere: Cerro Pagrasho, Cerro Pelagatos ...
Cordillera Negra: die Schwarze Kordillere, gegenüber der Weißen gelegen, ist vorwiegend aus dunklen Gesteinen zusammengesetzt und unvergletschert. Mehrere ihrer nördlichen Gipfel ragen über die Fünftausendergrenze empor. Auch sie hat viele schroffe Kämme und Spitzen. Eiszeitliche Vergletscherung hinterließ zahlreiche Karseen. Ist diese Berggruppe auch für bergsteigerische Unternehmungen eher unbedeutend, bietet sie doch eine wundervolle Aussicht: nach Osten

zur Weißen Kordillere, nach Westen hinunter auf die Wüstenlandschaft an der Küste und auf das Meer.

Einige höhere Gipfel: Rumicruz 5020 m, Rocarre 5187 m, Rico 5015 m ...

Zugang: Santa-Tal (Callejon de Huaylas)

Das Santa-Tal zwischen Negra und Blanca ist das einzige große Längstal der peruanischen Anden, das sich zum Pazifik wendet. Es beginnt im Süden mit einem breiten Talboden in 4000 m Höhe. Im mittleren Abschnitt wechseln Talengen und fruchtbare Beckenlandschaften ab. In der Schlucht Cañon de Pato beginnt der Santa-Fluß seinen Durchbruch zum Pazifischen Ozean hin. Das Santa-Tal ist dicht besiedelt; Hauptort ist die Bergsteigerstadt Huaràs auf 3063 m.

Cordillera Blanca: eine vergletscherte Gebirgskette, deren höchste Erhebungen aus Granodiorit bestehen, der mit seiner hellen Farbe und Härte die Schönheit und Wildheit dieser Berge bestimmt. Die Vergletscherung ist nicht geschlossen. Das Gebirge bricht nach Westen ab. Taltröge sind tief eingesenkt. Unterhalb der Schneegrenze liegende Pässe lösen die Gruppe in einzelne Stöcke auf. Der Gebirgszug ist 180 km lang und trägt 29 Spitzen über Sechstausend einschließlich des Doppelgipfels des höchsten Berges von Peru, des Huascaràn 6768 m.

Die einzelnen Gruppen von Norden nach Süden heißen: Champarà, Millvacocha, Santa Cruz, Huandoy, Huascaràn, Contrahierbas, Copa, Perlilla, Chinchey, Huantsàn, Yanamarey, Pongos, Raria, Caullaraju.

Der Name der Weißen Kordillere kommt von den gleißenden in den tiefblauen Himmel aufragenden Firnen. Die Eisbedeckung beträgt nahezu 1000 Quadratkilometer und ist die umfangreichste in der Tropenzone.

Eine Sage weiß zu berichten, daß diese Eisströme den herabfließenden Tränen der verstoßenen Indiofrau Huascaràn entstammen, die mit ihren Kindern hierher flüchtete. Ihr Mann Canchon hatte Sutoc, die eine bessere Köchin war, zu sich genommen. In ihrer Eifersucht entmannte Huascaràn den abtrünnigen Gatten. Gefolgt von ihren Kindern, das Lieblingskind auf dem Rücken tragend, floh sie, soweit ihre Kräfte reichten. Als sie rasteten, verwandelten sich alle zu Stein und Eis, und ihre Tränen flossen dem Rio Santa und dem Rio Marañon zu. Canchon aber und seine Geliebte Sutoc mit ihren Kindern wurden zu den Bergen der Cordillera Negra, ihre Tränen zu deren Flüssen.

Darin kommt auch zum Ausdruck, daß dieses Gebirge die kontinentale Wasserscheide zwischen dem nahegelegenen Pazifischen (Santafluß) und dem fernen Atlantischen Ozean bildet, dem der Amazonas über seine Quellflüsse die Wasser zuführt.

Die Cordillera Blanca war bis in die dreißiger Jahre hinein auch in Peru selbst wenig bekannt. Das hatte seine Ursache allein schon in den damals sehr schwierigen Zugängen. 1903 und 1904 war der Engländer C.R. Enock als Forscher hier unterwegs. Erschlossen wurde der Gebirgsstock aber erst durch die Expedition des Deutschen und Österreichischen Alpenvereins 1932, die viele Gipfel, auch den höchsten, erstieg, Hochgebirgskarten (1:100.000 Nordblatt, 1:100.000 Südblatt, 1:200.000 Übersichtskarte) anfertigte, gletscherkundliche, klimatologische, höhenphysiologische, bevölkerungskundliche Studien betrieb, die kosmische Strahlung untersuchte und in wissenschaftlichen Niederschriften festhielt.

Der wichtigste Ort für den Zugang zu den Bergen der Weißen Kordillere ist Huaràs. Dort hat der CLUB ANDINISTA CORDILLERA BLANCA seinen Sitz. Dort kann man auch Führer, Träger, Tragtiere für die Touren anheuern. Zwischen Huaràs und Lima gibt es rege Verkehrsverbindungen, die noch durch eine Fluglinie in das 32 km entfernte Anta verstärkt werden.

Auch die anderen Talorte, wie Conococha, Recuay, Carhuas, Yungay, Xaras, Huallanca, usw. sind Ausgangspunkte zu Bergzielen. Neue Straßen fuhren zu hohen Pässen, oft mit Anschluß an die Ostseite der Anden (montaña). Bus- und Jeep-Service ist geboten.

Die Cordillera Blanca wurde in den letzten Jahren zum Naturschutzgebiet erklärt. Es gibt den PARQUE NACIONAL RAIMONDI und den PARQUE NACIONAL HUASCARAN. Initiator dieser langjährigen Bestrebungen ist der namhafte peruanische Bergsteiger Cèsar Morales Arnao, auf dessen Einwirken, unterstützt von heimischen Bergsteigerkreisen, die peruanische Regierung 1975 den Großteil des Gebietes zum Nationalpark erklärte. Erfaßt ist die Hochgebirgsregion über

4000 m (ausgenommen das Nevado Champarà Massiv), im Ausmaß von 340.000 Hektar, in einer Länge von 154 km und einer Breite von 30 km. Aufgabe des Nationalparks ist es, bedrohten Pflanzen- und Tierarten besonderen Schutz zu gewähren, so der einzigartigen Puya raimondii, den qenwa- und kishwar-Wäldern, den Wildtieren, wie Kondor, Puma, Hirsch, Vicuña, einer seltenen Bärenart, u.a. Jagd oder Gebrauch von Feuerwaffen sind verboten. Es gibt eine Forellen-Fisch-Saison zwischen Oktober und Mai. Die Schutzmaßnahmen gegenüber den Nationalparkbesuchern treffen auch die Bergsteiger und Bergwanderer: die Gruppen sollen möglichst klein gehalten werden, sich selbst versorgen, keinen Unrat hinterlassen. Parkaufseher sind mit der Betreuung und Beobachtung der Besucher beauftragt.

Die Unterstände der Hirten in den Bergtälern dürfen nur mit ausdrücklicher Erlaubnis benützt werden. Einige Hochgebirgshütten sind bereits im Bau, z.B. das Haus Marscal Castilla im Ishinca-Tal.

Im Nationalpark laufen internationale Forschungsprojekte für Sprachforschung, Glaziologie, Zoologie, Kartographie, Ethnologie: qualifizierte Bewerber können sich melden.

Hotels und Touristenunterkünfte gibt es inzwischen in allen größeren Orten des Santa-Tales, von dem aus man auch die bedeutenden archäologischen Ruinenstätten der Chavin-Kultur erreichen kann.

Im Osten schließt an den Gebirgsstock bis zum Marañon-Fluß und darüber hinweg über 4000 m ein Hochland an, gegen den Fluß hin stark zerschnitten aber gut besiedelt. Das Flußtal selbst ist eng und malariagefährdet.

Cordillera Huayhuash: ihre unglaublich steile Fels- und Eis-Szenerie schließt eng an die Blanca an. Sie ist 30 km lang, unter ihren sechs Gipfeln über sechstausend befindet sich der zweithöchste Berg des Landes, der Nevado Yerupaja Grande 6634 m, der auch der »schönste Berg Südamerikas« genannt wird. Der Name der Gruppe stammt aus der Ketschua-Sprache: Huayhuash = Wiesel, ein kleines Raubtier, das hier häufig vorkommt; auch eine hochgelegene Hirtensiedlung gleichen Namens gibt es.

Schon früh interessierten sich Wissenschaftler für diese Berggruppe: 1836 sah E. Poeppig auf seiner »Reise in Chile, Peru und auf dem Amazonenstrom« am Weg von Lima nach Cerro de Pasco im Norden einen riesigen Schneeberg über die Ketten der westlichen Anden aufragen. J.J. Tschudi schrieb 1846 über die »gewaltige Pyramide« des Yerupaja. Auch Raimondi berichtet von »riesigen Bergen, mit ewigem Schnee bedeckt«, die er »Cordillera Nevada« nennt. Erste ausführliche Nachrichten stammen von Sievers aus 1909. Von Annie S. Peck gab es damals eine Schilderung und zeichnerische Wiedergabe des Yerupaja. R. Enock erwähnte die »Wundervolle Reihe schneebedeckter Berge«. 1936 wählte die DuOeAV Expedition unter dem Innsbrucker Geographen H. Kinzl u.a. die Huayhuash zu ihrem Arbeitsgebiet, erstieg Gipfel und fertigte eine Karte (1:50.000) und Beschreibung an. Der Yerupaja selbst wurde erst 1950 durch eine amerikanische Forschergruppe erobert.

Das Massiv der Huayhuash gliedert sich in zwei Hauptzüge: den nördlichen mit den Sechstausendern und den südlichen mit Gipfeln bis zu 5700 m. Steile Spitzen, scharfe Grate, Verwächtungen, Rillenfirnwände, vereiste Flanken ragen hier zweitausend Meter hoch über die Talböden auf, die, voneinander durch unvergletscherte Kämme getrennt, an die Hauptkette heranführen. Der geologische Aufbau ist Granit, Kalk, Quarzit. Die Vergletscherung ist auf der Ostseite schwächer als im Westen, wo ihr größter Gletscher am Fuß von Yerupaja und Jirishanca liegt, 6 km lang, mit einer Fläche von 12 km².

Die Besiedlung der Huayhuash und ihrer Umgebung ist dünn; es gibt einige Gutsbetriebe (haciendas), kleinere Dörfer in den Tälern und Hirtensiedlungen in den höheren Lagen. In früherer Zeit wurden hier Silbererze abgebaut: heute leben die Indios ausschließlich von Ackerbau und Viehzucht.

Zugang: für Bergfahrten und Bergwanderungen Huallapa, Paccion, Huayhuash und vor allem Chiquian auf 3200 m.

Cordillera de Huallanca: eine kurze Bergkette im Osten der Cordillera Blanca, im gemeinsamen Einzugsgebiet des Rio Pativilca. Höchster Berg ist der Nevado de Huallanca 5470 m; weitere: Nevado Tancan, Cerro Chusp ...

Zugang: Dorf Pacha Paqui im Tal des Rio Pativilca.

Cordillera Raura e Millpo: im Südosten der Huayhuash, ca. 30 km lang. Der Cerro Raura 5717 m bezeichnet den höchsten Punkt. Die Gruppe Millpo kulminiert im Millpo Grande 5600 m.
1955 war hier eine DAV-Expedition, 1957 eine OeAV-Expedition tätig. Letztere entdeckte auf dem Raura-Gletscher, dem größten Gletscher des Gebietes, daß seine Schmelzwässer zum Teil über den Viconga See dem Pazifischen Ozean zufließen, zum anderen Teil den Rio Nupe speisen, einen der Quellflüsse des Marañon-Amazonas, womit sie eine längst bestehende Annahme bestätigen konnten.
Zugang: vom Süden über Canta, vom Norden über Churin-Oyòn.
Cordillera Oriental o Huagoruncho: im Nordosten von Cerro de Pasco. Die Gruppe stellt mit dem Nevado de Huagoruncho 5748 m ein Gipfelmassiv dar; es wurde 1956 von einer englischen Expedition bestiegen.
Forschungen wurden bereits 1938/1940 von US-Amerikanern angesetzt. Weitere Gipfel: Incahuay 5160 m, Incatana 5122 m.
Zugang: Oroya, Anchon.
Cordillera la Viuda (o de Huarochiri): im Nordosten von Lima gelegen, ist sie von dieser Stadt aus rasch erreichbar (Carretera del Ticlio). Kein Gipfel erreicht sechstausend Meter; davon die bedeutendsten: Cerro Rajuntay 5650 m, Meiggs 5357 m, Yanasinga 5490 m.
Zugang: Marcapomacocha, Colluhay, Casapalca...
Cordillera Central (o Nevados de Cochas): verschmilzt mit der Cordillera de Morococha und dem Bergland von Cerro de Pasco, wo die zahlreichen Gipfel über eine mineralienreiche Hochfläche aufragen. Die einzelnen Berggruppen heißen: Casacocha, Venturosa, Millo, Conte. Der höchste Berg ist der Tuyujuto (Tullujuto) 5752 m, Tunshu 5708 m, Jija, usw. Über das Gebiet dieser Gletscherberge gibt es seit langem gute Karten der Cerro de Pasco Copper Corporation, die hier auch ausgedehnte Weidegründe unterhält. Es ist in der Hauptsache ein offenes, baumloses Kalkhochland, mit weiten tief eingesenkten Tälern und vielen eiszeitlichen Seen. Die Erhebungen bestehen aus Graniten und anderen Erruptivgesteinen. 1946 wurde die Gruppe von dem Schweizer Geologen Heim erforscht.
Zugang: Straße Lima – Cerro de Pasco, Ticlio Paß
Cordillera Huaytapallana: ihr Name stammt von einem 4500 m hohen Paß an der Südseite, über den eine Autostraße in das Früchte- und Coca-erzeugende Waldtal von Pariahuanca führt. Auf der Paßhöhe, in Lasucuchuna, wird Gletschereis für die Märkte gewonnen. Der vergletscherte Kamm hat eine beträchtliche Ausdehnung; auch weiter ostwärts erheben sich seine Gletscherberge über die Waldzone des Oberen Amazonasbekkens. Die Pässe sind wegen der mit Wasserdampf gesättigten Ostwinde oft in dichten Nebel gehüllt. Reiche Niederschläge bauen gewaltige Wächten auf die Kämme und jagen lange Schneefahnen auf die Westseite. So heißt der südliche der beiden Hauptgipfel auch Lasontey = rauchendes Eis! Große Gletscherseen verschönern auch hier die Landschaft. Das Gebirge besteht aus Granodiorit und anderen kristallinen Gesteinen, die die Kalke durchbrochen haben.
Die Gebirgskette wurde 1866 von Raimondi gequert, 1939 von Kinzl besucht; 1951 erforschten Wurdack und Broenimann die Westseite, 1952 Wurdack, Hester, King die Ostseite. 1953 wurde der höchste Gipfel Lasontey 5660 m erstbestiegen.
Weitere Gipfel: Yanaucho, Ancon...
Zugang: Huancayo – Hazienda Acopalca.
Cordillera de Chonta: ca. 50 km lang, mit den Massiven Tupicotay und Juicamarca – auch »Berge von Castrovirreyna« genannt.
Bedeutende Gipfel: Palomo 5305 m, Huamanrazo, Chocca, usw. Die Kette wird von einer Straße überquert.
Zugang: über Castrovirreyna.
Cordillera de Vilcabamba: nordwestlich von Cuzco gelegen, ist sie eines der bekanntesten Berggebiete von Peru. Längserstreckung ca. 100 km, begrenzt vom Rio Apurimac im Süden und Westen, vom Rio Yanatili im Osten und Norden und dem Tal von Lares. Höchster Punkt ist der majestätische Salcantay 6271 m, der 1953 von einer franco-amerikanischen Expedition erobert wurde.
Weitere Gipfel: Humantay (Soray) 5917 m, Ampay 5293 m... Die fünf Hauptgruppen sind Panta, Pumasillo, Salcantay, Huayanay, Ampay.
Cordillera de Urubamba: Diese Gebirgskette östlich des Rio Vilcanota und des Rio Urubamba wird in sieben Untergruppen geteilt: Waqaywillca

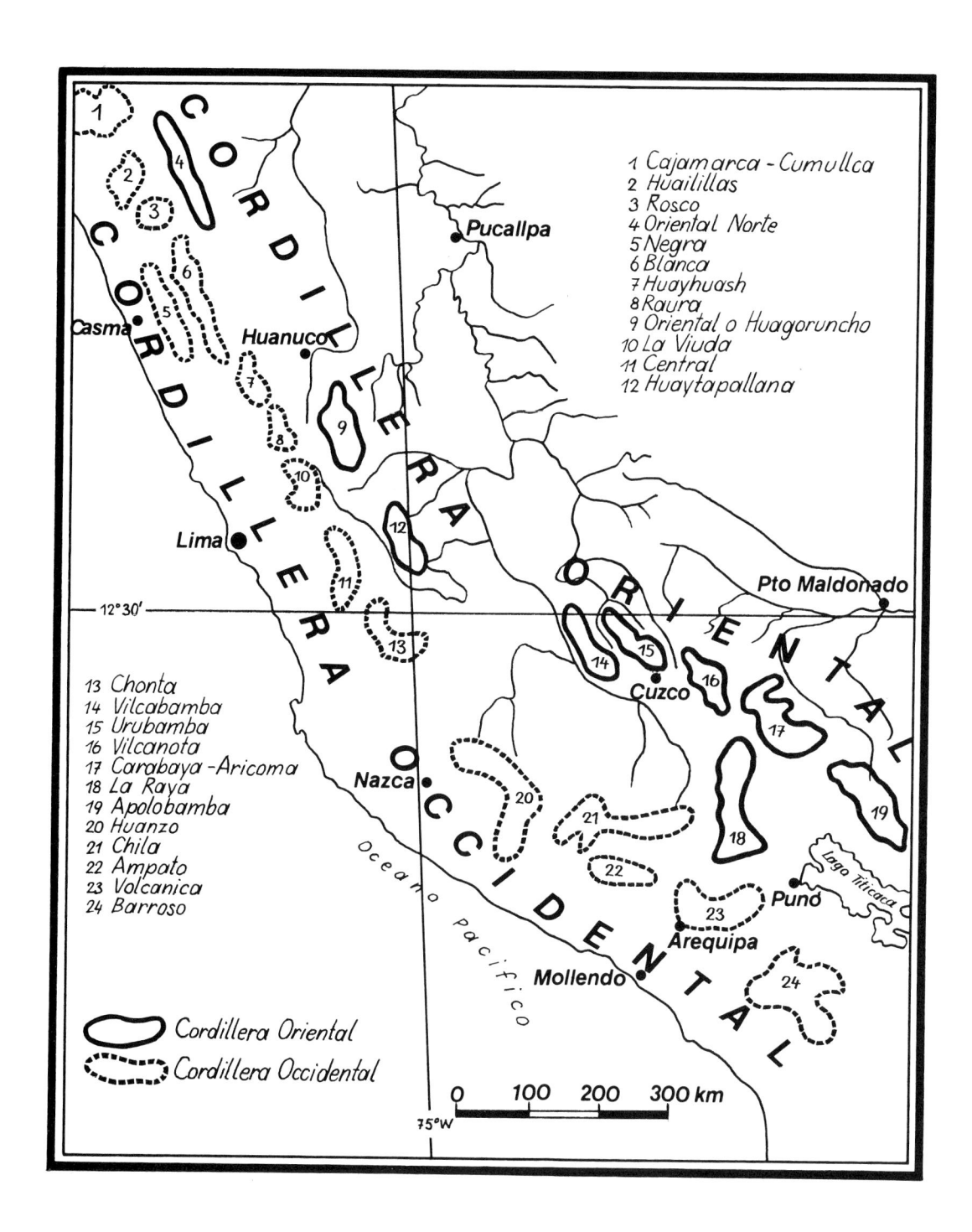

1 Cajamarca - Cumullca
2 Huailillas
3 Rosco
4 Oriental Norte
5 Negra
6 Blanca
7 Huayhuash
8 Raura
9 Oriental o Huagoruncho
10 La Viuda
11 Central
12 Huaytapallana
13 Chonta
14 Vilcabamba
15 Urubamba
16 Vilcanota
17 Carabaya - Aricoma
18 La Raya
19 Apolobamba
20 Huanzo
21 Chila
22 Ampato
23 Volcanica
24 Barroso

— Cordillera Oriental
--- Cordillera Occidental

(ex Veronica oder Padre Eterno), Halancoma, Waqratanga (ex Huacratanga), Kushan Killa (ex Media Luna oder Cuncani), Yucay (Chicon, Sirijuani-Andorno), Sahuasiray, Terijuay, Sunchabamba. Der Waqaywillca 5850 m dominiert das orografische System. Weitere Gipfel: Nevado Marconi, Nevado Bononia ...

Cordillera de Vilcanota: ca. 80 km südöstlich von Cuzco, von der Stadt aus teilweise sichtbar. Die Gipfel bilden vier Gruppen: Ausangate, Cayangate-Jatunhuma, Colque Cruz-Yayamari und Condorani-Totorani. Erforschung und Beschreibung dieser Kette sind großteils Verdienst des Italieners P. Ghiglione. 1953 wurde der Westgipfel des Ausangate ca. 6450 m von einer internationalen Expeditionsgruppe erobert.
Zugang: Sicuani, Ocongate, Santa Rosa, La Raya, Hazienda Lauramarca.

Cordillera de Carabaya: schwierig abzugrenzen von der Vilcanota, liegt sie Ostsüdost zur Stadt Cuzco. Der höchste Gipfel ist der Quenamari 5850 m; daneben gibt es zahlreiche Berge unter sechstausend, wie Allincapac 5780 m, Huanacapac ... Die Gruppe wurde 1953 erforscht durch Marmillod, de Booy und Ghiglione; letzterer erstieg mit Marx den Coylloriti und den Ccolquepunco.
Zugang: Macusani, Ollachea, Marcapata.

Cordillera de Aricoma: lange Zeit als Fortsetzung der Carabaya angesehen. Die Kette wird selten besucht, ebenso wie die

Cordillera La Raya: die im Südwesten des Rio Pucarà gelegen ist, mit einer Längserstreckung von 100 km, beginnend vom Nudo de Vilcanota. Einige Gipfel: Quelcaya, Santa Rosa, Pomasi ...
Zugang: Aguas Calientes im Norden, Punta, Lampa von Süden.

Cordillera de Apolobamba: im Norden des Titicaca-Sees, an den Grenzen von Peru und Bolivien (Fortsetzung der sog. »Cordillera Real« Boliviens), 50 km lang. Auf peruanischem Boden befinden sich der Palomani 5920 m, Ananea 5842 m, Sorapata 5824 m ... Der höchste Gipfel der Gruppe, der Chaupi Orco 6088 m, liegt im Osten. Österreichische und italienische Alpinisten führten in den fünfziger Jahren Besteigungen durch.
Zugang: Hazienda Lusuni, Apolo, Trapiche, Sorapata, Queara, Pelechuco, Sina.

Cordillera de Huanzo: Der kurze Gebirgszug erreicht eine Höhenquote von 5550 m im Pallapalla. Weitere Gipfel: Carhuarazo, Sara Sara.
Zugang: Tal von Nazco, Cora Cora.

Cordillera de Chila: im Norden des Oberlaufes des Rio Colca gelegen. Die Berggruppe speist die Quellen des Rio Apurimac und damit auch des Amazonas. Höchste Gipfel sind der Mismi 5597 m, Sirihuiri, Chungara, usw. Die entlegene wenig besuchte Gruppe war 1973 Betätigungsfeld einer deutschen Expedition.
Der Chila werden noch drei isolierte Gipfel zugezählt: Firurani 5447 m, Nevado Solimana 6318 m und der Coropuna 6613 m, dessen NO-Kraterspitzen mit einer Eiskappe bedeckt sind. Er wurde 1911 im Zuge einer archäologischen US-Expedition (Bingham, Tucker) bestiegen; 1952 erreichte Ghiglione den Solimana Nordgipfel.
Der Rio Colca trennt diese Gipfel durch den 1600 m tiefen Cañon de Cabanaconde von der benachbarten

Cordillera de Ampato: in zwei Teile geteilt, wird diese vom Ampato 6310 m, dominiert. Weitere Gipfel: Hualca Hualca, Sabancaya ...
Zugang: Täler des Rio Yura und des Rio Colca; Achona (Rio Sepina). Die Straße von Arequipa über die Pata Pampa (Lluta, Chivay) bietet günstige Ausgangspunkte.

Cordillera Volcanica: die sogenannte Vulkan-Region besteht aus voneinander stark abgesetzten Bergen, die sich im Norden und Osten um die Stadt Arequipa gruppieren. Höchster Gipfel ist der Chachani 6068 m; weitere: Misti 5821 m, Nevado Pichu Pichu, Sara Sara ...
Von einigen Vulkangipfeln sind frühe Besteigungen bekannt: so wurde der Misti 1677 von einem Spanier betreten, der Chachani 1889 von A. Hetter.

Cordillera Barroso: im Osten der Stadt Moquega, an der chilenischen Grenze. Höchster Gipfel ist der Vulkan Tacora 5892 m (Chile); Weitere: Guacamane, Tutupaca, Barroso, usw.

Die 10 höchsten Gipfel

Huascaràn	Südgipfel 6768 m
	Nordgipfel 6655 m
Yerupajà	6634 m
Coropuna	6613 m

Chopicalqui	6400 m
Huandoy	6395 m
Huantsan	6395 m
Siulà	6356 m
Ampato	6350 m
Salcantay	6271 m
Pumasillo	6246 m

Von den 24 höchsten Andenbergen stehen diese 10 in Peru. Der Huascaràn ist der vierthöchste Berg in Südamerika, nach Aconcagua, 6960 m, Ojos del Salado, 6908 m, und Nevado de Pissis, 6779 m.

Die peruanische Flagge wehte auf dem Huascaràn

In ihrem Ketschua nennen die Indios den Berg mit seinen beiden Gipfeln »Mata-Rachu« (Eiszwilling). Er wurde erst nach einem ominösen Besteigungsversuch der Amerikanerin Annie Peck (1904) vermessen. Sie hatte behauptet, mit ihren Führern in eine angebliche Höhe von 24.000 Fuß = 7320 m gelangt zu sein. Um ihren eigenen Höhenrekord (Pinnacle Peak 7091 m) zu verteidigen, beauftragte ihre Landsmännin Mrs. Bullock-Workman französische Wissenschaftler mit der trigonometrischen Aufnahme des Huascaràn: es ergaben sich damals für den Nordgipfel 6650 m, für den Südgipfel 6767,69 m.

Der umworbene Berg hatte nun lange Zeit Ruhe: bis 1932, als sich die Teilnehmer der DuOeAV-Expedition das ehrgeizige Ziel setzten, den höchsten Berg des Landes erstmals zu ersteigen. Mit dem befreundeten Direktor Seyffart vom Collegio Nacional in Huaràs war vereinbart worden, auf dem Gipfel die Landesflagge zu hissen. Es war auf diesem langwierigen und mühsamen Aufstieg gewiß nicht leicht, die fünf Meter lange Fahnenstange tagelang über die zerklüfteten Gletscher und steilen Eisflanken hinaufzuwuchten. Starker Sturm erschwerte überdies das Vorwärtskommen. Im letzten Höhenlager (IV) gab es zum Abendimbiß außer geschmolzenem Schnee keine nennenswerten Eßvorräte mehr.

In zwei Seilschaften, Bernhard und Borchers, Hein, Hoerlin und Schneider erreichte man am vierten Tag den höchsten Punkt. Schneider berichtet über die letzte Besteigungsphase: »Der Weg zur eigentlichen Garganta zieht sich in die Länge. Nach einer Stunde stehen wir am Fuß der Steilwand zum Südgipfel. Über steilen Firn, durch Brüche hindurch kommen wir an den Beginn der letzten Firnfelder, die zum Gipfel ziehen. Sie waren endlos: Bruchharsch, knietiefer Pulver wechselten einander ab; die Firnlinie oben am Horizont blieb immer die gleiche. Drückende Schwüle, dann Nebel und eisiger Wind gaben uns den Rest. Am (niedrigen) Nordgipfel maßen wir unser Höhersteigen: endlich war auch dieser in den Wolken verschwunden, die der Oststurm über seine Flanken jagte. Als wir kaum mehr zu hoffen wagten, legte sich der Berg doch zurück und bald darauf, um 15.30 Uhr, waren wir auch oben. Aufenthalt 10 Minuten, bei 10 Grad und Windstärke 9. Nun rammten wir das Banner in den Schnee und »betonierten« es fest. Und dann ab durch die Mitte ...!«

Mit einem 44-fachen Fernrohr konnte man die Fahne vom Tal aus noch lange auf dem Südgipfel flattern sehen, wohin sie die Expeditionsleute als Dankesgeste an die peruanische Regierung und an alle Förderer des Unternehmens gesetzt hatten.

Frühe Besteigungen

Den vorkolumbianischen Kulturen Ibero-Amerikas ist nicht nachgewiesen, ob auch sie schon ihre Boten in Gipfelhöhen aussandten, um dort Signalanlagen zu errichten oder die Götter aus nächster Nähe anzubeten.

Sichere Zeugnisse für einen Sonnenkult auf Bergeshöhen gibt es aber aus der Inka-Zeit. Vor allem in den letzten drei Jahrzehnten wurden solche im Zuge von bergsteigerischen Expeditionen gefunden: Auf hohen Gipfeln, in Mauerwällen und Gräbern entdeckte man Götterfigürchen (idolos), in prunkvollem Ornat, Schlachtbeile, Mumien; alles gut konserviert. In Vulkankratern standen primitive Unterkünfte, tischförmige Aufbauten wie Altäre, Steinringe (vielleicht als Pferche für Trage- und Opfertiere), z.B. in einer Höhe von 6600 m auf dem Lullallaco 6723 m. In der Hauptsache wurden Cerros, felsige Gipfel, vorgezogen. Vielleicht mied man die vergletscherten Kämme wegen technischer Schwierigkeiten und Mangel an

Gipfelaufbau zum Vorgipfel des 6634 m hohen Nevado Yerupaja Grande, während der Erstbesteigung von Egon Wurm und Sepp Mayerl 1969

5

1 Der Huascaran Nordgipfel (6655 m) 2 Der Yerupaja Grande von Osten. 3 Der Ninashanca von Nordwesten, aufgenommen während der Südwanderstbesteigung von Egon Wurm 1978.
 4 Auf dem Vorgipfel des Yerupaja Grande in der Cordillera Huayhuash während der Erstbesteigung 1969, im Hintergrund das Peruanische Hochland. 5 Der Huandoy (6395 m). 6 Gletscherzunge des Rondoy

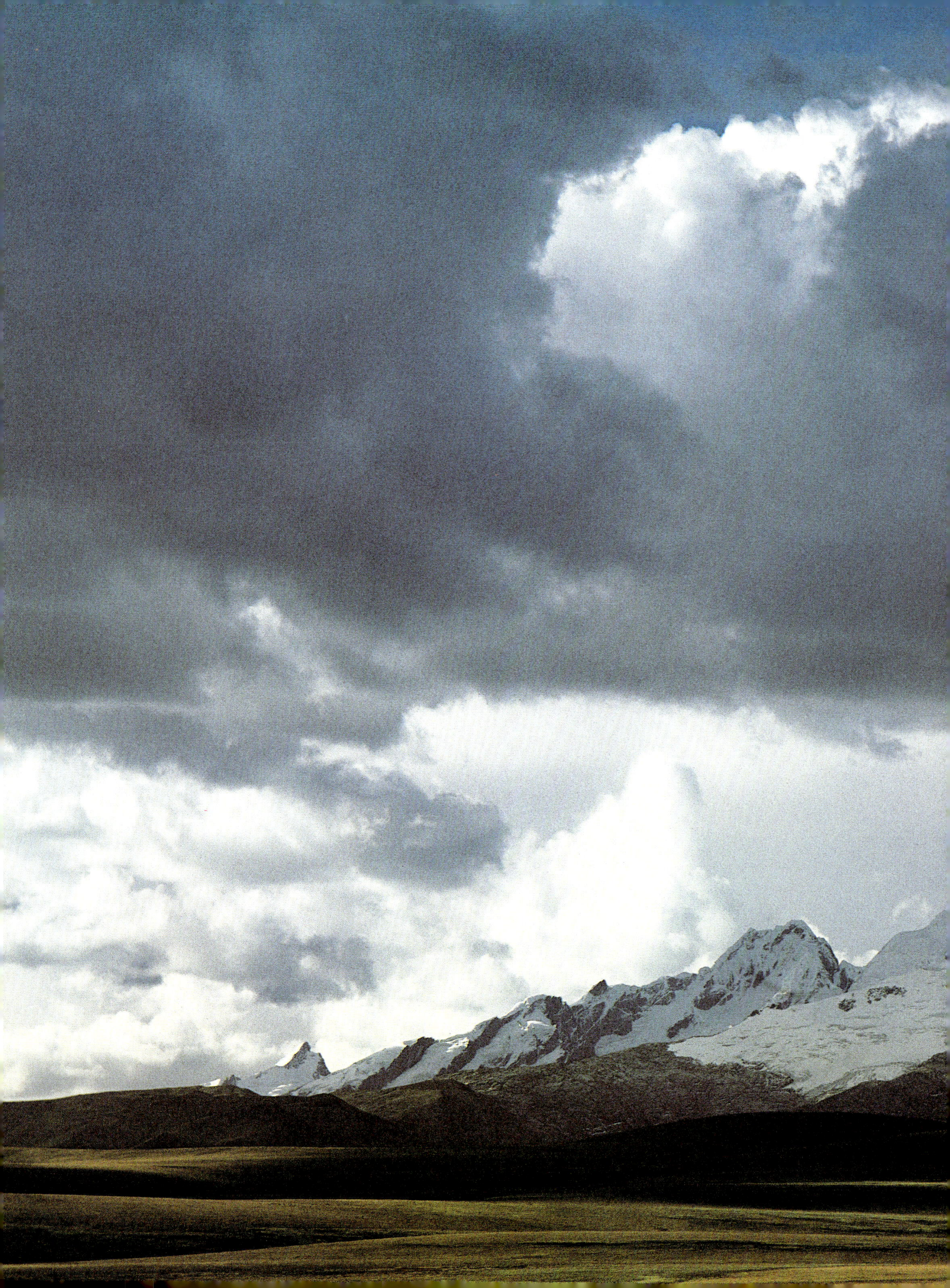

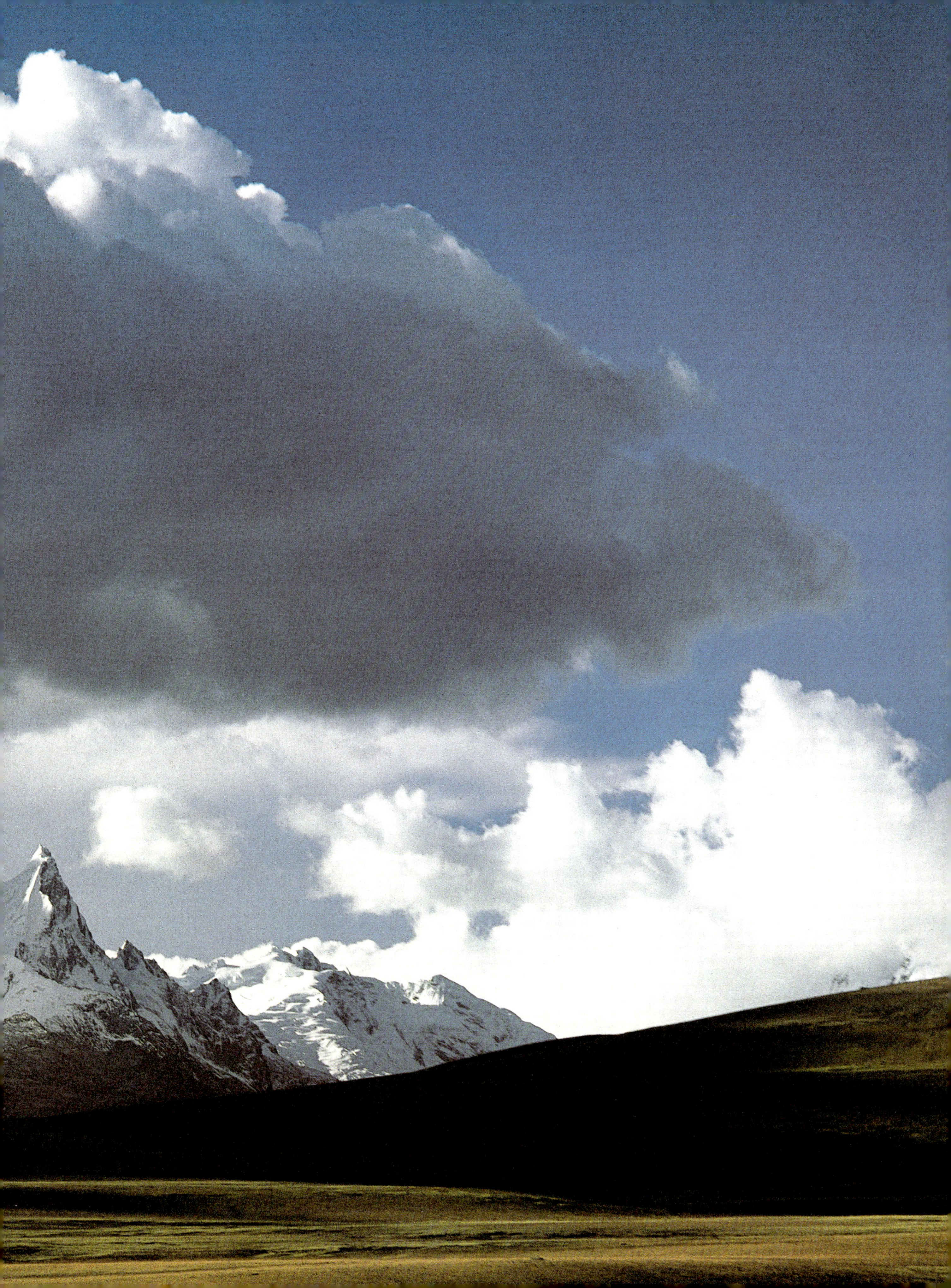

Am Fuße des Jirishanca grande an der Ostseite der Cordillera Huayhuash

Vohergehende Seiten:
Der Nevado Janamarey in der südlichen Cordillera Blanca von der Straße Huaraz-Chavín-Huari aus

Der nördlichste Teil der Cordillera Huayhuash: Der eisgepanzerte Yerupaja Chico, dahinter von links nach rechts: Rondoy, Ninashanca und Jirishanca grande

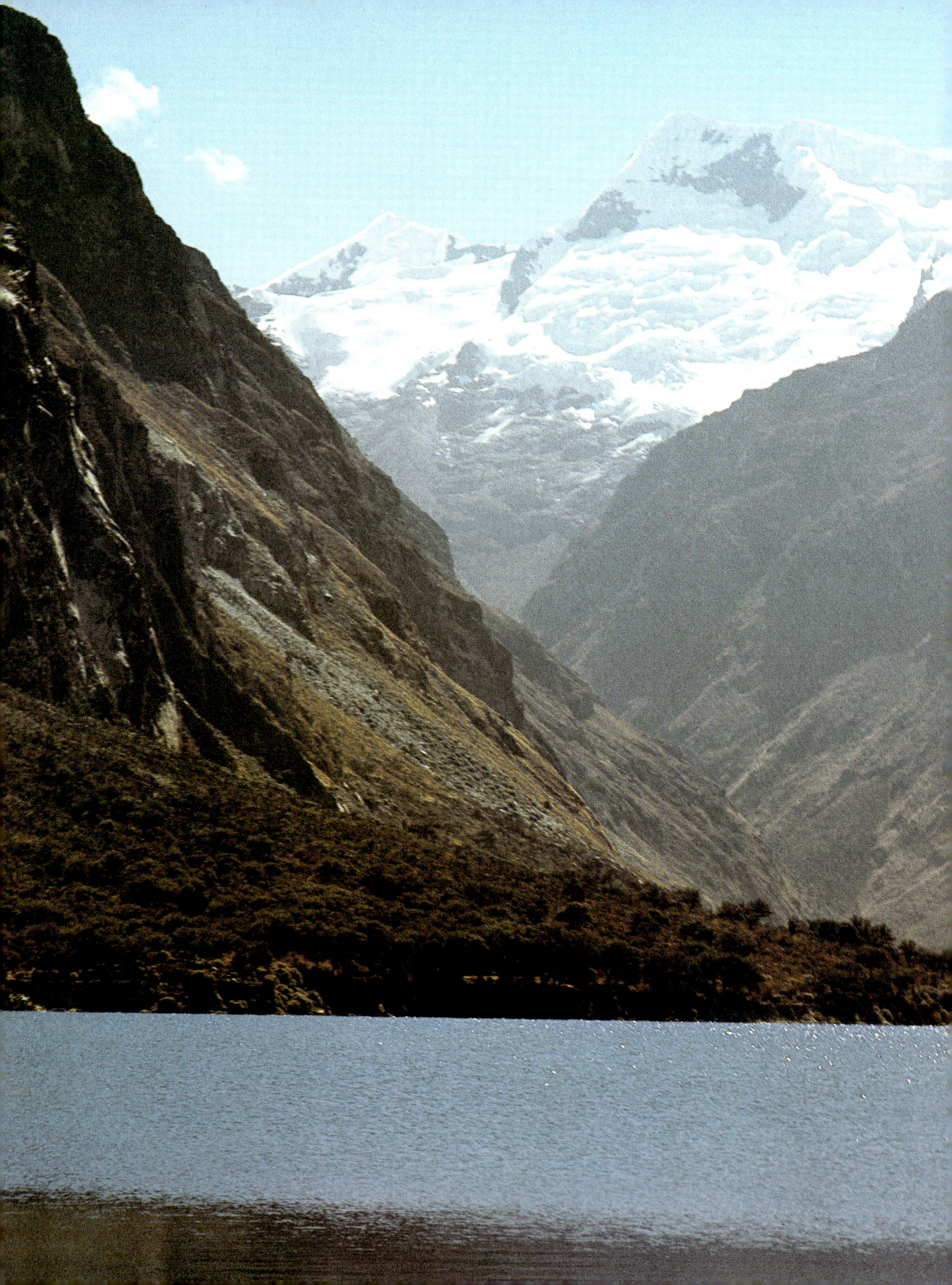

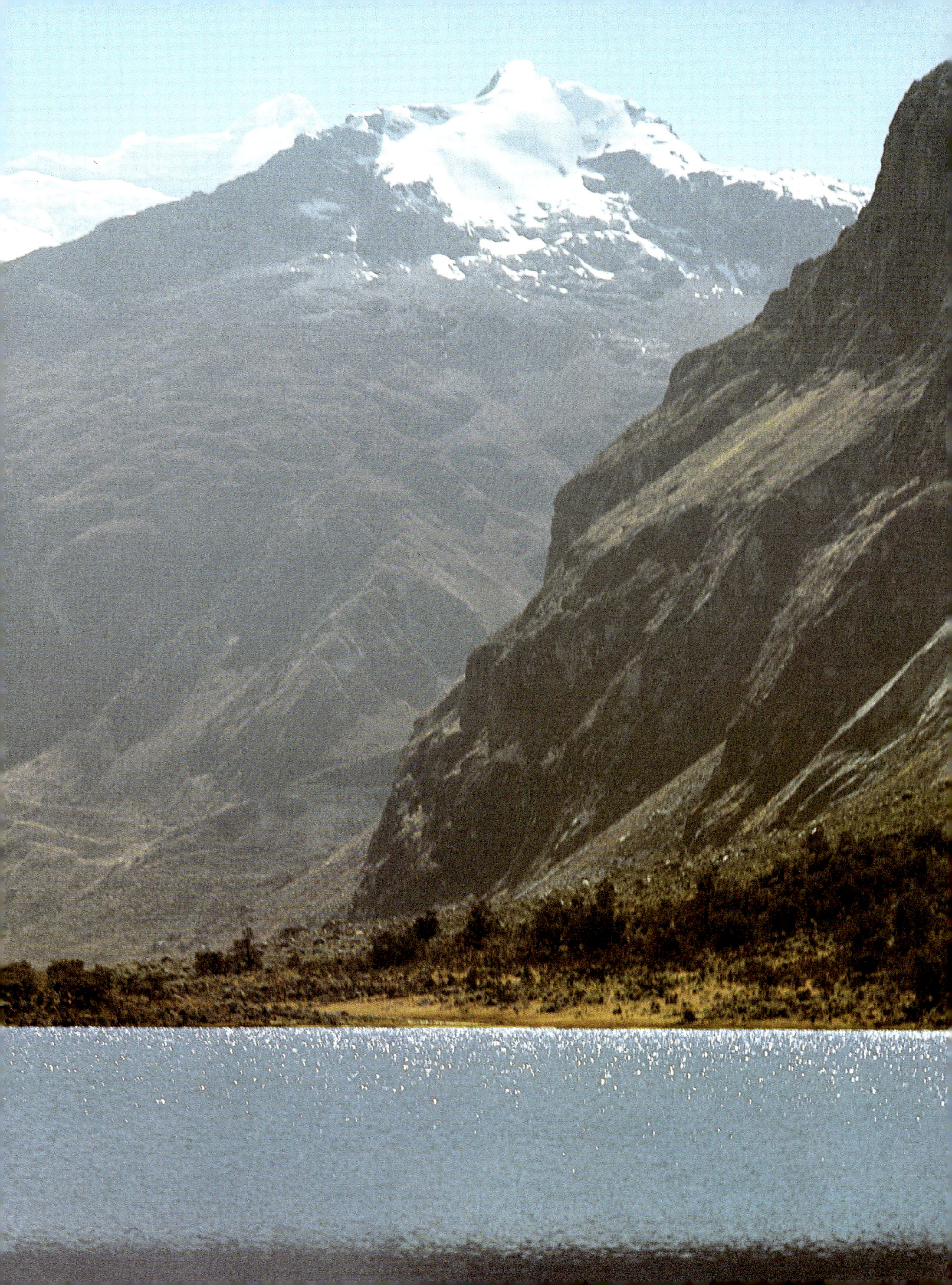

Die Landschaft östlich
der Cordillera Blanca
im Tal von Chavín

Rechte Seite: Im Flug
über die Cordillera
blanca. Im Hintergrund
links: der Nevado
Alpamayo

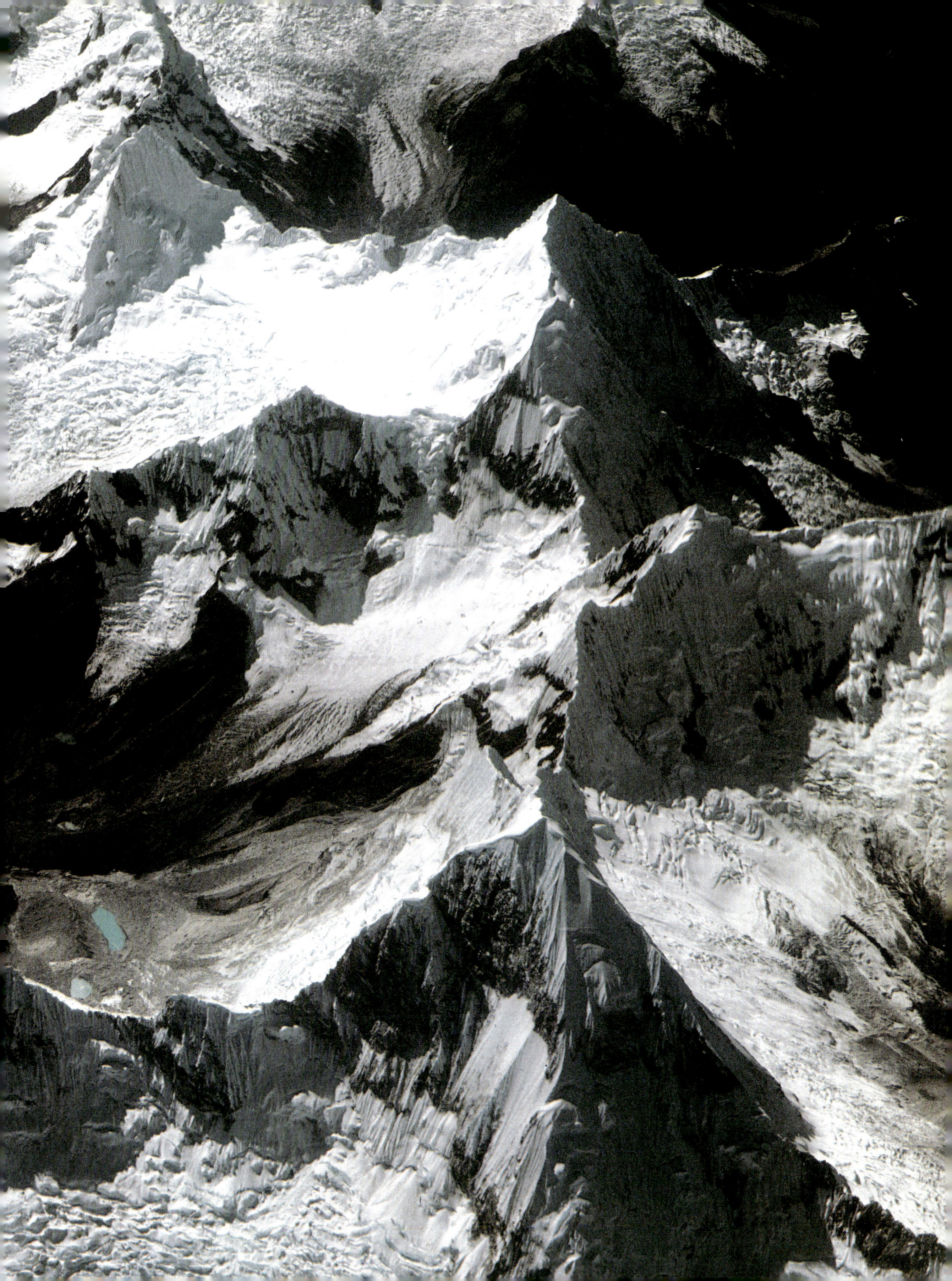

Basislager am Fuß des
6356 m hohen Siulà in der
Cordillera Huayhuash

geeigneter Ausrüstung. Die Hauptfundstätten befinden sich in der Südwestecke von Peru, in der Puna de Atacama, die eine sehr trockene Region ist. Auch auf dem Gipfel des Chachani 6075 m soll eine Inka-Grabstätte bestanden haben. Sara Sara 5453 m und Misti 5822 m tragen Steinbauten; desgleichen der Nevado Pichu Pichu, mit einer Felsentreppe. Weitere solcher Funde werden besonders noch in der Nähe alter Inka-Ruinen oder an der alten Inka-Straße erwartet. Auch in östlichen und nördlichen Kordillerenketten werden Besteigungen in der Inka-Zeit vermutet. Damit ist der Beweis erbracht, daß der Andinismus älter ist als der Alpinismus und daß viele Gipfel lange vor den Bergsteigern unserer Zeit schon von Indios betreten worden sind.

Für Höhentauglichkeit und Klettergewandtheit der Indios zeugen auch die Fliehburgen in Hochtälern und an Abhängen der Cordilleras Blanca und Huayhuash, in die sie sich damals vor den Spaniern zurückzogen: auf unzugänglichen Kuppen am Fuß von Gletschern (Condormarca), auf Moränenrücken in Talhintergründen (Cullikocha, Nuevo Tambo im Quilcayhuanca Tal), auf Gipfelzonen unter fünftausend Meter (Cerro Chonta, Cerro Rica, Chaccha); an den Westfuß der Blanca (Panchopampa, Antapampa, Hocopampa). In der Huayhuash liegen auch heute die Hütten von Incahuain (Auquimarca) auf rund 4700 m.

Aus der Zeit der spanischen Herrschaft gab es Berichte von Chronisten, meist geistlichen Männern, über Besteigungen. Der Dominikanerpriester Alvaro Melendez fand 1677 auf dem Gipfel des Misti zwischen zwei Kratern Spuren eines Steinbaues und Feuerholz. Die Truppen des Pizarro holten für die Herstellung des Schießpulvers Schwefel aus den großen Lagerstätten der Vulkankrater. Wie schon die Inka, betrieben auch die Spanier Bergbau in großen Höhen; Halden und Stollen einstiger Minen sind heute noch in der Nachbarschaft von Gletschern sichtbar. 1787 ließ Bischof Pamplona auf dem Misti ein Kreuz errichten; ein weiteres, größeres ließ Bischof Pallon um 1900 auf die höchste Spitze setzen.

Mitte des 19. Jahrhunderts bestiegen die ersten europäischen Reisenden und Wissenschaftler eine Reihe von Bergen, z.B. W. Church 1862 den Vulkan Yucamani, R. Falb einige Vulkane rund um Arequipa, O. Schlagintweit 1900 einen Gipfel im Rosco-Massiv. 1903 überquerte C.R. Enock die Cordillera Blanca von Huaràs nach Huari; 1904 machte er einen Besteigungsversuch am Huascaràn im selben Jahr wie Miß Annie Peck, die 1911 auf dem Coropuna ein feministisches Banner »Vote for women« hißte. Ihr Landsmann Bingham führte Messungen auf dem Coropuna durch; jener Bingham, der später die alte Inkastadt Machu Picchu entdeckte. Zahlreiche Besteigungen wurden zwischen 1891 und 1927 auch von Mitarbeitern der auf dem Misti stationierten meteorologischen Station des Harvard College durchgeführt. Vermessungsleute der peruanischen Armee setzten zwischen 1928 und 1965 auf viele hohe Gipfel trigonometrische Zeichen.

Die in den dreißiger Jahren bis zum Zweiten Weltkrieg von leistungsfähigen Expeditionsgruppen (neben den Forschungsarbeiten) durchgeführten erfolgreichen Besteigungen gingen im konventionellen Alpenstil vor sich. Etwa ab den fünfziger Jahren traten neue Bergsteigergenerationen auf den Plan, mit neuen technischen Mitteln, neuen Ersteigungsmethoden. Nun setzte ein gewaltiger Erschließungsboom ein.

Heute gibt es keinen unerstiegenen Sechstausender mehr. Schon hat die Eroberung schwieriger Wände, Kanten, Grate eingesetzt. Das neue freie Klettern, das »free solo-ing« hat Eingang gefunden. Alljährlich besuchen nun mindestens 100 offiziell angemeldete »Expeditionsgruppen« das Bergland.

Dennoch warten in den legendenumwobenen, verborgenen Gebirgsstöcken der Anden immer noch zahllose Gipfel auf ihre Entdeckung. Hier wird es dem Bergsteiger vorbehalten sein, sich in diese »letzten weißen Flecken« der Erdkarte einzutragen, wenn ihn seine physische Leistungskraft, seine Höhentauglichkeit, sein Abenteuergeist dazu befähigen.

Bergwetter und Tourenverhältnisse

Der Besucher wird klug genug sein, für seine Unternehmungen die ideale Saison zu wählen, die mit April/Mai beginnt. Er möge sich nicht täuschen lassen, wenn ihn bei seiner Ankunft im tropischen Lima dampfige Atmosphäre mit Wolken und hoher Luftfeuchtigkeit (Folge des kalten Humboldtstromes an der Küste) empfängt. Im Bergland herrschen ganz andere Wetterverhältnisse, natürlich von Landschaft zu Landschaft verschieden! Im Santa-Tal (Callejon de Huaylas), das man nach Überschreitung der Cordillera Negra bei der Anreise zur Cordillera Blanca erreicht, gibt es um diese Zeit klares Wetter. Die Bergblumen blühen. Im Hochgebirge hält das beständige Wetter mit freiem Himmel oft sechs Wochen ungetrübt an. Erst im späten Juli und August kommt Wind auf; in Ausnahme-Jahren ist der August noch sonnig und mild. In den Gipfelregionen kommt es zu dieser Zeit meist schon zu Schneeschauern und Sturmwind.

Die Temperaturunterschiede zwischen den einzelnen Höhenlagen sind bedeutend, auch die Unterschiede zwischen Tag und Nacht: Huaràs, die Bergsteigerstadt am Fuß der Cordillera Blanca, kann tagsüber 30 Grad Celsius, bei Nacht Null Grad haben. In den höheren Bergtälern ist es stets bedeutend kühler, periodische Winde erleichtern dem Europäer die Anpassung. An heißen Tagen bei klarem Wetter ohne Wind steigt jedoch die Erwärmung bis zu 30 Grad an, wobei auf der Schattenseite gleichzeitig Gefriertemperatur herrschen kann. Nach Sonnenuntergang stürzt das Thermometer rasch tief. (»Die Nacht ist der Winter der Tropen.«) Mit diesem Elementarereignis verbunden ist auch der plötzliche Einbruch der tropischen Nacht, mit zwölf Stunden tiefster Finsternis. Nur zwölf Stunden Licht, ein erschwerender Faktor für den Bergsteiger!

Die eigentliche Regenzeit beginnt meist im Dezember oder Jänner und dauert etwa bis April. Sie bringt im Tal täglich Regengüsse, auf den Bergen Schneefall; Die Zufahrtswege sind dann schwierig zu passieren und oft mit Erdrutschen verlegt. Lawinen stürzen von Flanken und Wänden. Schnee- und Frostgrenze sind von Kette zu Kette verschieden: je nach Disponiertheit steigen sie von etwa 4900 m in der Blanca bis auf 5800 m in der trockenen Vulkanregion im Südwesten an. An der Ostseite gehen sie tiefer herunter als im Westen. In den Firnflanken gibt es dennoch auch blanke Wandstellen und Felsfenster, besonders nach dem Abriß von Hängegletschern.

Führt die Anstiegsroute südgerichtet, so wird der Schnee hier bei den konstant kalten Temperaturen nicht zu Eis umgewandelt; er verfestigt sich nur und bleibt an der Oberfläche pulvrig. Solche Routen erfordern großen Kräfteeinsatz; bei jedem Schritt bricht man tief ein. Nordseitig ist hartes, ja glasiges Eis geboten, mit langen Eiszapfen und hohen Büßerschnee-Formen. Tief aufgeweichten Schnee gibt es an windstillen sonnigen Tagen am Nachmittag; dann lockern sich eingefrorene Blöcke, festgefrorener Fels bröckelt ab. Auf einem Grat kann es passieren, daß auf der Sonnenseite grundloser, tiefer Pulverschnee herrscht und auf der Schattenseite daneben glasiges Eis. Einer ständigen Gefährdung durch kleinere Eislawinen, Felsstürze und Steinschlag muß durch geeignete Routenwahl ausgewichen werden.

Gewaltige Grat-Wächten bis zu 20 Meter Höhe, auf die windabgewandte Seite überhängend, gehören zu den eindrucksvollsten Windformen in diesen Zonen und sind oft nur sehr schwierig zu bewältigen. Eine typisch tropische Erscheinung ist auch der Rillenfirn, der den Bergflanken zauberhafte Schönheit verleiht; ausgeformt durch den Wind, sind die Rillenmulden meist eisig, die Rillenkämme gefedert.

Das Begehen der Gletscher ist bedeutend mühsamer als in den Alpen. Die Gletscher der Anden haben eine relativ dünne und stark zerklüftete Eisdecke. Ihre tiefreichenden Zungen sind bedeckt mit riesigen Geröllmassen, unter denen sie verschwinden. Viele Gletscher hängen in Moränenseen hinein; oft lösen sich von ihnen Blöcke ab und schwimmen dann, kleinen Eisbergen gleich, auf der Oberfläche.

Die zahlreichen aus der Eiszeit zurückgebliebenen herrlichen Gletscherseen mit ihrem klaren Wasser und ihrem Fischreichtum bieten an den Ufern geeignete Plätze für Bergsteigergruppen, die mit Vorteil hier ihre Basislager errichten können.

Die Schmelzwässer der Andengletscher stellen ja den Segen der Götter für die Äcker der Indios dar; sie sind überhaupt einer der großen Reichtümer des Landes.

Alle die exotischen, oft ganz anderen Gelände-, Schnee- und Eisbedingungen, die extremen Klima- und Wettererscheinungen, die starke Strahlung und Höheneinwirkung stellen an den fremden Bergsteiger harte Anforderungen.

Es gibt auch keine markierten Wege, keine festen

Unterkünfte. Man haust in Zelten. Die gesamte Ausrüstung, Verpflegung muß mitgebracht werden. Gruppen sollten nicht größer sein als vier bis sechs Mann, also schlagkräftig und sicher. Mit Bergrettungsaktionen von Seiten des Gastlandes kann nicht gerechnet werden; die Bergsteiger müssen sich selbst zu helfen wissen.

Es gibt kaum Routenbeschreibungen für die geplanten Touren; nur Erstbesteigungen und deren Varianten sind festgehalten. Neurouten könnten infolge Informationsschwierigkeiten übersehen worden sein. Packtiere und Treiber, Bergträger findet man in den Dörfern. In der (meistbesuchten) Cordillera Blanca gibt es schon Organisationen (CLUB ANDINISTA PERUANO, CORPORATION PERUANA DEL SANTO, COMISION CONTROL DE LAS VAGUNAS), die Auskünfte und Beistand geben; Privatunternehmer organisieren auch Bergfahrten. Indio-Bergsteiger und -Führer bieten sich an.

In den letzten Jahren haben europäische Bergsteigervereine mit der Ausbildung von Indios in der modernen Rettungstechnik begonnen.

Naturkatastrophen in Peru

Heute gibt es bereits ein Regierungsprogramm für die Beobachtung der Klima-Einwirkungen, der Schneehöhe, der Gletschervorstöße und -Rückzüge und des Abflusses der Schmelzwässer. Ausbruchgefährdete Seen werden geschleust, Ufermoränen mit Schutzbauten gesichert.

Durch Jahrhunderte hindurch war Peru von Naturkatastrophen bedroht:

1970 geschah die größte Gletscherkatastrophe aller Zeiten: am 31. Mai wurde der Norden von Peru, insbesondere der Distrikt Ancash, von einem 45 Sekunden dauernden Erdbeben erschüttert, das im Tal des Rio Santa (Callejòn de Huaylas) gewaltige Zerstörungen zur Folge hatte. Die aus Adobe-Ziegeln erbauten Siedlungen stürzten bis zu 90 Prozent ein, die Bewohner wurden vom niederbrechenden Mauerwerk getötet. Man sprach von 70.000 Opfern; ein Drittel davon kam nicht durch das Erdbeben selbst um, sondern durch die von ihm ausgelösten herabstürzenden Eismassen aus dem 6654 m hohen Nordgipfel des Huascaràn. Die Stadt Yungay wurde völlig zerstört. Das Dorf Ranrahirca, das wie Sacsha schon 1962 durch einen kleineren Gletschersturz schwer gelitten hatte, wurde diesmal endgültig ausgelöscht. Zur gleichen Zeit brachen Eismassen auch auf die Nordseite nieder, überquerten den Gletscher Leprince Ringuet und kamen erst im Llanganuco Tal zum Stillstand. Unter dieser Lawine kamen tschechische Bergsteiger und weitere Touristen, die hier gezeltet hatten, unauffindbar zum Tode. Die Geschwindigkeit der Absturzmassen war 400 km/h.

Im Januar 1945 wurden etwa 500 Menschen in Chavin (Castillo) an der Ostseite der Cordillera Blanca, von einer riesigen Mure getötet, verursacht durch eine Eislawine vom Nevado Huantsan.

1725 war bei einer ähnlichen Katastrophe am Huandoy 6395 m das Dorf Ancash untergegangen.

Für die Menschen in den Tälern stellten auch früher die Ausbrüche von Gletscherseen eine große Gefahr dar. Eismassen, die sich im Oktober 1950 in die Laguna Jankarurish ergossen, zerstörten mit ihrem Wellengang den Moränendamm. Eine Mure ergoß sich in das Tal de los Cedros und der Rio Santa zerstörte die Wasserkraftanlage von Huallanca. Mehr als 5000 Menschen starben in der Stadt Huaràs während der Regenperiode im Dezember 1941, als der Moränendamm des Pallka-kocha-Sees auf ca. 4400 m brach. Die Mure aus Geröll und feinem Material durchstieß den Moränendamm eines zweiten tiefergelegenen Sees, überschwemmte einen Teil der Stadt und setzte ihren Weg darüber hinaus fort.

1941 brach auch der kleine Yerush-See auf 4461 m aus und zerstörte mit seinem Hochwasser Weideflächen, Felder, Wasserleitungen, Brücken und Wege. Menschen kamen ums Leben. Der Ausbruch des Sambuña-Sees (Solterahanca) 1932 verheerte das Tal von Pacllòn und richtete noch in der Küstenebene Zerstörungen an. Spuren der Ausbrüche des Juraukocha-Sees und des Sarapokocha-Sees sind heute noch im Gelände sichtbar.

Ein bißchen Ketschua (Quechua) im Bergland

Die Geländenamen im peruanischen Hochland entstammen überwiegend der Ketschua-Sprache, oder noch älteren Ursprüngen. Die spanische Überschichtung blieb gering. (Heute dürfen neue Namen, z.B. für erstiegene Gipfel, nur mehr in der Sprache der Einheimischen gegeben werden.) Ketschua- wie Aymara-Indios sind überwiegend noch Analphabeten. Doch reich ist ihr Schatz an Überlieferung, Sagen, Märchen, Volksliedgut, in denen ihre Bergwelt festes Element des Geschehens ist.

Die Indios haben ihrer Umwelt, Bergen, Hochflächen, Schluchten, Tälern, Seen, Gipfeln fantasievolle und beschreibende Namen gegeben. Ihren Inhalt aus den einzelnen Sprachelementen deuten zu können, ist für den Bergsteiger wichtig. Ist er doch, sobald er die Touristenstraßen verläßt, voll auf die Hochland-Indios angewiesen, von denen er Nahrungsmittel (Kartoffeln, Getreide, Gemüse) kaufen kann; die auch sein Berggepäck mit Packtieren zum Basislager transportieren und ihn auf den Berg begleiten.

Die einheimische Bevölkerung lebt noch weitgehend auf archaische Art: früh am Morgen geht man auf die Felder, pflügt noch mit dem Hakenpflug oder einer Eisenstange. Das Dreschen besorgt der strenge Andenwind, der die Spreu von den Körnern trennt. Ein Fruchtfolge-System sichert den Ernteertrag. Bewässert wird nach altem Brauch über Hangkanäle auf die terrassierten Böden.

Treffpunkt der Indios sind ihre bunten Märkte. Musik, Tanz, Essen und Trinken machen einen guten Teil des Volkslebens aus. Die traditionelle Tracht wird vielfach noch getragen. Der Poncho und die typische Inka-Mütze mit den Ohrenklappen sind immer noch Hauptbekleidungsstücke des Hirten; auch die Tourenbegleiter schützen sich damit am Berg gegen die Kälte der Nacht.

Der Indio kaut traditionsgemäß zur Stärkung und als Stimulans Coca-Blätter. Eine Leidenschaft hat er für das Anzünden der Stachelgraswiesen und der trockenen Fruchtstände der Puya raimondii, die dann über weite Hänge hinlodern und dichten Rauch verbreiten. Der Indio ist ein leistungsfähiger Höhenbegleiter, er liebt aber diese drohende Welt der Eisbrüche und bizarren Bergspitzen keineswegs; Gewitter und Unfälle sind ihm suspekt und lassen in ihm alte Vorstellungen von ungnädigen Dämonen aufkommen, denen er sich so rasch als möglich durch die Rückkehr ins Tal entziehen will.

Die großen Herden (Lamas, Alpaccas, Schafe) weiden hoch oben auf dem Grasland der Puna. Hirtenhütten sind über die Landschaft verstreut; neben ihnen die runden Tierpferche. Scharfe Herdenhunde gegen tierische und menschliche Räuber bedrohen die Vorbeiziehenden.

Hirten und Herden wandern das ganze Jahr durch die Hochtäler; nur zur Regenzeit gehen sie auf tiefere Talböden hinab. Beim jahreszeitlichen Wechsel der Weideplätze bleibt das Vieh stets im Freien, ohne Ställe, bei jeder Witterung. Das karge Futter muß es sich an oft sehr steilen Hängen zusammensuchen.

»Berg«-Expedition zu den Schatzkammern der Anden

Die Indios des peruanischen Hochlandes betrieben in der Inka-Zeit eine beachtliche metallverarbeitende Industrie. Ihr Gold- und Silberschatz, den sie in Geräten, Tempel-Zieraten, Platten, Schmuckgegenständen geschaffen hatten, wurde sofort bei der Eroberung des Reiches ein Raub der Soldaten des Pizarro. Ein Freudentaumel hatte diese erfaßt, denn sie sahen unermeßliche Reichtümer auf sich zukommen. Bald aber waren alle Schätze geplündert. Nun begann man die Adeligen des Fürstengeschlechtes des Inka zu verfolgen, denn man glaubte, sie seien mit einem gewaltigen Schatz in die Urwälder im Osten der Anden geflüchtet. Suchexpeditionen zogen aus, ungeachtet der gefürchteten Giftpfeile der Waldindianer.

Nach der spanischen Soldateska rückten die Verwaltungsbeamten in das Land ein. Man erinnerte sich jetzt der Bergwerke der Indios und nahm sie wieder in Betrieb. Jahrhunderte hindurch stützte die Ausbeute aus diesen Silber-Bergwerken den spanischen Staatshaushalt, finanzierte die Erbfolgekriege und die Militärausgaben für die lateinamerikanischen Kolonien. Aber die Raubbaumethoden, mit denen man die Edelmetalle gewann, drohten die Bergwerke bald zum Einsturz zu bringen. Hatte man die Erze bisher ausschließlich im materialaufwendigen Schmelzvorgang gewonnen, mußte nun nach besseren Verfahren gesucht werden: In den spanischen Kolonien des neuen Kontinents hatte man bereits von einer neuen Gold-und Silber-Amalgamationsmethode des österreichischen Hofbeamten, Metallurgen und Bergfachmannes Ignaz Edler von Born vernommen. Man entsandte (1786 – 1787) den spanischen Aristokraten, Mineralogen und Staatsmann aus Mexico, Don Fausto de Elhuyar, nach Wien. Dort begegnete er in der eleganten Hofgesellschaft nicht nur Born; er traf auch die junge schöne Jeanette von Raab, die er bald ehelichte und mit nach Peru nahm – neben einer Truppe von vier Bergsachverständigen (unter dem schwedischen Baron von Nordenflycht), 30 Bergleuten und dem Amalgamationspatent. Das neue Verfahren wurde zwar eingeführt, doch es fehlte in diesem Land an den notwendigsten Voraussetzungen, um es auch erfolgreich anzuwenden.

Angebote für Bergsteigen und Bergwandern in Peru

Die europäischen Reiseunternehmungen halten ein großes Angebot für Bergsteigen, Bergwandern, Kulturtourismus bereit. Es gibt begleitete und geführte Bergfahrten verschiedener Schwierigkeitsgrade und Ansprüche. Für das Bergwandern haben sich vor allem Rundwanderungen um Gebirgsgruppen eingeführt; Wandern über hohe Pässe, zu landschaftlichen Sehenswürdigkeiten wie Gletscherseen, seltenen Pflanzenarten und Aussichtspunkten; Weitwanderungen z.B. auf der Inka-Straße nach Machu Picchu und Tipuani. Fixer Bestandteil der Kulturprogramme ist meist auch ein Besuch des Titicaca-Sees und seiner Bewohner; weiters ausgedehnte Fahrten zu den zahlreichen Kulturstätten aus historischer und prähistorischer Zeit (spanisch, indianisch, Urzeit).

In Peru selbst werden von ansäßigen Unternehmungen auch Abenteuerreisen angeboten: Wildwasserfloßfahrten, Motorbootfahrten auf Urwaldflüssen, Jagen, Fischen. Im ersten schiffbaren Amazonashafen (Pucallpa) stehen Hausboote zur Verfügung. Chancen sind auch Botanikfreunden und Mineraliensammlern geboten. Archäologische Führungsfahrten sind eingeschlossen.

Ist man mit organisierten Tourengruppen unterwegs, so sind Anreise zum Bergziel, Unterkünfte und Versorgung gesichert. Selbständige Einzelgruppen finden am Anflugort Lima Adressen genug, um sich alles selbst zu arrangieren. Peru verfügt heute bereits über ein ausgedehntes Straßennetz und Fluglinien; daneben bestehen noch Eisenbahnverbindungen zu wichtigen Zielen, z.B. für eine Reise nach Cuzco, usw. Bus, Pkw, Geländefahrzeuge können gemietet werden; sie führen den Besucher nahe an die Ausgangspunkte heran. Peru zählt heute zu den beliebtesten Urlaubszielen in der Welt.

Literaturverzeichnis: Baudin: So lebten die Inkas 1957, Dt. Verlagsanstalt Stuttgart. Borchers: Die Weiße Kordillere, Verlag Scherl, Berlin, 1935. Dieselhoff: Geschichte der Alt-Amerikanischen Kulturen, Verlag Oldenburg, München 1955. Echevarria: Cordillera Blanca National Parc, The Alpine Journal, 1978. Fantin: Yucay Montagna degli Incas, Tamari Editori, Bologna, 1958. Fantin: Le Ande, Club Alpino Italiano, 1979. Freiberger Forschungshefte: Bergexpedition des Frh. v. Nordenflycht und der deutschen Bergleute in Peru, Leipzig, Verlag, Grundstoffinstitut. Hagen: Heerstraßen des Sonnengottes, Ullstein, Wien, 1957. Kinzl: Cordillera Blanca (Peru), Univ.-Verlag Wagner, Innsbruck, 1950. — Cordillera Huayhuash Peru, Tiroler Graphik, Innsbruck. — Forschungsreise des DuOeAV in die Cordillera Blanca Peru, Bruckmann-Verlag, München, AV-Jahrbuch, 1933. — Andenkundfahrt DAV Peru 1939, AV-Jahrbuch, 1941. Leyen: Märchen der Azteken, Inka Maya und Muisca, Verlag Diederichs, Jena. März, Steinmetz, Wellenkamp: Zu den Bergen der Inka (Cord. Vilcanota). Belser-Verlag, Stuttgart. Jaeger: Wo einst der Sonnengott zu Hause war, Morawetz Fritz: »Berge der Welt«, Verlag Hoffmann & Campe. Rebitsch: Die Silbernen Götter des Cerro Gallan, Nymphenburger Verlags-Handlung, 1957. — Bergfahrten in Süd-Peru, AV-Jahrbuch, 1953. Reutimann: Reich der Sonne, Verlag Haupt, Bern, 1955. Ricker: Yuraq Janca, Alpine Club of Canada, American Alpine Club. Schneider: Die erste Ersteigung des Huascaran, Der Bergsteiger, 1932.

Orts- und Sachwortregister

Acapana 13
Akllas 16, 42
Almagro 18
Alpaka 35
Alpamayo 159
Amazonia 38
Anakonda 130
Anchoveta 29, 32
Ancón 43
Anden 142
APRA (Alianza Popular Revolucionaria Americana) 22
Araceen (Aronstabgewächse) 130
Arara 130
Architektur 25
Arequipa 98
Atahuallpa 17, 18
Ayacucho 13, 20, 27, 28
Ayllu 40

Belaúnde Terry, Fernando, 22
Belen 136/137, 138/139
Benavides, Oscar R. 22
Berg-Expedition 164
Bergsteigen 165
Bergwandern 165
Bergwetter 161
Blasrohre 128/129
Bolívar, Simón 20
Bomerea aurantiaca 83

Cáceres, Andrés 21
Caciquen 42
Cajamarca 87, 104
Calasasaya 13
Castilla, Ramón 20
Catacaos 27
Catalina Kloster 96/97, 98
Cerro, Luis M. Sánchez 22
Chacraraju-Gruppe 156/157
Chala 31
Chalaco 32
Chanchán 14
Charapa 39
Chauchilla 65
Chavín 9, 10, 152/153, 158
Chicha 47
Chilca 76/77
Chimbote 66/67
Chimor-Tal 14
Chimú 14

Chivateros 9
Chuneo 37
Club Andinista Cordillera Blanca 143
Coca 33, 42
Condoranqui, José Gabriel 19
Cordillera de Ampato 147
Cordillera de Apolobamba 147
Cordillera de Aricoma 147
Cordillera Barroso 147
Cordillera Blanca, Weiße Kordillere 143, 156/157, 159
Cordillera de Cajamarca-Cumullca 142
Cordillera de Carabaya 147
Cordillera Central (o Nevados de Cochas) 145
Cordillera de Chila 147
Cordillera de Chonta 145
Cordillera de Huailillas 142
Cordillera de Huallanca 144
Cordillera de Huanzo 147
Cordillera Huayhuash 144, 150, 154, 155, 160
Cordillera Huaytapallana 145
Cordillera Negra 142
Cordillera Oriental o Huagoruncho 145
Cordillera Oriental – Norte 142
Cordillera La Raya 147
Cordillera Raura e Millpo 145
Cordillera Rosco 142
Cordillera de Urubamba 145
Cordillera de Vilcabamba 145
Cordillera de Vilcanota 147
Cordillera la Viuda 145
Cordillera Volcanica 147
Coricancha 15
Cortaderia radiuscula (Pampagras) 113
Curacas 42
Cusco, Cuzco 15, 26, 27, 46, 100, 101, 114

Däniken Erich von 13

El Acho 56/57
Ernährung 42

Faultier 131

Guanaco (Lama guanicoa) 35
Guano 29, 32
Guano-Vogel (Guanay) 32
Guano-Inseln 71

Hahnenkampf 57
Harás 27
Haya de la Torre, Victor Raúl 22
Hazienda Pabur 11
Hochlandurwald 36
Holzpflug 89
Huamachuco 27
Huancayo 27, 28
Huancrachuco 26
Huandoy 150
Huaraz 152/153
Huari 14, 152/153
Huáscar 17, 18
Huascarán 113, 148, 150
Huayna Capac 17
Huayna Picchu 80
Humboldt-Strom 71

Inkapfad 76/77
Inkareich 40, 43
Inka Roca 101
Inkas 15, 62/63
Iquitos 136/137
Intihuatana 81

Jalca 34
Jamille 35
Janamarey 152/153
Janca 36
Jatire 35
Jesús 8
Jirishanca grande 154, 155
Jivaros 128/129, 132
Junquistas 36

Kakteen 33, 83
Ketschua, Quechua 33, 164
Kolonialzeit 46
Kondor (Vultur gryphus) 36, 82/83
Kormoran 71
Küste, Küstenlandschaft 31, 48, 64/65
Kupfer- und Bleihütte 90/91

La Compania 99
Lama 35, 89

Lambayeque 14, 27
Langanuco-See 156/157
La Oroya 90/91
Lauricocha 8
Leguía, Augusto B. 21
Lima 49, 54
Literatur 22

Macháies 26
Machu-Picchu 16, 73, 78/79, 80, 81
Malerei 26
Mahagonibaum 38
Malschule 26
Mamachas 26
Mama Pacha 86
Manco Capac 15
Manco Inca 18
Manos Cruzadas 9
Mantilla 110/111
Mantos 11, 65
Marka 41, 45
Masdevallia coccinea 77
Matucana sp. 83
Mayerl, Sepp 149
Meerschweinchen 34, 35, 43
Melgar, Mariano 25
Minchanzaman 15
Minka 44, 45
Mita 17, 19
Mosche-Tal 11, 14
Mucúna rostrata 118
Mumien 65
Musik 25

Nasca, Nazca 12, 61, 69
Naturkatastrophen 163
Ñaymlap 14
Nepeña-Tal 26
Ninashanca 150, 155
Nival 36

Omagua 38, 39

Pachacamac 14
Pachacutec 15, 41
Palma, Ricardo 23
Paloma 9
Palpa 12
Pampagras (Cortaderia radiuscula) 113

Pañamarca 26
Paracas 11, 61
Paracas-Weber 106/107
Paramos 83
Parque Nacional Huascaran 143
Parque Nacional Raimondi 143
Pelikane 70/71
Peru, Das koloniale 18
Piérola, Nicolás de 21
Piranha, Piraña 38, 136
Pisac 16, 105, 108
Pistia stradiodes 130
Pizarro, Francisco 17, 54, 100
Pizarro, Hernando 18
Plaza de Armas 20, 54
Poncho 109
Pozuzo 115
Prado, Mariano Ignacio 21
Prado Ugarteche, Manuel 22
Prepona praeneste 130
Pucará 27
Puna 35
Puno 92/93, 94
Puya raimondii 112

Quechua, Ketschua 33, 164
Quinua 27
Quipus 41, 60/61

Regierungspalast 50
Reiche, Maria 13, 69
Republik 20, 47
Rio Huallaga 130
Rio Marañon 125
Rio Napo 134
Rio Pozuzo 117
Rondoy 151, 155
Rupa-Rupa 36

Sacsayhuamán 16, 100
San Jerónimo de Tunán 27
San Martin, José de 19, 20, 49
Sechín 60
Seehunde 71
Seelöwen 71
Selva 120
Shucy 34
Siulà 160
Sucre, Antonio José de 20
Sujos 16

Suni 34
Stierkämpfe 56/57

Tacna 9
Tahuantinsuyo 15, 17, 41, 43
Tapir 37, 136
Theater 24
Tiahuanaco 13
Tiahuanaco-Huari 13
Ticlio-Paß 113
Tingo Maria 37, 130
Tiotamba 86
Titicaca-See 13, 40, 92/93, 95
Tölpel 71
Toledo, Francisco de 18
Toquepala 9, 26
Torre Tagle 25
Topo, Topu 41
Totora (Scirpus sp.) 35, 43, 94
Tourenverhältnisse 161
Trujillo 14
Tupac Amaru 19
Tupu, Topo 41

Ucusagra 26
Unabhängigkeit 19
Urubamba 74/75, 86
Urubamba-Tal 73
Uru-Indianer 94
Urwald, Tiefland- und Hochland 36, 38, 126/127, 140

Vega Garcilaso de la 22
Vicuna (Vicugna vicugna) 35
Vicús 11
Viracocha 15
Volkskunst 27
Vultur gryphus (Kondor) 36, 82/83

Weiße Kordillere, Cordillera Blanca 143, 156/157, 159
Wurm, Egon 149, 150

Yagua 132, 134
Yanacuna 16, 42
Yarinacocha, Laguna 130
Yerupaja Chico 155
Yerupaja Grande 149, 150
Yuncachu 33
Yunga 32

Fotografen und Bildstellen

Hellfried Böhm 52/53, 55, 56/57, 58/59, 60/61, 62/63, 64/65 oben, 70, 74/75, 78/79, 83/3, 87/2, 87/3, 89/2, 89/4, 90/91, 96/97, 99, 100, 101, 104, 106/107, 109, 112, 113, 128/129, 132/2, 132/4, 133, 138/139, 140; Bruce Coleman/Gunter Ziesler 82, Bruce Coleman/Bayer 130/4, Bruce Coleman/M. Freeman 131, Bruce Coleman/L. C. Mango 136/1; Wenzel Fischer 49, 66/67, 71, 73, 80, 81 oben 84/85, 92/93, 98, 108, 117, 118/1, 121, 136/137, 150/1, 150/5, 152/153, 156/157, 158, 159, vorderes Umschlagbild; Erich Gatt, 77, 83/2; Bruno Habicher 65 unten, 68/69, 94 links unten, 118/3, 120, 122/123; Image Bank/Peter Frey 126/127; Erik Pflanzer 50, 51, 54, 81 unten, 86/1, 102, 103, 105, 114, 130/1, 130/2, 130/3, 130 unten Mitte, 132/1, 134/135, 136/2; Kurt Pokos 76; Elisabeth Schwarz 94 links oben und Mitte, 94/95, 118/2, 118/4, 119/5; Christian Senger 88/1, 89/3, 110/111; Egon Wurm 125, 132/3, 149, 150/2/3/4, 151, 154, 155, 160.